HERMANN EHRET
IMMANUEL HERMANN FICHTE

HERMANN EHRET

IMMANUEL HERMANN
FICHTE

Ein Denker
gegen seine Zeit

VERLAG FREIES GEISTESLEBEN

CIP-Kurztitelaufnahme der Deutschen Bibliothek

Ehret, Hermann:
Immanuel Hermann Fichte: e. Denker gegen
seine Zeit / Hermann Ehret. –
Stuttgart: Verlag Freies Geistesleben, 1986.

ISBN 3-7725-0863-4

Einband: Martin Diethelm, unter Verwendung eines
I. H. Fichte-Portraits
von W. Pilgram, 1859 (Universität Tübingen)

Frontispiz: Photographie von Immanuel Hermann Fichte, um 1865

© 1986 Verlag Freies Geistesleben GmbH, Stuttgart
Satz und Druck: Greiser-Druck, Rastatt

Inhalt

Einleitung

Schon vor dem Ende des deutschen Idealismus und der Klassik entwickelte sich eine philosophische Richtung, die aber zunächst bei den schnell wachsenden Naturwissenschaften und bei der bloß philologischen Betrachtung in den Kulturwissenschaften kaum gesehen, ja als sehr klein, nur ästhetisch, gutmeinend, aber nicht als exakt wissenschaftlich angesehen wurde. Dabei war es jedoch gerade umgekehrt: wenn man sich nur auf kausale und quantitative Forschungsarten beschränkt, kommt man zwar in stofflichen und formal-mathematischen Gebieten schnell weiter, verliert aber die Gesamtzusammenhänge und damit auf die Dauer die wahre wissenschaftliche Kultur.

Wir meinen mit der erstgenannten Forschungsrichtung den «spekulativen Theismus», dessen Wirkungszeit etwa in die Jahre 1830–1880 fällt; er wurde von RUDOLF STEINER wegen seiner Unbekanntheit und zugleich geistigen Bedeutung «verschüttetes Schrifttum» genannt. Den übernommenen Namen «spekulativer Theismus» hatte man schon damals falsch aufgefaßt: Man dachte an «Erspekulieren», Aussinnen, Erdenken von Theorien, wo doch der Ausdruck im ursprünglichen lateinischen Wortsinn von speculari = schauen als «schauendes Gottesbewußtsein» exakt und streng gemeint war.

Die drei folgenden Texte IMMANUEL HERMANN FICHTES, des Führers des spekulativen Theismus, machen unmittelbar klar, wie im spekulativen Theismus wahre, weiterbildende, umfassende Wissenschaft aufgefaßt wurde; wie dieser aber auch von der tiefen Einsicht durchdrungen war, zu welchen Gefährlichkeiten es führen müsse, wenn die Wissenschaften die immer wichtiger werdende Willensseite des Menschen nicht ins methodische Bewußtsein nehmen. Nur äußere wissenschaftliche Betrachtung macht den Menschen innerlich leer; dies ist die erste Ursache späterer sehr gewaltsamer und explosiver Zustände auf sozialem und politischem Gebiet. I. H. FICHTE faßte seinen philosophischen Ansatz wie folgt zusammen (aus der Vorlesungsnachschrift von PAUL VON SCHERFF der Vorlesung I. H. FICHTES über «Psychologie», Bonn, Wintersemester 1836/37, Schlußvorlesung):

«Wir haben die menschliche Seele untersucht, nach ihren drei Hauptrichtungen (des Denkens, Fühlens und Wollens. Anm. H. E.), die gegenseitige Durchdringung dieser drei Richtungen nachgewiesen, die menschliche Seele in diesen Hauptrichtungen bis zu ihrer höchsten Entfaltung als Geist hinaufgeleitet.

Wir haben gefunden, daß ihre wahre Existenz die als Geist sei. Daß ihre höchste Form als Geist wieder die ist, worin sie sich aus allem Zwiespältigen von Trieben, Affekten zur innern Harmonie in sich selbst findet. Diese Vollendung des geistigen Lebens ist eine solche, daß sie nicht in einer einseitigen Richtung befangen ist, sondern daß sie in einerlei Hinsicht auch die in entgegengesetzter Richtung in sich schließt und vermittelt. Wer in der Tat von der Wahrheit des Erkennens ergriffen ist, von der Gewißheit, daß in allem Wirklichen nur Gott sich offenbart, in dem entzündet sich ganz von selbst auch schon die richtige Gesinnung und zeigt sich in seinen Handlungen. Hier aber ist dies nicht so gemeint, daß man glaubte, das absolute Wissen (HEGELS, Anm. H. E.) könne statt der echten Sittlichkeit dienen. Hier entscheidet im Erkennen nur die wahrhaft innige Überzeugung. Umgekehrt geht die wahrhaft sittliche Gesinnung über in jene religiöse Überzeugung und ist unabtrennlich von ihr. Und endlich beide verleihen zugleich das höchste in sich vollendete Gefühl, die unwandelbare Liebe des Göttlichen.

Somit ist die Seele zum Geist ausgebildet und innerhalb deren wieder ist der Geist harmonisch ausgebildet zu der Wahrheit. Unsere Wissenschaft verwirft jede einseitige Richtung. – Auch der vollendete Zustand ist nicht der eines abgeschlossenen in sich Verharrens, sondern gerade darin erst kündigt sich das Gebiet eines wahren Fortschreitens an. – Die Behauptung eines notwendigen Zwiespaltes zwischen Leben und Ideal ist durchaus abzusprechen. Der Zwiespalt ist zu schlichten, ist geschlichtet in Aufweisung jener Höhe des Geistes.»

Die Wissenschaft hat mit dem spekulativen Theismus eine solche Höhe erreicht, daß sie auch der Kunst Richtlinien zu geben vermag. I. H. FICHTE spricht diesen Gedanken in seiner Rezension des Buches von OTTO GRUPPE *Wendepunkte der Philosophie im 19. Jahrhundert*, 1834, so aus (in *Allgemeine Literaturzeitung*, Halle, November 1834):

«Denn der wahre Dichter kann der Spekulation nicht abgewendet sein, er darf am wenigsten der vorausschauenden Kraft des Geistes, seiner schöpferischen Allmacht mißtrauen. Ist der Dichter selbst doch ein tatsächliches, leibhaftes apriori, ein antizipierendes Bewußtsein der ganzen Welt verborgenster Beziehungen, und die reichste Erfahrung derselben kann ihm nur bieten, was er im eigenen Innern selbst erlebt und vorweggenommen haben muß. – Allerdings hat man schon lange, oftmals seicht genug, die Einheit der Philosophie und Poesie gefeiert. Aber wenn man damals meist beabsichtigte, durch diese Parallele die Spekulation zur Luxität (Überschwang) poetischer Ergießungen und eines allgemeinen Enthusiasmus herabzustimmen, so wollen wir umgekehrt die Poesie zur Tiefe und reichen Bestimmtheit der Philosophie heraufziehen.»

Nach der Betrachtung der gefährlichen Lage der Zeit schildert I. H. FICHTE einige Schwierigkeiten, die er für die nachfolgenden Generationen kommen sieht. Diese Gedanken versteht er als die konsequente Weiterentwicklung seines wissenschaftlichen Ansatzes: «Jetzt aber ist dieser Streit zwischen den zaghaft Retardierenden, welche den bisherigen Schranken der Wissenschaft nicht entsagen wollen, um für sich selbst nicht allen Boden zu verlieren, und denjenigen, die eine Steigerung und Vertiefung alles Wissens aus einer gottbelebten, offenbarungskundigen Spekulation für den notwendigen wie einzig rettenden Fortschritt erachten, durch den Drang der Zeit selbst auf die Spitze gestellt. Für die Kirche wie den Staat, die allein konservativen Mächte der Menschheit, sind die alten Stützen wankend und gebrechlich geworden im Bewußtsein der Menge. Sie verlangt für beide neue ‹Garantien›, eine tiefere Überzeugung von ihrer Wahrheit und segnenden Bedeutung, welche ihr nur durch eine regenerierende Umgestaltung derselben entgegengebracht werden kann.

Wir müssen uns rüsten auf eine Weltzeit, wo noch weit ernstere und tiefgreifendere Geisteskrisen uns bereitet sind, als je eine frühere Zeit gesehen.

Wenn alle Kräfte des Denkens und Willens in die Verkehrung gestürzt, mit reichsten Waffen bestrickender Sophistik und stolzer Energie in den Kampf treten, bedarf es fürwahr anderer Schutzwehren als die Berufung auf historische Autoritäten oder die ermüdende Gewalt des Herkommens oder die alte, abgegrenzte Schulweisheit.

Und dies ist der neue Charakter der Gegenwart, welcher in seiner drohenden Bedeutung freilich nur von dem erkannt werden kann, der auf eine lebendige und zugleich klare Weise selbst im Positiven wurzelt: Die Macht der Zerstörung greift jetzt um so eindringlicher und aufregender um sich, weil sie nicht in die alte Gewalt der Äußerlichkeit, sondern in die Tiefe des Verstandes selbst eingekehrt ist, von daher sich ausstattend mit dem Schmuck der höchsten geistigen Güter, der Wahrheit und der Freiheit, dabei von hoher Genialität unterstützt und von dämonischer Begeisterung vertreten.

Solche glanzerfüllte Klarheit der Negation kann nur ein höherer Verstand, der aus dem göttlichen Lichte schöpft, auslöschen: das Tiefste, Eindringendste, Geheimnisvollste will nicht mehr nur geglaubt sein, so daß es selbst der willigsten Empfänglichkeit auch ein Zweideutiges, Unaneigenbares bleiben kann; es soll erkannt, siegreich gerechtfertigt werden, auf daß die letzte Entscheidung der Geister vorbereitet werde, in der keine Entschuldigung mehr ist für den, der sich abwendet, damit er nur nach seinem Willen gerichtet werde.»

1776 unterschied der Psychologe NIKOLAUS TETENS erstmalig die Seelenvermögen des Menschen nach Denken, Fühlen und Wollen. Diese Seelenvermögen hatten früher immer in selbstverständlicher Einheit gewirkt. Jetzt sollte der Mensch lernen, sie selbständig, sich gegenseitig begründend und befruchtend zu gebrauchen. Aber zunächst hatte besonders durch die Ansichten des Philosophen KANT der rein äußerlich betrachtende Verstand die Oberhand; Fühlen und Wollen wurden zu dessen unbedeutenden, nur subjektiven Stiefkindern degradiert. Man kann, summarisch gesprochen, die Anschauungen HEGELS die Revolution des panlogischen Bewußtseins gegen die Einseitigkeiten Kants nennen, die SCHELLINGS die des künstlerischen Naturgefühls, die J. G. FICHTES des moralischen Willens. Diese zersplitterte Einheit wurde im spekulativen Theismus wieder eine erhöhte Einheit, indem der Entwicklungsgedanke in alle Wissenschaften hineingetragen wurde, auch in die Erkenntnistheorie, so daß der Mensch nun nicht nur die Dinge und das Verstandesvermögen, sondern auch sich und sein Denken allseitig in allen Seelenvermögen betrachten kann. Dieses erhöhte Bewußtsein des rückbestimmenden Denkens unter Führung des Ich als Ausgangspunkt aller Bestimmungen – das war die große, alles erneuernde Tat des spekulativen Theismus.[1] Dadurch verliert auch die Wissenschaft ihren abstrakten Charakter und wird zur Kunst.

Der spekulative Theismus stieg durch eine «dreifältige Erkenntnis-lehre» zur Erfassung des Lebens, der Seele und des Geistes in den Dingen und im Menschen auf, er war eine Entwicklung zum Menschen hin und nicht bloß zu den Sachen, die allein den Menschen nicht bestimmen können. Alle späteren Philosophen, die Neu-ismen KANTS, J. G. FICHTES, HEGELS, SCHELLINGS, die Existentialismen HEIDEGGERS, JASPERS und SARTRES, erreichten nicht die menschliche Höhe des spekulativen Theismus, da sie den Menschen in seinem Zusammenhang mit der ganzen Weltentwicklung nicht erfaßten. HEIDEGGER sagte zu mir persönlich, daß er am I.-H.-FICHTE-Nachlaß kein Interesse habe.

Die wesentlichen Nachlässe der großen spekulativen Theisten sind aufgefunden worden und stehen der Wissenschaft zur Verfügung. Neue Forschungen ließen sich daran anknüpfen, die in vertiefter Weise die Geistesgeschichte des ausgehenden 19. Jahrhunderts zu verstehen mit-helfen könnten.

Hermann Ehret

Die wichtigsten Denker des spekulativen Theismus

*E*s war die feste Überzeugung der spekulativen Theisten, daß mit HEGELS Tod (1831) ein Äon abgelaufen sei, das mit dem alten Griechentum, vielleicht auch schon mit dem alten Indertum begonnen habe. In HEGEL habe die Weltbetrachtung eine solch abstrakte, aber geschichtlich einmal notwendige geistige Höhe erreicht, daß dies als ein Endpunkt der philosophischen Entwicklung zu betrachten sei. In der Naturwissenschaft sei andererseits eine solche Höhe der materiellen Behandlung der Dinge erreicht worden, daß dies ebenfalls ein Ende sei, das nicht mehr überboten werden dürfe. Es komme nun darauf an, daß man diese beiden Extreme verbinde und zu gegenseitig höherer Befruchtung bringe, indem man die Natur geistig, den Geist naturhaft betrachte, so daß der alte Gegensatz, die Kluft zwischen den Naturwissenschaften und den Geisteswissenschaften, überwunden wird. Demgemäß wollte I. H. FICHTE als «Naturwissenschaftler des Geistes» betrachtet werden. An dieser großen Synthese arbeiteten die spekulativen Theisten, besonders I. H. FICHTE und I. P. V. TROXLER, welche sie für alle Wissenschaften durchzuführen bestrebt waren. Wer waren die großen Vertreter dieser neuen Bewegung?

IMMANUEL HERMANN FICHTE (18. 7. 1796–8. 8. 1879), das einzige Kind JOHANN GOTTLIEB und JOHANNA FICHTES, ist in seiner gediegenen und ausführlichen pädagogischen Darstellungsart als der ruhige Mittelpunkt dieser neuen Forschungsrichtung anzusehen. Er sagte lieber weniger, als daß etwas nicht bis in den letzten Satz entwicklungsgemäß begründet war; er hat den Entwicklungsgedanken in alle Wissenschaften hineingetragen. – Die drei philosophischen Hauptwerke sind: 1. *Erkennen als Selbsterkennen*, 1833, 2. *Die Ontologie*, 1836, 3. *Die spekulative Theologie*, 1846/47.

IGNAZ PAUL VITAL TROXLER (1780–1866). An den Schweizer Freund schreibt FICHTE am 19. APRIL 1862: «Sie sind einer unserer tiefsinnigsten

Abb. 1: Ignaz Paul Vital Troxler. Lithographie von Bernhard Egli

Geister und der *einzige* originale philosophische Denker, welchen die
Schweiz jetzt aufzuweisen hat. Dies sage ich allen jungen Schweizern,
welche bei uns studieren (in Tübingen, wo damals FICHTE wirkte. Anm.
H. E.). Möge Ihr Vaterland deß eingedenk sein und die Ehrenkrone der
Anerkenntnis um Ihr ehrwürdiges Haupt flechten».[2] – Außer durch seine
bedeutenden philosophischen Bücher hat TROXLER auch ins Politische
hineingewirkt. Die Schweizer Bundesverfassung von 1848 ist seiner Mit-
wirkung zu verdanken. – Die drei philosophischen Hauptwerke TROX-

Abb. 2: Moriz Carrière, etwa 1890

LERS sind: 1. *Naturlehre des menschlichen Erkennens*, 1828, 2. *Logik*, drei
Bände, 1830/31, 3. *Philosophische Vorlesungen in Bern*, 1835.

Der Münchner Philosoph und Ästhetiker MORIZ CARRIERE
(1817–1895), der 30 Jahre lang, von 1857 bis 1887, Sekretär der Akademie der bildenden Künste in München war; er war dadurch mit Künstlern nicht nur dieser Stadt bekannt. Sein Urteil in künstlerischen und
philosophischen Dingen galt sehr viel und wurde sehr geschätzt von
denen, welche künstlerisch oder wissenschaftlich weiterkommen wollten

(unter anderem auch von Karl Julius Schroer, Jakob Sengler und Gideon Spicker). Da Fichte oft in München weilte, war er in der Künstlerwelt wie zu Hause. Carrieres Hauptwerk ist die fünfbändige Kulturgeschichte *Die Kunst im Zusammenhang mit der Kulturentwicklung und die Ideale der Menschheit*. Hier gibt er eine aufsteigende Reihe aller kulturellen Entwicklung bis hin zur Freiheit des Menschen, welche er dann im fünften Band bespricht, der über das 18. und 19. Jahrhundert handelt. Der Untertitel dieses Bandes heißt: *Das Weltalter des Geistes im Aufgange*, also genau der Gegentitel des Werkes Oswald Spenglers: *Der Untergang des Abendlandes*. Aus dem genauen Zusammenhang der Dinge mußte ich von Moriz Carriere als von dem «Anti-Spengler 50 Jahre vor Spengler» sprechen.[3] Der fünfte Band war im Jahre 1872 erschienen als «Morgengabe für das neue Reich, damit es einen Inhalt habe».

Die kürzeste Lebensdauer und das tragischste Lebensschicksal hatte der tschechische Philosoph Augustin Smetana (1814–1851), den man den «böhmischen Johann Gottlieb Fichte» genannt hat. Seine Weltdarstellung erreicht sogar die drei planetarischen Vorzustände der Erde, ebenso wie zwei Nachstufen. Seine Einsichten in die Weltentwicklung, in die politischen Verhältnisse und in die Ethik übersteigen das übliche Maß. – Seine Hauptwerke sind: 1. *Anthologie aus Schellings Werken*, Berlin 1844, 2. *Die Bestimmung unseres Vaterlandes Böhmen*, Prag 1848, 3. *Die Bedeutung des gegenwärtigen Zeitalters*, Prag 1848, 4. *Die Katastrophe und der Ausgang der Geschichte der Philosophie*, Hamburg 1850, 5. *Der Geist, sein Entstehen und Vergehen*, Prag 1865, 6. *Geschichte eines Exkommunizierten* (Autobiographie), Leipzig 1863, 7. *Worte zur Totenfeier für die am 13. März als Freiheitsopfer gefallenen Wiener Studenten*, Prag 1848. Smetana schrieb seine Bücher nur in deutscher Sprache.

Den Begriff «Ausgang» im Titel seines ersten großen Hauptwerkes *Die Katastrophe und der Ausgang der Geschichte der Philosophie* versteht Smetana im doppelten Sinn: einmal als Aufhören des Alten und zum anderen als Aufgang zum Neuen. Im Text wird das immer größere Auseinanderklaffen der Gegensätze zwischen Geistes- und Naturwissenschaften seit dem uralt heiligen Indien dargestellt. Geschehe diese jetzt notwendige höhere Synthese in richtiger Weise, so sei die Möglichkeit zum Anbruch des «Dritten Reiches», des Reiches des Heiligen Geistes,

Abb. 3: Augustin Smetana

gegeben. Klafften die Gegensätze weiterhin auseinander, so könne nur das Reich des Unheiligen Geistes kommen.

Der Gedanke vom möglichen dritten Reich des Heiligen Geistes wird in den vier Hauptwerken des polnischen HEGEL-Überwinders Graf AUGUST CIESZKOWSKI (1814–1894) ausführlich dargestellt. Die ersten drei Schriften: 1. *Historiosophie*, Berlin 1838, 2. *Palingenesie*, Berlin 1842, 3. *Die Zukunft des Menschen und die Unsterblichkeit der Seele*, Berlin 1852, von seinem Lehrer und Freund, dem Hegelianer CARL LUDWIG MICHELET, herausgegeben, waren nur in deutscher Sprache ver-

Abb. 4: August Cieszkowski

faßt, bis polnische Nationalisten (besonders MICKIEWICZ) dies als Verräterei an Polen brandmarkten. Sein Hauptwerk sind die Betrachtungen in vier Bänden über das *Vater-Unser*, in denen er unter anderem auch über den Übergang von der durch die germanischen Stämme ausgeübten Anschauung des Christentums zu der zukünftigen slawischen Aufgabe eines Christentums der sittlichen Erkenntnis und Tat und der Bruderliebe spricht, denn «Der Wille ist nicht nur Filialausfluß der erkenntnistheoretischen Tätigkeit des Geistes, wie HEGEL meinte, sondern durchaus eigenen Wesens». Den ersten Band ließ CIESZKOWSKI 1848 anonym

17

in einer polnischen Druckerei in Paris drucken, weil er fürchtete, dieses allerchristlichste Werk käme auf den Index. Alle vier Bände ließ er erst nach der Jahrhundertwende, wie er seinen Sohn auf dem Totenbett 1894 beauftragt hatte, in polnischer und französischer Sprache veröffentlichen, da jetzt PAPST PIUS IX. gestorben (1889) und unter PAPST LEO XIII. eine andere Einstellung der Kirche vorhanden sei.[4]

Das Wort «spekulativer Theismus» muß man mit «anschauendem Gottes- und Welterkennen» übersetzen. Mit diesem Begriff ist reale Gottes- und Welterkenntnis im Denken gemeint, die aber dem Fühlen und Wollen und dem Walten der göttlichen Gnade reichlich Raum läßt; denn wahres, nicht intellektuelles, schauendes Denken ist Gnade und schließt die Gnade nicht aus, sondern erfordert sie.

Im Naturzustande ist der Mensch ein halbfertiges Wesen; der spekulative Theismus will den Menschen vollbewußt zu einem Geistesmenschen erziehen durch eine «Erkenntnislehre» – wie FICHTE seine Bemühungen nennt –, welche die bisherigen logischen Lehren der Philosophen zu einem Erkenntnisorganismus des Werdens des geistigen Menschen umwandelt. Dies geschah in einer Zeit, welche immer mehr materialistischen Anschauungen zuneigte. Allein aus dieser Tatsache erhellt sich der Gegensatz zu allen Auffassungen des 19. Jahrhunderts. Den Beginn dieser den Idealismus und die Klassik in deren Menschenauffassung weiterführenden Bewegung kann man unmittelbar vor dem Tod HEGELS und GOETHES ansetzen, also um 1830. – Das Ende des spekulativen Theismus liegt etwa um das Jahr 1880. Dieses halbe Jahrhundert war aber auch zugleich die Zeit des Beginns des eigentlichen Maschinenzeitalters, die Zeit der Großindustrie, des Großkapitalismus, der Anwendung der Elektrizität, aber auch die Zeit der beginnenden großen sozialen Bewegungen.

I. H. FICHTE bezeichnet den Beginn seines Wirkens (1826) mit «Vorbereitung auf die neue Epoche». Man kann mit gutem Grund von einer Epoche GOETHES und des Idealismus (etwa 1772–1832) sprechen und von der I. H. FICHTES und des spekulativen Theismus (1830–1880). Die Anthroposophie RUDOLF STEINERS schließt sich daran an: 1882–1925. Dies sind wesentliche Stufen neuer geistiger Impulse in einer Zeit des wissenschaftlichen Materialismus. So heißt die wirkliche geisteswissenschaftliche Entwicklungslinie: Vorklassig mit KLOPSTOCK (dem Großonkel I. H. FICHTES), LESSING, HERDER – Klassik und Idealismus – spekulativer Theismus – Anthroposophie.

Das Leben Immanuel Hermann Fichtes

Die Geburt

Novalis spricht die Erkenntnis aus, daß der Lebensverlauf jedes großen Menschen «durchweg kanonisch» sei. Dies gilt für I. H. Fichte in hohem Maße: Jedes Lebensdatum ist symptomatisch; jedes Buch, das er schreibt, ist genau das erfüllende geistige Gegenbuch zu erfolgreich gewordenen Büchern seiner Zeit, die Aufsehen erregten, weil sie dem Zeitgeschmack besser gefielen, der nach immer größeren Vereinfachungen drängte.

Immanuel Hermann Fichte wurde am 18. Juli 1796 eine halbe Stunde nach Mitternacht in Jena geboren. Er starb am 8. August 1879 morgens um halb neun Uhr in Stuttgart. Er erreichte das gleiche Lebensalter wie sein großes Vorbild Goethe, dem er sich geistig zeit seines Lebens verbunden fühlte. «Sein an Goethe geschulter Stil», «Zu seiner täglichen Lektüre gehörten Goethe, Novalis, Gutzkow», heißt es in dem Nachruf seines Sohnes. Die meisten seiner Bücher tragen ein Motto von Goethe; in jedem Werk wird dieser oft genannt, auch in den größeren Artikeln. Der Dichter wird als «Genie der Anschauung» gerühmt, dem es gelungen sei, durch eine ursprüngliche Organisation sich von der Anschauung zu der Idee zu erheben. In dem Frühwerk Fichtes *Erkennen als Selbsterkennen* (1833) – ein Buch, das Rudolf Steiner gründlich studiert hat – schreibt I. H. Fichte:

«Man fragt die Natur oft voreilig, zusammenhanglos, am unrechten Orte, oder man sucht sogar ihre Antworten nach einer vorgefaßten, hineingetragenen Theorie einzurichten, daß sie bestätigen soll, was man haben will, – sucht sie selbst zur Sophistin herabzusetzen: dann wird das Resultat des Experimentes nicht nur wieder Problem, sondern es verwirrt und desorientiert völlig über den wahren Gesichtspunkt, weil die Natur freilich beantwortet, aber auch etwas ganz anderes, als der Frager wollte und meinte.»

In der Fußnote zu diesem Absatz heißt es dann: «Auch hier erschöpft Goethe den Gegenstand völlig in wenigen Zeilen: Alles erklärt sich wohl, so sagt mir ein Schüler, aus jenen Theorien, die uns weislich der Meister gelehrt. – Habt ihr einmals das Kreuz von Holze tüchtig gezimmert, paßt ein lebendiger Leib freilich zur Strafe daran.»

Fichte, der Vater, war 1794 durch Vermittlung auch von Goethe nach

Abb. 5: Johann Gottlieb Fichte

Jena berufen worden. JOHANN GOTTLIEB und JOHANNA FICHTE waren mit GOETHE befreundet und wechselten Briefe. Jena war damals die geistige Weltstadt, die Großen seiner Zeit umstanden die Wiege des Knaben.

Die Eltern waren auch mit der Familie SCHILLER sehr befreundet, mit den beiden älteren Knaben SCHILLERS wuchs IMMANUEL HERMANN auf; mit der Tochter und dem dritten Sohn war er bis an deren Lebensende befreundet. SCHILLERS letzte Besuche in Berlin 1805 kurz vor dessen Tode gedachte er immer mit Bewegung. – Das geistige Erbe jener Gestalten, die ihn damals umgaben, wird er in sich aufnehmen und weiterbilden.

Abb. 6: Johanna Fichte

Als der Knabe ein Jahr alt war, erschien der Freund GOETHES und Prorektor der Universität Jena LODER – nach der Fichteschen Familientradition auf Veranlassung GOETHES – bei den Eltern und überreichte dem Knaben die Ehrenimmatrikel der Universität Jena mit den Worten, daß ein Kind so bedeutender Eltern unbedingt zur wissenschaftlichen Laufbahn bestimmt sei und er hoffe, daß einst der Knabe die Ehrenmatrikel auch in Jena gebrauchen werde.[5] Durch den unglücklichen Atheismusstreit von 1799, der FICHTE aus Jena entfernte, kam es jedoch anders; Berlin wurde der Schul- und Studienort des Sohnes.

Zur Geburt des Knaben hatte der Vater von seinem Freund PÖRSCHKE,

23

Abb. 7: Die elterliche Wohnung in Berlin, am Kupfergraben

dem Königsberger Professor der Philosophie, einen Brief erhalten, der wie prophetisch das kommende Wesen des Sohnes ausdrückte: «Inspektor ABEGG erzählte mir von Ihrem häuslichen Glück, daß Ihnen ein Sohn geboren worden, daß Sie froh wären über diese Ihre Fortsetzung. Er erbe von Ihnen den großen Geist der Philosophie; er wird weniger zu erobern finden als sein Vater; dafür werde diese eiserne Rute, womit das kleine und große Vieh geweidet wird[6], in seiner Hand ein Friedensszepter!»

Wer weiß heute noch etwas von den späteren Friedensbemühungen Fichtes auf allen Lebens- und Wissenschaftsgebieten? Der Engländer HOBBES hatte behauptet, daß jeder Mensch dem andern ein Wolf sei; ADAM SMITH, daß durch das Waltenlassen der individuellen Egoismen im Handel und in der Wirtschaft von selbst ein friedevoller Ausgleich entstehe; KARL MARX sprach von Klassenkampf, von der Diktatur des Proletariats; DARWIN behauptete einen Kampf ums Dasein in der Natur; für OSWALD SPENGLER war der Mensch ein intelligentes Raubtier.

I. H. FICHTE widersprach solchen Ansichten: in Wahrheit finde sich in der Natur das Opfer des Niederen für das Höhere, damit dieses existieren könne. Die ganze Natur sei letzten Endes das Opfer, damit das Leben des Menschen möglich werde. Alle jene Schlagworte, welche die meisten wie eine Wahrheit aufnehmen, hatte Fichte mit einer kleinen Änderung eines Wortes entgiftet: «Nicht Kampf ums Dasein, sondern Kampf ums eigene geistige Dasein»; nicht «Kampf aller gegen alle», sondern «Zusammenhang aller für alle»; nicht «Auslese der Tüchtigen», sondern «Verpflichtung der Tüchtigen für alle Menschen»; nicht ist «Jeder Mensch ein Wolf», sondern: «Jeder ist der Garant des andern, der ohne ihn gar nicht zu sein vermöchte», usw. In seiner Gesellschaftslehre, der *Ethik* (1850/ 53), zwei Bände mit 1600 Seiten, hatte Fichte die Entwicklung des einzelnen und aller sozialen Verbände auf christlicher Basis gegeben.

Im Artikel: «Zukunft der Theologie» in der *Zeitschrift für Philosophie* (Bd. 21, S. 200) spricht er von seiner Friedensmission: «Der Philosoph lobt oder tadelt nicht seine Zeit, noch wünscht er sie anders, als sie ist, er soll ihre Signatur und Reife erkennen. Darum muß es ihm auch vergönnt sein, diese auszusprechen, frei von dem Verdachte, durch sein Versprechen beizutragen zum Sein unvermeidlich gewordener und längst entschiedener Zustände. Gleich wie man den Historiker einen Propheten der Vergangenheit genannt hat, ist er in solchen Fällen lediglich Prophet der Gegenwart, und falls man ihn hören wollte, was bisher jedoch selten wie in diesem Falle geschehn, könnte er auch die Zukunft deuten und sichern, wenn er, wie in diesem Falle, den künftigen vollgewichtigen Frieden bringen zu können das Bewußtsein hat.»

Der Tod

Auf der letzten Seite seines letzten wissenschaftlichen Werkes *Der neue Spiritualismus. Sein Wert und seine Täuschungen. Eine anthropologische Studie.* (1878) – nachher verfaßte er nur noch die für einen kleineren Kreis geschriebene Schrift *Spiritualistische Memorabilien* – greift er die von Goethe ausgesprochene Umkehrung des Wortes: Memento mori (Denke an den Tod) in: Memento vivere (Denke an das nie aufhörende Leben) auf und führt aus: «Denn nun kennt man und hat ergriffen sein künftiges Lebensziel auch schon im Diesseits. Dadurch hat sich der längst trivial gewordene Spruch eines Memento mori in den viel andern, viel ernsteren verwandelt: Memento vivere, d. h. gedenke, daß du fortzuleben gewiß sein kannst, daß aber auch der künftige Zustand stetig sich anschließt an das verlassene Dasein und dessen Gesamtergebnis, mit dessen Grundgefühl, ob freudig oder schmerzlich, wir dort behaftet bleiben ... Auch sollte in einer so ernsten Sache und bei dringendem Bedürfnis nicht schweigen, wer sich bewußt sein darf, über jenes höchste Lebensproblem zu entscheidender Überzeugung gelangt zu sein auf dem Wege freier Wissenschaft. Das Gefühl dieser Verpflichtung trieb mich an, den gewohnten Umkreis stillen Forschens zu überschreiten und über eine wichtige Kulturfrage der Gegenwart ein unvorgreifliches Gutachten abzugeben.»

Es war FICHTES felsenfeste Überzeugung, daß man über die Frage des ewigen Lebens zum einen aus einem unverdorbenen Lebensgefühl heraus schon immer Bescheid wisse; daß man aber auch zum andern durch allseitige naturwissenschaftliche Betrachtung sich Sicherheit über das nachtodliche Leben verschaffen könne. Der Materialismus habe nur durch seine oberflächlichen Methoden das ursprüngliche Lebensgrundgefühl für ein nachtodliches Leben zerstört und die Todesfurcht an die Stelle ursprünglicher Lebenssicherheit gesetzt. An einer Stelle spricht Fichte aus, daß dies der große Mensch der Zeit sei, der den Menschen die Todesfurcht hinwegnehmen könnte:

«Ebensowenig verlieren wir auch jenes Vermögen geistiger Wahrnehmung durch das Ablegen unserer Organisation, d. h. die Quelle unseres Bewußtseins verbleibt uns auch im Tode gerade so wie uns die innere Leiblichkeit verbleibt.»[7]

«Das Phänomen des Todes ist nichts anderes als eine organisatorische Krise, ein aus der Leiblichkeit selbst hervorgehender Wende- und Entwicklungspunkt.»[8]

«Der Weise hat Liebe und Freudigkeit des Todes; die Entbindung des Geistes von seinen leiblichen Beziehungen ist zugleich einer Kraftentwicklung, Verjüngung, inneren Erneuerung des gesamten Geistwesens gleichzuachten, mit der besonderen Nebenwirkung auf sein Bewußtsein, daß die hemmenden Wirkungen (des Leibes) hinwegfallen, so daß ein tieferes Selbstgefühl, ein innigeres, unzerstreuteres Wachen des Bewußtseins unseren künftigen Zustand bezeichnet.»[9]

«Der künftige Zustand ist als die entscheidende Steigerung des gegenwärtigen zu bezeichnen, die dem doppelten Erfolge, einesteils eines überwiegenden Lebens im Innern des Geistes, andernteils eines intensiveren Erwachens im Bewußtsein, eines Vollbewußtseins, unserm gegenwärtigen Halbbewußtsein gegenüber.»[10]

Der Tod traf FICHTE mitten in der Arbeit an den *Spiritualistischen Memorabilien*, deren erste Hälfte schon in den *Psychischen Studien* gedruckt worden war, die zweite Hälfte lag auf dem Schreibtisch und wurde post mortem veröffentlicht.

Am 22. April 1879 erlitt Fichte zunächst einen leichten Schlaganfall. Durch Herzkranzaderverkalkung war er ausgelöst worden. Sein Sohn EDUARD FICHTE, der Generalarzt, beobachtete seinen Vater genau. Die Geistestrübung nahm zu. FICHTE fühlte sich als religiöser Redner, der einer großen Gemeinde Heilsbotschaften zu verkünden habe. Aus lauter Liebe verschenkte er sein Vermögen mehrfach, bis ihm sein Sohn wegen der zahlreichen Nachfragen der Beschenkten die Testierfähigkeit nehmen lassen mußte. Am 8. August 1879 morgens entschlief er friedlich. Er wurde am 10. August unter Beteiligung von vielen Tausenden auf dem Fangelsbachfriedhof in Stuttgart bestattet.

FICHTE hatte schon vorher Bestimmungen über sein Grabmal getroffen: ein einfacher Gedenkstein, nur mit Namen und einem Bibelspruch nach Auswahl des Sohnes versehen. Dieser besprach sich mit dem Hausfreund, dem Prälaten und Dichter KARL GEROK. Sie wählten denselben Spruch, der auch auf dem Grabmal des Vaters steht: «Die Lehrer aber werden leuchten wie der Glanz des Himmels und die, so viele zur Wahrheit führen, wie die Sterne immerdar und ewiglich». (Daniel 12,3) So sind Vater und Sohn auch durch den Grabspruch als Menschheitslehrer ausgewiesen.

Die Berliner Zeit – Die Jugend I. H. Fichtes
1800–1822

Lebendige und tote Gesetzmäßigkeiten

Zwischen den beiden Polen Geburt und Tod rankt sich das Leben des Menschen. Für die meisten sind dies absolute Grenzen, nicht so für FICHTE. Für ihn waren es Wendepunkte im ewigen Lebensverlauf.

Der Mensch ist dem ursprünglichen Universalempfinden für das Weltall bis auf sein klägliches Tagesbewußtsein entschlafen.[11] Was wirklich der Leib und das Haupt des Menschen bedeutet, FICHTE wußte es auf ganz neue, ewige Art. Früher gewann der Mensch sein Allgemeinempfinden durch den Leib, jetzt hat eine Allbeherrschung des Leibes durch den erkennenden Geist zu geschehen, der Leib ist dabei Mittel zur Verwirklichung des Geistes. Durch jeden Menschen, aus seinem ewigen Ich heraus, wollen sich alle Gesetze und Kräfte des Weltalls offenbaren: der Leib ist nur der Träger dieser Gesetze und Kräfte. Die Kenntnis und Empfindung dieses lebendigen Wechselspieles und die stete, leise Veränderung zwischen Welt und Mensch ging aber immer mehr verloren, so daß zum Schluß die unsinnigen Anschauungen des Materialismus entstanden, der alles nur von außen betrachtet.[12] Äußere Dinge kann man äußerlich mit einem bloß formalen Denken betrachten, aber auf sich selbst angewendet, muß das Denken seinen Inhalt aus sich selbst schöpfen.

In I. H. FICHTE blüht die lebendige Kenntnis des Wechselverhältnisses zwischen den schöpferischen Weltkräften und dem Menschenerkennen vertieft auf, ja diese Kenntnis ist ihm unmittelbar wie seinen Freunden gegeben. Man muß sagen: ihm war dies von frühester Jugend an bewußt, mehr als seinem Vater und seiner Mutter, die er doch so verehrte.

War das 19. Jahrhundert immer mehr dem Zwang einer bloß mechanischen Naturauffassung erlegen, so stieg der spekulative Theismus zur Freiheit der Erkenntnis und des Künstlertums im Menschen auf. Wenn Goethe einmal sagte: «Im Menschen ist das Tierische zu höheren Zwecken gesteigert und für das Auge wie für den Geist in den Schatten gestellt», so ist der spekulative Theismus der Verkünder dieser «höheren Zwecke».

«Die gewöhnliche Annahme von Naturgesetzen ist dem empirischen Denken eine feste und bequeme Schranke, innerhalb deren es, mit ausdrücklicher Beseitigung aller metaphysischen Gründe, das durch empirische Abstraktion Gefundene verallgemeinern kann; und wenn man auf das an sich Sinnlose und Unerwiesene jener Vorstellung aufmerksam macht, so ist es zudem noch gestattet, sie als eine über-eingekommene Fiktion zu bezeichnen, um auf ein höchstes All-gemeinsein der Natur hinzudeuten, ohne sich über sein Wesen zu ent-scheiden.»[13]

«So ist in diesem Gesetze der Menschenentwicklung, ganz ebenso wie in dem, was man Naturgesetze nennt, der göttliche Wille gegenwärtig und wirksam, aber nicht bloß wie in der Natur der Wille der Weisheit, sondern zugleich der Wille göttlicher Gnade und Liebe!»[14]

«Aber erst mit dem Menschen erscheint der Abschluß der Organisatio-nen, und seitdem findet auch sonst keine Vervollkommnung der Organi-sationsverhältnisse auf dem Erdball mehr statt. Alle weitere Entwicklung beschränkt sich seitdem auf die Vervollkommung der intellektuellen und moralischen Fähigkeiten des Menschen.»[15]

«Unsere Philosophie ist das alle übrige Anschauungen umfassende wie ergänzende und berichtigende System, das ihnen erst Selbstverständnis und eigene Deutung verleiht und sie selbst dienen ihm, wie untergeord-nete Geister oder gleich Vorstufen zu seiner Herrlichkeit emporgelei-tend. Und wie Gott selbst der langmütige und duldsame ist gegen den Irrtum, so trägt von diesem Geist der Versöhnlichkeit auch der echte, weil wissenschaftliche, den Widerspruch ausgleichende und auflösende Theismus in sich. Die Philosophie wird, wie alle Erkenntnis, der heiterste Gottesdienst, indem auch hier die große Einsicht dessen gefunden ist, was der Gegensatz bedeute, und daß er nur der Reichtum, nicht die Entzweiung des Lebens ist.»[16]

Genauso wie I. H. Fichte zu sicher begründeter Geisterkenntnis auf-stieg, genauso scharf erkannte er das Zerstörerische jeder nur so beque-men, trägen materialistischen Haltung, die im Grunde immer einseitig und unduldsam ist: «Die Gottesleugner, diese ewigen Jungfrauen im Geiste! Ihren geistigen Hungertod suchen sie vor sich zu verbergen, indem sie mit Gewalt ihre dürftigen Meinungen über die andern zu stülpen versuchen. Atheismus ist das Erzeugnis der höchsten Bewußtlo-sigkeit und eines formellen Unverstandes.»[17]

Über wahre geistige Erkenntnis kann man nicht diskutieren, man kann sich ihr nur in wiederholten, ehrfürchtigen Schritten anzunähern versuchen. So sind auch alle Bücher I. H. FICHTES «höhere, langsam zu erwerbende Tatsachen», gewonnen durch «Anthropologie und innere Erfahrung» (methodisches Motto der *Psychologie*). Zur wahren Erkenntnis ist eben äußere und innere Betrachtung nötig. Entsprechend heißt auch der methodische Untertitel der *Anthropologie* (1856): «Die Lehre von der menschlichen Seele. Begründet auf naturwissenschaftlichem Wege.» Keine 40 Jahre später heißt das begründende Motto der *Philosophie der Freiheit* (1894) RUDOLF STEINERS: «Seelische Beobachtungsresultate nach naturwissenschaftlicher Methode.»

In Anbetracht der inneren Sicherheit seiner Erkenntnisse spricht I. H. FICHTE aus: «Dies sei ein für allemal ausgesprochen, um von einer neuen Seite zu zeigen, wie unerläßlich es sei, mit den Tendenzen der letzten spekulativen Vergangenheit bis auf die Wurzel zu brechen, auf daß man nicht in Gefahr komme, den neuen Most in die alten Schläuche bergen zu wollen!»[18]

Und in einem Brief an CHARLOTTE VON KALB vom 1. Juni 1830 sagt er in innerster Sicherheit: «Daß ich recht habe und daß dasjenige, was ich als Wahrheit anschaue – durch mich oder durch einen andern gleichviel – irgend einmal in der Zeit zum Bewußtsein gebracht werden müsse, weil ich mit innerster Evidenz, unbeschadet der Evidenzen aller andern, denen dies gleiche Recht von mir zugestanden wird. Aber eben das können sie nicht begreifen!»

Die Beziehungen zu den Eltern

Am 6. März 1797 entwickelt J. G. FICHTE seinem Freund und Kollegen JOHANN JAKOB WAGNER seine Erziehungsgrundsätze für seinen Sohn: «Meine Hauptregel ist, daß das Kind beim ersten Erwachen seiner Vernunft gleich als völlig vernünftig behandelt werde, daher unablässig in vollständiger und gesetzter Gesellschaft sei, die sich mit ihm unterhalte, als ob es selbstverständig sei. So wird er es dann, daß er zuerst mit der reellen Welt bekanntgemacht werde, ehe er in die trockenste aller Zeitenwelten, in die des toten Buchstabens, eingeführt werde: dann daß er diese Bekanntschaft auf die einzig fruchtbare Weise mache, auf die praktische. Mein Knabe soll vor allen Dingen die Welt, die ihn umgibt, nach Zeichen und Gebrauch kennen; und mit den Dingen alles machen, was sich mit ihnen machen läßt. Dies Geschäft anzufangen ist das Kind reif, sobald es gehen und einige artikulierte Töne, als Zeichen des Sinns der Gegenstände, aussprechen kann. Dies wird, rechne ich, mein Knabe dann können. Wollen Sie diesen Knaben ins Leben einführen; – und dabei sich selbst! (GOETHE sagt darüber in *Meisters Lehrjahren* ein sehr wahres Wort, was Ihnen vielleicht nicht entgangen ist). Ich werde Ihnen nicht, und keinem Menschen, dieses Geschäft abtreten, wenn ich und mein Weib, und der Knabe selbst, davon leben könnten.»

JOHANN GOTTLIEB FICHTE «handelte überall nach streng gefaßten Vorsätzen und Maximen und dem Er eigentlich die große imponierende Wirkung, auch auf die Jugend, verdankte» (I. H. FICHTE). In der Wirklichkeit war er doch bei der Erziehung seines Sohnes der beste, geduldigste, sich seiner Fassungskraft anschmiegende Lehrer, wie es der Sohn selbst später beschreibt. Der Knabe wurde bis zu seinem Eintritt ins Friedrich-Werdersche Gymnasium 1805 von den Eltern allein erzogen. Dessen Direktor BERNHARDI sowie das ganze Kollegium war mit den Eltern tief befreundet, so daß der Sohn sich auch hier in den besten Geistverhältnissen fand. Noch im höchsten Lebensalter gedenkt Fichte seines väterlichen Freundes BERNHARDI mit Verehrung.

Über das Verhältnis zu den Eltern spricht sich der Sohn oft, ausführlich und immer verehrend aus, z. B. in dem Buch *Zur Seelenfrage* (1859, S. 185/187): «Schon in sehr frühen Jahren, an der Schwelle des Jünglingsalters, ward mir das hohe Glück zuteil, an den Gegenständen meiner höchsten Verehrung, meinen Eltern, dem Vater sowohl als der Mutter, eine Erfahrung vor Augen zu haben, welche für meine ganze Folgezeit entscheidend wurde. Die Tatsache eines Lebens in der übersinnlichen Welt, mit höheren die Welt überwindenden Kräften von dorther, die im irdischen Wirken unbesiegbaren Mut, im Abscheiden aus ihm höchste Freudigkeit verliehen, trat mir in ihnen höchst imponierend entgegen, begeisternd zugleich und mein weiteres Nachsinnen unablässig anregend. Jenes Bild eines Lebens in Gott, an welchem von ferne teilzunehmen ich gewürdigt wurde, hat mich nie verlassen; es war mir der

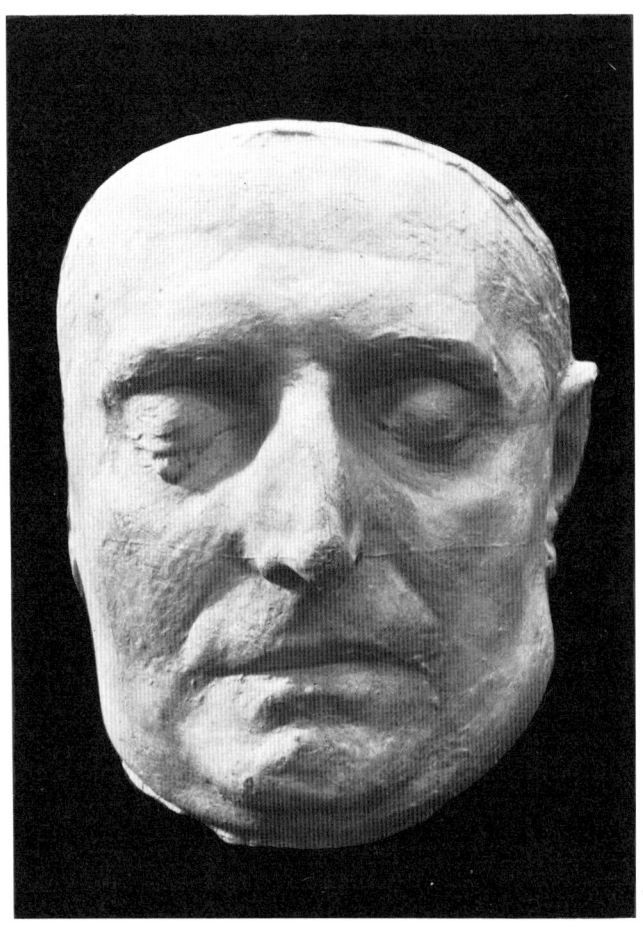

Abb. 8: Totenmaske Johann Gottlieb Fichtes

Gipfel und die befreiende Höhe des Daseins, in welche hinauf sich zu retten jedem gegönnt ist, der da ernsthaft will; aber noch mehr wurde es mir der Schlüssel zum Verständnisse der Philosophie, nicht bloß nach ihrer eigentlichen Aufgabe, sondern nach dem tieferen Sinne ihrer Systeme. In des eigenen Vaters *Wissenschaftslehre*, in seiner *Anweisung zum seeligen Leben*, den Vorlesungen von 1812 über die *Sittenlehre* (später von mir bekannt gemacht in den *Nachgelassenen Werken*, 1835, Bd. 3, einem, wie ich beiläufig bemerke, zur Charakteristik seiner damali-

Abb. 9: Johann Gottlieb Fichte. Büste von Wichmann

gen philosophischen Denkweise höchst wichtigen, bisher noch nicht
gehörig gewürdigten Aktenstücke) trat mir mit höchster Kraft die wissenschaftliche Verwertung jener großen Tatsache entgegen. Auch Kants
Lehre vom homo nuomenon (geistigen Menschen) wirkte darum so
unvergeßlich auf mich, weil selbst der nüchternste aller Denker dadurch
bezeugte, der Macht jener geistigen Tatsache sich nicht entziehen zu
können, durch welche, wie er selbst ausdrücklich es bezeichnet, der
Mensch einer überempirischen Welt eingereiht wird. Meine früheren

33

halbphilosophischen Studien PLOTINS und des Neuplatonismus nach seinem Ursprunge und spätern Verlaufe brachten mich mit der Theosophie in Verbindung; die Beschäftigung meiner Mutter mit den christlichen Mystikern ließ mich in diese reiche Welt von Erfahrungen hineinschauen.»

Und im *Schlüssel zu meinem eigenen Leben* von 1858[19] schreibt er: «Ich habe das große Glück gehabt, mich nicht durch gewaltige Krisen und Geisteskämpfe hindurchwinden zu müssen, wie so viele Weise und Gute, wie JOHANN GOTTLIEB FICHTE, wie AUGUSTINUS und der Besten so manche, sondern schon früh, eigentlich in meinem 16. Jahre stand das Ziel vor mir, dem ich mich seitdem unausgesetzt anzunähern suchte. Davon trage ich nicht das Verdienst, sondern meine überaus vortreffliche Erziehung und das Beispiel und Vorbild meiner Eltern, besonders meiner unvergeßlichen Mutter, von welcher ich noch jetzt, in meinem Alter, bezeugen muß, daß ich Ihr alles verdanke, was ich geworden bin zum Segen für mich selbst und auch für so manche Andere . . . Meinem Vater bin ich nämlich dadurch völlig unähnlich, daß ich jenen energischen, sich selbst bekämpfenden Willen durchaus nicht besitze, der nach streng gefaßten Vorsätzen und Maximen handelt und dem Er eigentlich die große imponierende Wirkung, auch auf die Jugend, verdankte. Wenn ich vor Fehltritten, großen und kleinen, im Leben bewahrt worden bin, so war es nicht jener willensstarke Wächter, sondern eine gewisse Reinlichkeit meiner sittlichen Natur, mehr aber noch der unablässig in mir arbeitende wissenschaftliche Trieb, der mich von allen verdächtigen Zerstreuungen und Zersplitterungen alsbald wieder abzog. Ich bin nämlich ein durchaus nur theoretischer Mensch. Forschen, Sinnen, Beobachten hat so sehr mich erfüllt, daß ich dadurch von allem andern abgezogen worden bin. Denn andererseits zogen Menschen und Geselligkeit, Freundschaft und Neigung, die Natur und die Kunst, mächtig und stets von neuem mich an; ich wäre in der Breite verflacht oder ganz zerflattert ohne jeden innern Gegenhalt. Da ist es nun merkwürdig und fast tragisch, daß ich von jenen Lebenserheiterungen jetzt, wo ich sie nach einem in der Hauptsache vollbrachten Tagewerke ohne Schaden genießen könnte, eigentlich nichts behalten habe, als die schöne Natur, deren Genuß mir das Übrige ersetzen muß.»

Der Tagebucheintrag vom 22. August 1877 lautet: «Soll ich mein Gefühl persönlich beschreiben, so ist es die Wiedervereinigung mit meiner geliebten Mutter, meiner einzigen vollen Liebe, wie ich als alter Greis es noch aussprechen muß, in vollem Kraftgefühl derselben.»

In immer neuen Wendungen spricht er sehr erhebend von der Mutter und dem Vater, was ihm dann die Fähigkeit gab, auch die andern Menschen, die Männer und Frauen, nach ihrer gottgeschaffenen Idee zu begreifen und zu behandeln und auch da nicht bei Alltagsmeinungen stehen zu bleiben. Dabei war er nicht blind für die jeweiligen Charaktergrenzen der Menschen, auch der Eltern nicht, wie wir gleich sehen werden. In dem *Bericht über meine philosophische Selbstbildung* schreibt er in dem Kapitel: «Persönliche Vorstudien und Anregungen»:

«Soll jedoch die Geschichte meiner philosophischen Selbstbildung eine vollständige und aufrichtige sein, so können auch die persönlichen Antriebe nicht unerwähnt bleiben, für welche ich in der Speculation Befriedigung suchte. Durch vortreffliche Lehrer, unter denen ich besonders meinen unvergeßlichen väterlichen Freund A. F. BERNHARDI, später HEINDORF, BUTTMANN, BÖCKH, selbst F. A. WOLF mit tiefer Dankbarkeit nenne, hatte ich schon ziemlich früh für das Studium der Alten, besonders der Griechen, große Neigung gefaßt. Das Versenken in diese sprachlichen und sachlichen Probleme, die eigentlich «philologische» Beschäftigung genügte mir völlig. Philosophisches Bedürfnis empfand ich auf keinerlei Art; die Platonische Dialektik, die Beweise im *Phädon* ergötzten mich als scharfsinnige Geistesspiele. Den tiefen Ernst derselben zu ahnen lag mir fern. Denn die Bedeutung dieser hohen Fragen kann erst dann empfunden werden, wenn der Ernst des Lebens selbst in tiefgreifenden Gemütserschütterungen an uns herantritt. Daher es so schädlich, ja grundverderblich ist, nach gewöhnlicher Studienweise gleichsam auf Vorrat allerlei Philosophisches in sich aufhäufen zu wollen, welches, da es eigentlich unverstanden bleibt, gleicher Weise das später etwa auftretende Bedürfnis wie die Aneignungskraft dafür, vorzeitig in uns abstumpft. Philosophische Studien sollten die allerspätesten sein; sie sollten dann, einer fortgesetzten theoretischen Andachtsübung vergleichbar, dauernd unser Leben begleiten.

Jene entscheidende Katastrophe blieb auch mir nicht aus. Durch einen plötzlichen und frühzeitigen Tod wurde der hochverehrte Vater mir entrissen, gerade als sein Einfluß sich tiefer mir zuzuwenden begann; meiner Mutter der Gatte, mit welchem sie durch innigstes einverstandenstes Geistesleben verbunden war. Man lese die einfach schönen Worte, die er der Gattin zu ihrem Geburtstag widmete. Sie sind das beste Zeugnis und Denkmal für den Geist ihres Ehebundes. (J. G. Fichte's Werke, VIII, 464.)

Sie wandte ihre Sorge, ihre geistige Pflege ganz nun mir zu; und ihrem Einfluß bin ich alles schuldig geworden, was von höherer Regung, von unerschütterlichen Grundüberzeugungen, wenn zunächst auch noch nicht philosophisch gedeutet, noch weniger philosophisch begriffen, mein ganzes Leben hindurch mir treu geblieben ist. Aber der Trieb, das unauslöschliche Bedürfnis war dadurch in mich gelegt, jenes ethisch Religiöse auch durch den Begriff mir zum Verständnis gebracht, gerechtfertigt zu sehen.

Dabei nämlich sei noch einer andern großen Wohltat meiner Erziehung gedacht, deren Bedeutung nicht genug erwogen werden kann: ich war durchaus religiös erzogen; aber die eigentlich dogmatischen Glaubenslehren mit ihren «Geheimnissen» und Unbegreiflichkeiten blieben mir fern. Diese heilsame Verschonung mit ganz Überflüssigem bewahrte mich vor dem gefährlichen Konflikt, bei dem Eintritt reiferer Bildung mit der «Glaubensautorität» brechen zu müssen. Dafür blieb das Ewige, allgemein Menschliche des Glaubens immer mir getreu. Seine äußere, historische Umrahmung konnte getrost der sichtenden Kritik überlassen werden.

Aber ebenso forderte meine ganze, auf Einheit dringende Erziehung die völlige Eintracht zwischen dem Geglaubten und Erkannten, die Harmonie geistigen Daseins, so daß mir nicht das unselige Los beschieden wäre, daß ich, nach einem durch sein Charakteristisches berühmt gewordenen Worte FR. H. JACOBIS, ‹durchaus ein Heide mit dem Verstande, mit dem ganzen Gemüt ein Christ, zwischen zwei Wassern zu schwimmen hätte, die sich mir nicht vereinigen wollen, so daß sie gemeinschaftlich mich trügen›; und daß ich sagen müßte mit JACOBI: ‹so wie das eine mich unaufhörlich hebt, so versenkt auch unaufhörlich mich das andere!› Denn mit gleich inniger Zuversicht blieb mir die Gewißheit zunächst als Forderung stehen, daß jener Zwiespalt ausgeglichen werden müsse, sonach auch daß er es könne! Und eben dies, nichts anderes, keine lediglich theoretische Wißbegier, wie sie die reinen Forschergeister, die spezifischen Verstandesmenschen auszeichnet, war es, was mich zum Philosophieren trieb, nachdem einmal der Stachel jener Probleme in mir erweckt war.»

In der Biographie über seinen Vater (*J. G. Fichtes Leben und literarischer Briefwechsel*, erste Auflage 1830, zweite, stark erweiterte Auflage 1862, S. 428) gedenkt er der großen Geduld, wie sein Vater ihm die alten Sprachen beibrachte:

«Zugleich konnte er damals einen Teil seiner größeren Muße auf den Unterricht seines Sohnes verwenden, der noch jetzt mit freudiger Dankbarkeit sich erinnert, wie lebendig und doch mit welchem geduldigen Eingehen in die Anfangsgründe der alten Sprachen, wie methodisch und doch wie sich anschmiegend der Fassungskraft des Schülers er ihn unterrichtete; etwas, das sonst sogar ausgezeichnete Lehrer an den eigenen Kindern oft am wenigsten zu üben verstehen. – Wir glauben ohne Vorliebe, nach bestem Ermessen es aussprechen zu dürfen, daß wir auch in dieser Sphäre ihn für einen der trefflichsten Lehrer halten, die wir kennenzulernen Gelegenheit hatten. Indem nämlich Gründlichkeit das stete Lebenselement seines Geistes war, indem er mit ganzer Kraft in seinem jedesmaligen Gegenstande wirklich aufging und auch das Geringfügige dadurch vor ihm Ordnung und Leben gewann, wußte er auch unterrichtend im kleinen wie im großen fast unwiderstehlich zur Aufmerksamkeit zu zwingen und mit sich fortzureißen. Dabei war er, der sonst keineswegs in allen Fällen Geduldige, so mild und hingebend, daß nicht nur Lust zur Sache, sondern verdoppelte Liebe zum Lehrer selbst erweckt wurde.

Noch dürfen wir eine andere häusliche Sitte nicht unerwähnt lassen, die bei geregelter Hausordnung nie ausgesetzt wurde: es war eine gemeinschaftliche Abendandacht, die den Tag würdig und feierlich beschloß und an der auch das Gesinde teilzunehmen pflegte. Wenn nämlich unter Begleitung des Klaviers[20] einige Verse aus einem Choral gesungen worden waren, nahm der Hausvater das Wort und sprach über eine Stelle oder ein Kapitel aus dem Neuen Testamente, besonders aus seinem Lieblingsevangelisten Johannes, oder er redete auch, wenn besondere häusliche Veranlassungen dazu aufforderten, ein Wort der Ermahnung oder des Trostes. Doch waren es, soviel wir uns erinnern, nie spezielle Nutzanwendungen oder Lebensregeln, sondern mehr die Tendenz trat hervor, von dem Zerstreuten und Eitlen der gemeinen Lebensbeschäftigung den Geist zu reinigen und zum Unvergänglichen zu erheben – Andacht, Kräftigung im ursprünglichsten Sinne. Welche wohltätige Wirkung aber diese Sitte hat, wenn sie nicht gänzlich in Mechanismus untergeht, wie sie die Glieder der Familie selbst mit einer tieferen Liebe zueinander entzündet und sogar die ferner Stehenden inniger und gemeinsamer zu verbinden weiß, das hat wohl jeder erfahren, der so glücklich war, in dieser Sitte auferzogen zu sein.»

IMMANUEL HERMANN war ein sehr lebhafter Knabe. Einmal fiel er zum Beispiel so auf den Kopf, daß seine Eltern befürchteten, er würde «blödsinnig» werden; ein andermal schlug er sich so aufs Knie, daß er monatelang am Stock humpeln mußte. – An den großen öffentlichen Vorlesungen seines Vaters durfte der Knabe von 1804 an teilnehmen und hörte sehr aufmerksam zu, von den *Grundzügen des gegenwärtigen Zeitalters* (1804) an bis zu den *Reden an die deutsche Nation* (1807). Er saß still hinter allen anwesenden Berühmtheiten.

1812 wurde er vom Gymnasium «mit den besten Hoffnungen und den freundlichsten Wünschen der Universität übergeben» mit folgendem Abschlußzeugnis: «HERMANN FICHTE aus Jena, alt 16 Jahr, hat bei dem angestellten Examine sehr gute Kenntnisse in der lateinischen und griechischen Sprache gezeigt, so daß er ohne allen Zweifel in dieser Hinsicht für die Universität reif genannt werden kann, in der Mathematik und Physik bewies er sehr viel Talent, sich Ansichten anzueignen und mit Scharfsinn sie zu verfolgen, so daß seinem Studio durchaus kein Hinderniß erwachsen wird. Der Unterzeichnete kann ihn daher mit den schönsten Hoffnungen und mit den freundlichsten Wünschen der Universität übergeben. Nach Auftrag A. F. BERNHARDI. Dr. Berlin, den 5ten Oktober 1812.»

Ereignisse im Jahre 1812

Das Jahr 1812 wird bestimmt von dem Kriegszug NAPOLEONS nach Rußland und durch die sich daran anschließende Niederlage und seinen Sturz. Niemand freute sich mehr darüber als J. G. FICHTE, weil er die Hoffnung hegte, daß jetzt die Erneuerung Preußens und Gesamtdeutschlands um so gründlicher durchgeführt werden könne. Niemand sollte aber bitterer enttäuscht werden als er und zwar schon bald nach Ausbruch der Freiheitskriege, die er doch so herbeigesehnt hatte.

Geistige Ereignisse sind in ihren Auswirkungen oft weit wichtiger als Kriege, selbst wenn jene zunächst der Öffentlichkeit nicht bekannt werden. Für die Wissenschaft ist eine andere Tatsache sehr wichtig geworden: Der französische Mathematiker PONCELET hatte aus russischer Kriegsgefangenschaft die dort entwickelte «synthetische Geometrie» mitgebracht. In dieser wurde der Nullpunkt des Achsenkreuzes und der analytischen Geometrie polar ergänzt durch die «unendlich ferne Ebene» als Schöpfungsfeld der mathematischen Gestaltungen. Damit hatte die analytische Geometrie und vielleicht die Mathematik überhaupt ihre «Grenzen» überwunden.

Im selben Jahr hatte der junge, 16jährige FICHTE-Sohn erklärt, daß das «Ziel seiner Philosophie» vor ihm gestanden habe und alles spätere nur Ausarbeitungen der so früh ergriffenen Lebensbestimmung gewesen sei. Worum ging es dabei? Das Wesen aller Dinge aus dem Geistig-Schöpferischen und nicht aus dem Physisch-Gegenständlichen, d. h. aus dem Gewordenen, Toten, abzuleiten. Des Physisch-Sinnlichen werden wir uns mit unserer Leibesorganisation bewußt, des Geistigen aber rein ideell aus dem Inhaltlichen der Gedankenbestimmungen.

Es gibt noch weitere, scheinbar kleine Geschehnisse im Jahre 1812, aber symptomatisch sind sie von großer Bedeutung. Da sind zunächst die inneren Auseinandersetzungen GOETHES – sie ziehen sich vom Herbst 1812 bis in das Frühjahr 1813 hin – um das neu erschienene Buch von TROXLER *Blicke in das Wesen des Menschen*. Hier erkühnt sich TROXLER gleich in der Vorrede zu sagen, daß er «keiner Schule angehöre», was GOETHE sehr verdächtig vorkam. TROXLER war Lieblingsschüler SCHELLINGS, und alle erwarteten nun einen ausgeschlüpften Neu- oder Hochschellingianer. GOETHE war es sehr wichtig, eine geistige Ahnenschaft auf allen Kulturgebieten hinter sich zu wissen. Im Laufe der weiteren Lektüre beruhigte er sich aber wieder, auch über HEGEL, von dem TROXLER ein verkürztes Zitat gebracht hatte. Zum Schluß erklärte GOETHE: «Die Stelle, die mir einzeln so zuwider war» – das verkürzte HEGEL-Zitat, das TROXLER am Anfang gebracht hatte – «wird durch den ganzen Zusammenhang neutralisiert, aber die Schuld fällt auf TROXLER». Viele halten das Gedicht «Die Originalen» vom November 1812 auf TROXLER gemünzt.[21]

Im Jahre 1810 hatte der 14jährige FICHTE eine Begegnung mit GOETHE in Bad Teplitz. Man weiß darüber nur durch den Nachruf des Sohnes von

... eine Natur ...

Menschenwelt

Pflanzenwelt

Gedankt

Geist

Seele ☩ Leib

Sorgen

Schlechte und falsche Gegensätze ...
... durch Idole ...
... und confundirt.

... dagegen ...
... sich durch ...
... und ...

I. H. FICHTE auf seinen Vater (1879) von der «kurzen, aber eigentümlichen Unterredung mit GOETHE», da die Tagebücher FICHTES von 1810–1853 und Hunderte von Briefen aus dieser Zeit 1945 von russischen Truppen vernichtet wurden.[21a]

1812 war auch das Jahr, in dem KASPAR HAUSER geboren wurde. Fichte lernte später sowohl den Juristen ANSELM FEUERBACH als auch DAUMER in allen ihren Schriften kennen, die sich beide für das «Kind Europas» einsetzten. 1833, dem Todesjahr Kaspar Hausers, erschien das Zentralbuch FICHTES *Erkennen als Selbsterkennen*, das den Weg vom sinnlichen zum geistigen Bewußtsein schildert. Aus der Kenntnis der Dinge kann man mit Recht sagen: Was nach den Angaben RUDOLF STEINERS KASPAR HAUSER politisch für die Bereinigung der staatlichen Verhältnisse in Europa hätte sein sollen, war philosophisch-geistig I. H. FICHTE für die Bereinigung der wissenschaftlichen Verhältnisse aus einem verchristlichten Geistbewußtsein heraus.

Über die geschichtliche Wirksamkeit von Persönlichkeiten äußerte sich I. H. FICHTE viele Jahre später in seinem Buch: *Über die Seelenfortdauer und die Weltstellung des Menschen* (1867) im Zusammenhang mit dem «Welteroberer und Weltverwüster» Napoleon in bezug auf seinen Rußlandfeldzug 1812: «Denn konsequenterweise sind nur diejenigen Persönlichkeiten von geschichtlichem Wert, an denen der Zweck der

Abb. 10: Notizzettel I. P. V. Troxlers

Die vier Natur-Reiche

Menschenwelt

Tierwelt + *Pflanzenwelt*

Erdenwelt

Geist

Seele + *Leib*

Körper

Schiefe und falsche Gedanken reiben sich auf durch Isolierung und Confundirung. Ächte dagegen begatten und befruchten sich durch gehörige Unterscheidung und Wiederbeziehung.

Geschichte sich erfüllt hat, d. h. diejenigen, bei welchen der ethische Prozeß sich als gelungen erweist in irgendeinem Maße; geschehe dies in der schlichtesten Gestalt eines im Verborgenen treu erfüllten Berufes, geschehe dies in der begeisternden Hingebung des Genius an eine große ethische Idee, die weitleuchtend seinen Namen durch die Erinnerung der Geschlechter trägt. Und im Widerspiele davon sinkt die geschichtliche Bedeutung berühmter Welteroberer und Weltverwüster sogar unter Null herab. Sie haben an sich selbst, trotz ihres historischen Glanzes, gar keinen geschichtlich-ethischen Wert.

Sie können für sich selbst nur den Rang eines Naturübels beanspruchen, und was den Wert betrifft, welchen die Geschichte für sie gehabt hat, so fallen sie der untersten Stufe vorgeschichtlicher Menschenentwicklung zu. Sie haben sich zwar im Kampf mit dem Leben zum stärksten Bewußtsein ihrer Persönlichkeit, vom vollen Gefühle ihrer Selbstheit entwickelt. Aber die starre Selbstsucht, in welche dies Gefühl umgeschlagen ist, entfremdet sie völlig den ethischen Prozessen der Menschheit, dem eigentlichen Inhalt der Geschichte. Sie sind und bleiben ungeschichtliche Menschen.»

«Denn nicht also verhalten sich die großen geschichtlichen Mustermenschen, die Erzieher und Wohltäter des Menschengeschlechtes zu ihrer Umgebung, daß sie dieselbe als Mittel ihrer eigenen Verherrlichung betrachteten und als unselbständigen Stoff für ihre selbstsüchtigen Entwürfe zu verbrauchen gedächten, – solche Despoten verwirft vielmehr das Urteil der Geschichte und sie werden schon vom Fluche der Zeitgenossen getroffen –, sondern umgekehrt: solche Heroen der Menschheit haben das tiefe Bewußtsein, ihrem Brudergeschlechte solidarisch verbunden zu sein und nur zu seiner Förderung und seinem Wohle das eigene finden zu können.»

«Vor Gottes und der Wahrheit Augen, in der Geisterwelt wie in der historischen Gesamterscheinung, ist nicht die Größe äußerer Erfolge, nicht der Glanz der Taten das Wertvolle und Entscheidende, sondern dies erhält nur Wert dadurch, daß es gedient hat, dem Einzelgeist zu seinem Heile zu helfen.»

Die Vorgänge um die Doktorprüfung I. H. Fichtes 1818

Im Herbst 1812 bezog I. H. FICHTE die Universität Berlin, studierte zunächst die alten Sprachen, um Welterfahrung an den alten Klassikern zu gewinnen. Gleichzeitig nahm ihn sein Vater mit auf die täglichen Abendspaziergänge, um ihn in noch viel tieferer Weise in das Weltgeschehen einzuführen. Erst vom Jahre 1815 an studierte er Philosophie. Sein Vater starb unerwartet am 27. Januar 1814. I. H. Fichte wurde Besitzer der väterlichen Bibliothek, in der er nun alles Wissenswerte aus den Quellen studieren konnte. Es wurde ihm zur großen Erfahrung, wie verschieden eine Sache sich ausnimmt, wenn man sie aus den Quellen oder nur durch Hörensagen, wie z. B. in den Vorlesungen, kennengelernt hat.

Noch eine andere Erfahrung wurde für ihn wichtig: Er fand den Briefwechsel seines Vaters mit SCHELLING und HEGEL. Diese waren zu Anfang des Jahrhunderts in sehr freundschaftlicher Weise in Jena zusammengekommen, bereicherten sich mit ihren Gaben, um sich später immer mehr voneinander abzusetzen, wähnend, nur jeder für sich selbst habe die richtige Überzeugung. So wurde der Ton in den Briefen, besonders bei SCHELLING und HEGEL, zusehends schärfer und unversöhnlicher. Als I. H. FICHTE 1856 den Briefwechsel seines Vaters mit SCHELLING herausgab, mußte er auf ausdrückliches Verlangen der Söhne SCHELLINGS die scharfen Stellen streichen. Die Schlußfolgerungen, die I. H. FICHTE daraus zog, lassen sich von unserem heutigen Verständnis aus etwa mit folgenden Worten zusammenfassen: Bis zum Idealismus und der Klassik war die Menschheit passiv begabt in ihren Fähigkeiten, auch die Genies; diese lebten noch von mitgebrachten Gaben und von noch herrschenden religiösen und sozialen Sitten und Geboten. Jetzt sei aber eine ganz andere Zeit angebrochen, die Menschen haben von nun an ihre Geistgestalt selbst zu entwickeln. Die bisherigen Genies seien «passive Genies» gewesen, die jetzigen Genies hätten aber die neue Aufgabe, ihren Genius zu opfern, um den Genius in jedem Menschen zu entwickeln. Dies sei die große Verpflichtung der neuen «aktiven Genies», die Menschen aus ihren Vergangenheitskräften der Vererbung abzulösen und das ewige Wesen des Menschen durch Erkenntnis zu bilden.[21b]

1817 schrieb I. H. FICHTE seine Doktorarbeit in lateinischer Sprache:

Abb. 11: Friedrich Wilhelm Schelling

Über den Ursprung und die Quellen der neuplatonischen Philosophie. Er reichte eine so umfangreiche Arbeit ein, daß er sie auf ein Drittel kürzen mußte. «Die anderen Teile habe ich zurückgehalten», schrieb er im Schlußwort und referierte hier die zurückbehaltenen Teile. Den Ursprung der neuplatonischen Philosophie, die im zweiten bis vierten nachchristlichen Jahrhundert in Alexandria herrschend war (der Hauptvertreter war PLOTIN, 205–269), sieht er im Zarathustrismus, also in Persien. Er verfolgt dessen Weiterwirken 1. nach dem mittleren und südlichen Ägypten; 2. nach Mesopotamien, Kleinasien, Palästina (hier beschreibt er ganz ausführlich das Wirken der Essäer) und nach Alexandria; 3. nach Griechenland. Die beiden zurückbehaltenen Teile (Teil 1 und 3) muß man zu den Kriegsverlusten zählen.

Abb. 12: Georg Friedrich Wilhelm Hegel

Nun fügte es das Schicksal so, daß der 1818 neuberufene Philosoph HEGEL der vorgeschriebene dritte Opponent bei der Doktorprüfung wurde. Es war dies seine erste Amtshandlung außer den Vorlesungen, die bereits begonnen hatten. Die Verhaltnisse sind so eigenartig, daß HEGEL, der Vertreter einer zu Ende gehenden Epoche (wie er vom gesamten spekulativen Theismus aufgefaßt wurde), und I. H. FICHTE, der Wortführer der neuen universalen philosophischen Epoche, sich einmal zunächst nur gegenüberstehen sollten, und dies ausgerechnet am Beginn der letzten Lebensperiode des Älteren und bei der soeben einsetzenden Lebensarbeit des Jüngeren. FICHTE, der das Entwicklungsprinzip in alle Wissenschaften einführte, suchte sachliche Auseinandersetzung, alle bloße Polemik war ihm höchst zuwider. Es sollte aber anders kommen, einmal

Abb. 13: Carl Ludwig Michelet

durch den treugläubigen HEGEL-Anhänger KARL LUDWIG MICHELET (1801–1893), zum andernmal durch die Erstarrung HEGELS in seinem Pan-Logismus.

I. H. FICHTE berichtet selbst am 60. Jahrestag der Doktorprüfung in seinem Tagebuch darüber:

«Ich hatte zu bemerken vergessen, daß ich an diesem Tage mein 60jähriges Doktorjubiläum hätte feiern können und sollen. Denn am 28. Oktober 1818 disputierte ich in Berlin unter dem Präsidium des Philosophen PROF. SOLGER und mit HEGEL als Opponenten, welcher damals eben eingetreten war und bei dieser Veranlassung zum erstenmal öffentlich auftrat (in gewöhnlicher Kleidung und mit Stolpenstiefeln, was einigermaßen auffiel), wurde dann durch Solger als Dekan promoviert und hielt dann eine deutsche Antrittsrede, eine Vergleichung von Spinoza und Leibniz, die schon im Keime meine ganze philosophische Richtung enthielt. Nachher habe ich im Wechsel des Aufenthalts und des Lebens jenen Tag ganz vergessen ... Wie wenig habe ich überhaupt in meinem Leben um meine äußeren Verhältnisse mich bekümmert und mir dadurch manchen Vorteil und manche Auszeichnung verscherzt.»

Max Lenz in seiner vierbändigen *Geschichte der Königlichen Friedrich-Wilhelm-Universität zu seinem 100. Gründungstag* (Berlin 1910) stellt die Geschehnisse so dar:

«Der erste Philosoph, der sich zur philosophischen Doktorprüfung meldete, ist Fichtes Sohn gewesen, der nach Schuckmanns Abgang, am 13. November 1817, sein Gesuch einreichte. Es hat dann aber nahezu ein Jahr gedauert, bis, am 28. Oktober 1818, die Promotion erfolgte, bei der kein Geringerer als der neue Ordinarius der Philosophie, Hegel, dem Sohn seines Vorgängers opponiert hat. Und zwar weil die gesetzmäßige Zahl der drei Opponenten nicht erreicht werden konnte. Fichte hat sich monatelang vergebens um die Anwerbung derselben bemüht. Zeune, der es versprochen, blieb aus wegen der Ferienreise, Calker und Ritter hatten sich immer mit Zeitmangel wegen Vorlesungen entschuldigt und jüngere Herren sich gescheut, in eine Disputation über philosophische Themata einzutreten.» So wurde der Neuankömmling Hegel als Opponent genommen. Max Lenz fährt fort: «Übrigens hatte Fichte schon bei der Einreichung unerwartete Schwierigkeiten, da der Dekan Weiss den Verdacht geäußert hatte, daß die deutsch geschriebene Abhandlung» – im Universitätsarchiv ist nur die lateinisch geschriebene vorhanden – «die jener einreichte, nicht von ihm, sondern von seinem Vater herstamme, eine Jugendschrift desselben oder gar zum Teil lediglich Vorlage für sein Kolleg gewesen sei. Ja er hatte auch das Gesuch des Kandidaten für ein Plagiat erklärt und sogar behauptet, das Manuskript sei nicht einmal die Handschrift des Sohnes, sondern die des Vaters aus dessen jüngeren Jahren. Der berühmte Altphilologe Böckh hatte sich die Mühe gegeben, diese ungeheuerlichen Anschuldigungen durch eine wahrhaft mustergültige Untersuchung für den Inhalt und die Form der Schrift, die sich auf Tinte und Papier erstreckte, zu widerlegen und es evident zu machen, daß dieser Ausflug des Kollegen von der naturwissenschaftlichen Sektion in das Gebiet der Philosophie mißglückt sei.»

Nachdem seine Mutmaßungen auf diese Weise gänzlich zusammengebrochen waren, war WEISS doch Mannes und Charakters genug, unten auf das Einreichungsblatt zur Dissertation hinzuschreiben: «Als Partei trete ich in dieser Sache gänzlich ab. Ich freue mich aufrichtig, wenn die Fakultät von der Echtheit der Schrift sich überzeugt hat. Mein Lob der Schrift habe ich bereits auf das stärkste ausgesprochen. Hat sie einen so jungen Verfasser – wohl uns und wohl ihm!» So war durch diese unbegründeten Mutmaßungen die Wahrheit um so heller ans Tageslicht gekommen und ausgesprochen worden.

Der universale Privatdozent, Berlin 1819–1822

Nach der Doktorprüfung wurde I. H. FICHTE im Sommersemester 1819 Privatdozent an der Berliner Universität, was in dieser Form damals möglich war. Er las über eine Reihe von Fächern, auch solche, die er speziell gar nicht studiert hatte, z. B. Anthropologie und Psychologie. Folgende Themen erschienen im Vorlesungsregister: Sommersemester (SS) 1819: Wert und Bedeutung der Philosophie und über die Hauptsysteme seit Descartes, 4-stündig; Wintersemester (WS) 1819/20: Psychologie, 4-stündig, Sittenlehre, 3-stündig, Neuere Philosophie, 2-stündig; SS 1820: Hauptsysteme der Philosophie, 4-stündig, PLATON und PLOTIN, 2-stündig; WS 1820/21: Grundlehren der Philosophie, 5-stündig, Neuere Philosophie, 2-stündig, Die Scholastiker, 2-stündig; SS 1821: Grundlehren der Philosophie, 5-stündig, Philosophie des Mittelalters, 2-stündig; WS 1821/22: Logik, 5-stündig, Sittenlehre, 4-stündig, Neuere Philosophie, 4-stündig; SS 1822: Philosophische Anthropologie, 5-stündig, Sittenlehre, 4-stündig. Neuere Philosophie, 2-stündig.

Für I. H. FICHTE sind die Grenzen der Fakultäten überwunden, weil die Grenzen des Erkennens überwunden sind: der Mensch erscheint als Zusammenfassung der ganzen Weltentwicklung, der oberen und der unteren. Das Ziel, das dem Sechzehnjährigen vorgestanden hatte, enthüllt sich in diesen Vorlesungen schon deutlich. In den späteren, meist viele hundert Seiten starken Büchern wird sich dieser Universalismus entfalten.

Abb. 14: Universität Berlin. Stich um 1825

Seine Vorlesungsausarbeitungen verwahrte I. H. FICHTE sehr sorgfältig: laut Testament waren «fünf große Kapseln» (kofferartige, verschließbare Pakete) mit solchen Ausarbeitungen vorhanden. Leider sind auch sie
dem Zweiten Weltkrieg zum Opfer gefallen. Es konnten aber zehn
ausführliche Nachschriften von Schülern ausfindig gemacht werden, die
den Verlust etwas ersetzen. Es ist bemerkenswert, wie I. H. FICHTE vor
den Studenten noch viel behutsamer vortrug als in seinen Büchern,
indem er sich jeweilig ihrem Verständnis anbequemte.

Die Karlsbader Beschlüsse und ihre Folgen für Fichte

Der erfolgreichen Universitätslaufbahn I. H. FICHTES schien nichts im
Wege zu stehen – wenn nicht die preußische Reaktion sie durchkreuzt
hätte. Nach den Karlsbader Beschlüssen von 1819 wurde an den Universitäten das Amt des Politisch Beauftragten eingerichtet; dieser hatte jede

freiheitliche Regung zu unterdrücken. Damit lebte auch die alte Zensur wieder verstärkt auf. Mit diesem Amt wurde an der Berliner Universität der stockreaktionäre Geheimrat und Staatsrat SCHULTZ beauftragt. I. H. FICHTE schreibt in einem Brief an CHARLOTTE VON KALB vom 17. August 1834 über ihn: «Die Gehässigkeit des Ministeriums, oder vielmehr bloß des allgegenwärtigen Geheimrat SCHULTZ gegen mich bleibt übrigens die alte», wie sie auch schon die alte war gegen seinen Vater, der SCHULTZ als Jakobiner und Revolutionär sehr verdächtig war wegen seiner Schriften: *Zurückforderung der Denkfreiheit von den Fürsten Europas, die sie bisher unterdrückten* (1793; man denke bei diesem Titel an Schillers *Räuber*.) Und *Beiträge zur Berichtigung der Urteile des Publikums über die Französische Revolution* (1793). I. H. FICHTE beschreibt SCHULTZ' reaktionäre Gesinnung selbst in dem Buche über das Leben seines Vaters (1862, S. 423): «*Die Reden an die deutsche Nation* haben nach FICHTES Tode zu einer öffentlichen Anklage gegen ihn den Stoff gegeben. Er wurde ihretwegen beschuldigt, der früheste Erreger jeder revolutionären Strömung gewesen zu sein, die man in der deutschen Jugend zu bemerken glaubte. Die *Reden* ... wurden als ‹ein verführerisches, leere Phantome nährendes Buch› bezeichnet, das in Vergessenheit zu bringen sei. Und um dem Gehässigen noch das Lächerliche und Zweckwidrige hinzuzufügen, ging man so weit, als im Jahre 1824 eine neue Auflage nötig wurde, dafür die Druckerlaubnis in Berlin zu versagen, was nur die Folge hatte, daß das Werk unter anderer Firma in Leipzig erschien. Nur mit Überwindung erwähnen wir dieses wenig bekannten Umstandes; doch ist es ein charakteristischer und zugleich warnender Nebenzug im Bilde jener Zeit, um zu zeigen, wie weit damals Preußens edler und in seinem Kern gesunder Staat von seinen eigentlichen Bahnen durch schlechte Helfer abgelenkt worden war.»

Hätte SCHULTZ auch nur eine Stunde vorurteilslos eine Vorlesung von I. H. FICHTE angehört, so wäre ihm bewußt geworden, wie unbegründet seine Vermutungen waren. Statt dessen wurde I. H. FICHTE auf diese bloßen Mutmaßungen hin vom Jahre 1820 an vom Ministerium ständig unter Druck gesetzt, eine Stelle an einem preußischen Gymnasium anzunehmen unter der Zusicherung, daß er bald wieder an die Universität zurückkehren könne. Sobald er in späteren Schreiben auf dieses Versprechen zurückkam, wurde es immer als «jetzt gerade untunlich» erklärt. Die Antwortschreiben waren alle von dem Hegelianer JOHANNES

SCHULZE unterschrieben, dem allmächtigen Mann im Kultusministerium, der über alle Universitäten, Gymnasien und über jeden Lehrer Bescheid wußte. Endlich gab FICHTE nach, auf die Versprechungen vertrauend, bereute es aber später bitter, «dem Ministerium nicht den ganzen Bettel vor die Füße geworfen zu haben», und nahm 1822 eine Lehrerstelle am Gymnasium in Saarbrücken an. An vielen nichtpreußischen Universitäten suchte er in den folgenden Jahren anzukommen (München, Heidelberg, Freiburg, Basel, Zürich), viermal schienen die Verhandlungen schon vor dem erfolgreichen Abschluß zu stehen und verliefen sich doch wieder gegen alles Erwarten.

1821 mußte I. H. FICHTE eine Prüfung für das Lehramt an den höheren Schulen ablegen. HEGEL, als Mitglied der Prüfungskommission, wollte ihm helfen, aber gegen das ganze Verfahren wandte er sich wie alle andern nicht. Das Zeugnis über diese Prüfung ist erhalten und lautet so: «Dem Herrn Dr. FICHTE, Privatdozent an der Berliner Universität, bescheinigt die unterzeichnete Kommission, daß derselbe durch einige vor ihr abgehaltene Probelektionen seine Anlage und Fähigkeit, besonders bei noch hinzukommenden Übungen, ein sehr tüchtiger Lehrer zu werden hinlänglich bewährt hat, indem er nicht nur in seinem Vortrag im allgemeinen Lebendigkeit und Regsamkeit zeigt, sondern auch durch gewandte Entwicklung mit den Schülern in Wechselwirkung zu treten versteht.
Berlin, den 21. August 1821. Königlich Wissenschaftliche Prüfungskommission WOLTMANN, HEGEL, ZUMPT.»

Im Jahr darauf (1822) entfernte HEGEL alle älteren nichthegelianisch gestimmten Kollegen, indem er sie an andere Universitäten versetzen ließ; BENEKE, der protestierte, mußte 1827 voll rehabilitiert werden. Die Bemerkung in MAX LENZ' *Geschichte der Königlichen Friedrich-Wilhelm-Universität* in bezug auf FICHTE: «Abgang wegen HEGEL» stimmt also in dieser Form nicht; erster Veranlasser war in diesem Fall Staatsrat Schultz. Über diese Vorgänge unterrichtet sehr gut das Buch von HEINRICH DÜNTZER: «Briefwechsel Goethes mit Staatsrat Schultz», mit langer biographischer Einleitung über SCHULTZ durch DÜNTZER (die I. H. FICHTE betreffenden Stellen finden sich S. 80–93).

Leider hatte HEGEL einen Ohrenbläser in seinem Umkreis, einen ihn kritiklos Verehrenden, für den jede Kritik an HEGEL ein Beweis vollständiger philosophischer Unfähigkeit war: den Philosophen Karl Ludwig Michelet (1801–1893). I. H. Fichte sollte durch dessen Auffassung noch schweren Schaden erleiden.

Die Saarbrücker Zeit
1822–1826

Vier Jahre blieb I. H. Fichte in der damals kleinen Stadt Saarbrük-
ken, beliebt bei den Schülern und im sonstigen geselligen Verkehr,
aber immer im tiefen Schmerz über das in Berlin erlittene Unrecht. Die
überaus geistreiche Frau seines Freundes Ferdinand Julius Helmholtz,
Caroline geb. Penne, suchte ihn in seinem Schmerz zu trösten und
sandte ihm verständnisvolle Briefe. Immer wieder suchte er aus dem
‹Gefängnis› der Schule auszubrechen, obwohl er ein guter Lehrer war,
den Stoff (alte Sprachen, Deutsch, Philosophie, Geschichte) beherrschte
und die Schüler an ihm hingen, da sie sich von ihm sehr gefördert
fühlten.

Aber I. H. Fichte wußte, daß er nicht nur zum Lehrer, der irgendein
Fach doziert, bestimmt sei, sondern wie sein Vater als Hochschullehrer
zu höheren Aufgaben berufen war, der den Menschen eine neue Bot-
schaft zu bringen habe, nämlich die Universalisierung und Verchristli-
chung aller Wissenschaften, d. h. die Darstellung des Weltenwerdens
unter dem Gesichtspunkte der Ewigkeit und nicht bloß von irgendeinem
Fach- und Nützlichkeitsstandpunkt. Selbst die Einseitigkeiten des Idealismus und der Klassik wollte er überwinden und hatte sie im Grunde
schon überwunden.

In der Düsseldorfer Zeit (1826–1836) schrieb er einmal rückblickend:
«Es ist nicht meine Aufgabe, ewig unreife Schüleraufsätze zu korrigieren
und rohe Jungens zu entbarbarisieren.» Trotzdem: die Schüler verehrten
ihn, was z. B. folgendes Gedicht aus der Saarbrücker Zeitung bezeugt:

«Der Tag, der Deinen Namen trägt,
Der Hermann im Kalender,
Wie der, der uns so treulich pflegt,
Hat sich so gut uns eingeprägt,
Daß – wenn sonst nirgends – ständ' er,

53

Gefaßt in goldne Ränder,
Da, wo er für's Gute schlägt.
Wie Dich, Immanuel Hermann,
Als Lehrer wir, als Herrn und Mann,
All lieben, ehren, schätzen:
Dies möcht' die Schar, so gut sie kann,
Durch Zeichen, die sie sich ersann,
Nur schwach zwar übersetzen.
Und dies ist, nimmst Du's freundlich an,
Dann ihr recht süß Ergötzen.»

Durch seinen lebhaften Unterricht wurden seine Sprachorgane so überbeansprucht, daß eine Kur in Bad Ems im Herbst 1823 notwendig wurde; die Schonzeit verbrachte er in Frankfurt (Winter 1823/24), wo er sein erstes Buch, die *Sätze zur Vorschule der Theologie* verfaßte, das aber erst 1826 erschien. In Saarbrücken schrieb er auch die äußerst wichtige Schrift: *Zur vergleichenden Charakteristik von Lessing, Herder, Goethe.* Leider ging das Manuskript im Cotta-Verlag verloren, so daß es heute nur noch als Erinnerungsmanuskript existiert, «dürftig genug», wie Fichte selbst sagt. Dieses trägt den vielsagenden neuen Titel: *Vorbereitung auf die neue wissenschaftliche Epoche: Winckelmann, Lessing, Hamann, Herder, Goethe. (Im Auszuge).*

Ebenso verfaßte Fichte in Saarbrücken schon Entwürfe für die Bücher, die dann in Düsseldorf erst endgültig niedergeschrieben wurden: 1. *Charakteristik der neuen Philosophie zur Vermittlung ihrer Gegensätze*; 2. *Gegensatz, Wendepunkt, Ziel heutiger Philosophie*; 3. das Zentralwerk *Erkennen als Selbsterkennen*; 4. *Die Ontologie.*

Wenn wir die Titel dieser Werke aus der kurzen Saarbrücker Zeit betrachten, so fällt die Weitgespanntheit, die Universalität der Themen auf, die über Fakultätsgrenzen hinausgehen und auch die Kraft, die in so kurzer Zeit neben der Schultätigkeit so Vieles und Gründliches zu schaffen vermochte.

Das Staunen wächst, wenn man auf das achtet, was noch neben solchen Hauptwerken steht. Da ist zunächst die große Anzahl der Zeitschriftenartikel; die anonymen Zeitungsartikel; die sechs sehr großen Briefwechsel, je 100–200 Briefe gegenseitig, aber nur derjenige mit dem Leipziger Freund und Philosophen CHRISTIAN HERMANN WEISSE (1801–1866)

Abb. 15: Christian Hermann Weiße

blieb erhalten, die andern sind größtenteils durch Kriege zerstört; die vielen mittleren und kleinen Briefwechsel mit den meisten Dichtern, Künstlern, Philosophen und Wissenschaftlern seiner Zeit; und die sorgfältig von 1810 an geführten Tagebücher, in denen alle kulturellen Ereignisse, die Briefein- und ausgänge erwähnt werden; links oben, durch einen schrägen Strich abgetrennt, sind die alltäglichen Wettermeldungen. Leider gehören auch die Tagebücher von 1810–1853 sowie Aberhunderte von Briefen zu den Kriegsverlusten.

Schon das Datum, das Fichte der Vorrede der *Vorschule der Theologie* gibt, ist bezeichnend: «Am ersten Ostertage des Jahres 1824». Da das ganze Buch auf das Erscheinen des Menschensohnes in der Weltgeschichte hintendiert und auf die daraus erfolgende geistige Auferstehung des Menschen, ist damit klar gesagt, was er mit diesem Datum andeutet: die Auferstehung des Denkens aus einem allgemeinen zu einem christlich bewußten, individuell geistigen Denken. Fichte betont den Auferstehungscharakter seiner Philosophie ausdrücklich: «Ist nun diese Zeit» – des absoluten Hegelianismus – «wenigstens in den rohesten Zeichen ihrer negierenden Barbarei vorüber, beginnt fast jede Wissenschaft, am Reichtum der Objektivität erstarkt, aus den Banden der Begriffsabstraktion die frohe Auferstehung zu feiern».[22] – «Mit fällt jene Verklärung in den Dialektischen Entwicklungsprozeß des Denkens».[23] Das bedeutet in seiner neuen, ihn von Hegel sehr stark unterscheidenden Dialektik: «Nicht der Widerspruch, sondern der unendlich überwundene Gegensatz, das sich ergänzende Suchen und Finden, die Liebe, ist der innere Puls der Welt».[24]

Der Auferstehungscharakter wird am Anfang noch durch ein anderes Bild verstärkt: durch das Motto, das Fichte den Ausführungen voransetzt. Er wählt dazu eine Stelle aus Goethes *Faust*; aber in der Eifrigkeit des damaligen Kampfes gegen die Begriffsabstraktionen Hegels macht er unbewußt eine Wortänderung; er zitiert so:

> Die Geisterwelt ist nicht verschlossen,
> Dein Sinn ist zu, dein Herz ist tot.
> Auf bade, Schüler, unverdrossen,
> Die junge Brust im Morgenrot!

Im ‹Faust› heißt es: «Die ird'sche Brust».

Das Wort «Morgenrot» in diesem Sinne entstammt der grundlegenden Schrift Jakob Böhmes *Aurora oder die Morgenröte im Aufgang* (1612). Fichte fühlt sich ganz ausdrücklich als Fortsetzer Jakob Böhmes, dessen wahre, aber nicht leicht verständliche mystische Ausdrucksweise er in seinem Buch ‹Die spekulative Theologie› (1846/7) auf klare, moderne Sprachform gebracht habe.

I. H. Fichte sieht den Sinn seiner Lebensarbeit darin, eine ganz und gar anthropozentrische Weltanschauung zu entwickeln: «Zur Rettung der Individualität vor allen pantheistischen und halbpantheistischen Systemen ist meine Philosophie da». Gemeint ist das rein geistige Ich, das sich aus der Herrschaft des Körpers befreit hat und nicht sein Sklave ist. In diesem Sinne war die Ich-Auffassung seines Vaters gar nicht absolut befreit. Unerhört kämpfte dieser gegen das Diktat des Leiblichen. Aber der Sohn erklärt äußerst entschieden gegen den Vater: «Die Ich-Auffassung Fichtes ist eine Hypostase» – das heißt eine Unterschiebung –, «gefährlich für die Psychologie und für viele andere Wissenschaften. Das Ich ist nämlich nicht bloß aus dem moralischen Willen abzuleiten, der noch zu sehr körperabhängig ist, sondern aus der ganzen Weltentwicklung seit dem Ursprung, der Schöpfung.»

Die *Vorschule der Theologie* ist wie eine Vorschau auf alle kommenden Arbeiten FICHTES; ihre Sätze werden von ihm «Lehnsätze für das Spätere» (S. 162) genannt:

«Es ist aber, wie wir meinen, das eigentliche Resultat des Idealismus, das Ich oder die Selbstheit, die Tat, die in ihrem Gegenstand sich selbst ergreift und weiß, als die absolute und einzige Realität zu erkennen» (XXXVI). «Alle pantheistischen Ansichten sind damit in der Wurzel ausgetilgt» (S. XXXVII). «Nirgends kann nun mehr die Rede sein von absoluten Naturgesetzen, denen die einzelnen Geschöpfe wie tote Formen äußerlich unterworfen sind und an deren starrem Mechanismus das Weltall abläuft, überhaupt von fertigen Naturschranken, die das höhere Leben nicht unterbrechen und unter sich beugen könnte: sondern alles geht auf im Begriffe freier, lebendiger Kräfte, die durch sich selbst sich entwickeln, aber ursprünglich aus Gott als der höchsten Einheit stammend, in sich harmonisch sind, und eben nur Gottes Wesen an sich darzustellen vermögen. So ist Gott selbst lebendiger Herrscher seiner Welt und Vater seiner Geschöpfe; und die Schmach ist endlich von der Spekulation hinweggewälzt, daß der Gedanke einer höheren Notwendigkeit in den Dingen, wenn er begriffen werden sollte, immer in toten Mechanismus und absolutes Fatum sich verwandelte. – Daß durch diese Grundansicht des Idealismus daher auch in den andern Zweigen der Erkenntnis lebendigere Ansichten erweckt werden müssen, hat die Zeit schon an sich selbst erfahren; und nur dies ist dringend zu wünschen, daß die zu fassende neue Epoche höheren Erkennens nicht wiederum in Mißverständnis und Verirrungen anderer Art untergehe.» (S. XXXVII–XXXVIII). «Aber auch unerkannt oder wieder vergessen wird unseres Erachtens jene philosophische Grundansicht sich immer wieder geltend machen, indem erst in ihm (dem wahren Idealismus) die völlige Versöhnung von Geist und Gemüt, die wahre Einheit des Menschen in sich selbst gewonnen wäre . . . Aber wie im einzelnen der Widerspruch zwischen Erkennen und Gemüt nicht Bestand zu haben vermag, so kann es noch weniger von Dauer sein, was jetzt so viele als den letzten Entschluß – der Verzweiflung wohl mehr als der Weisheit zu empfehlen suchen, und was jenen Zwiespalt eigentlich verewigen würde: ausdrücklich jede höhere Wahrheit für unerkennbar zu erklären, und mit dem sich begnü-

gen zu wollen, was das Gemüt etwa davon uns ahnen lassen möge.»
(S. XXXIX–XL).

FICHTES Kampf gegen HEGEL war ein solcher gegen unberechtigte Abstraktionen: «Die Idee schaut sich an», «Die Idee entschließt sich» usw. – bei solchen Formulierungen werden ichhafte Ausdrücke gebraucht, um die Abstraktion zu verwischen, wo überhaupt keine Ableitung des Ich aus dem Ewigen, keine Philosophie des Ich, vorhanden ist. Gerade diesen Brennpunkt des Kampfes gegen alle Abstraktionen, nicht nur HEGELS, hatte FICHTE in seinem Denken im Auge. Sein bändereiches Werk über alle Philosophien legt Zeugnis davon ab.

So ist es eigentlich recht merkwürdig, daß KIERKEGAARD, der in seiner frühen Zeit I. H. FICHTE gründlich studiert hatte, nicht bemerkte, daß dieser die «Revolution des Menschen» gegen die Auffassung der untergeordneten Individualität durch HEGEL bereits eingeführt hatte. KIERKEGAARD wird allgemein als Vorläufer des Existentialismus betrachtet; dabei muß man mit weit größerem Recht den spekulativen Theismus als die wissenschaftliche Begründung eines universellen Existentialismus bezeichnen, in dem allerdings das Körperliche und subjektiv Individuelle nicht besonders betont wird. Denn hier heißt es ganz klar: «Nicht Kampf ums Dasein, sondern Kampf ums geistige Dasein». Die körperlichen Triebe sind in eine Geistgestalt aufzuheben, die jeder individuell zu erringen hat. Da heißt es zu Beginn des umwendenden philosophischen Werkes *Erkennen als Selbsterkennen*: «Was wir an sich, dem Begriff und Wesen nach, sind, ist uns nicht faktisch und unmittelbar gegeben, sondern wir müssen es werden durch Selbstentwicklung oder freie Vollziehung.» (S. 9)

In diesem Sinne ist jede Wissenschaft ohne spekulativen Theismus ein Versuch auf niederer Ebene, weil jede begründete Ich-Philosophie fehlt.

In der Zeit des Frankfurter Aufenthaltes bemühte sich der dortige Leiter der «Loge zur aufgehenden Sonne», JOHANN GEORG GÖNTGEN, um die Mitgliedschaft dieses vielversprechenden jungen Mannes. I. H. FICHTE war zunächst erstaunt über die Freimaurer-Erkenntnisse der Vorgänge in der Welt, lehnte aber dann doch ab, weil die Zeit der Geheimtuerei und der Symbolismen vorbei sei und die Mysterien durch sich selbst geschützt seien. Fichte war durch seinen Lehrer an der Berliner Universität, KARL FRIEDRICH CHRISTIAN KRAUSE (1781–1832) in die «Architektonik der Wissenschaften» eingeführt worden. KRAUSE hatte

59

sich sehr um die Öffnung der Freimaurerei nach außen bemüht, war dadurch aber in große Lebensschwierigkeiten gekommen.

Der gelehrige Schüler KRAUSES arbeitete nun die «Architektonik der Wissenschaften» zu einer Architektonik des ganzen Weltenwerdens aus. Den gewöhnlichen Wissenschaftlern fehlt durchweg die Auffassung, in der Ich-Entwicklung und Weltenentwicklung zusammengeschaut wird.

Die andere Saarbrücker Schrift, welche nur noch in einem verkürzten Erinnerungsmanuskript vorhanden ist, die *Vergleichende Charakteristik Lessings*, *Herders*, *Goethes*, entwickelt den nun notwendig werdenden bewußten Zusammenhang des Humanen, Wissenschaftlichen und Künstlerischen. Die Zentralgestalt der Darstellung ist natürlich GOETHE. auch die andern erwähnten großen Denker, einschließlich WINCKEL-MANNS und HAMANNS, hatten schon neue bedeutende Ergebnisse in bezug auf eine vertiefte Auffassung des Menschen, der Menschheit im ganzen, der Wissenschaften und der Künste in ihrem Zusammenhang mit der Kulturentwicklung zu Tage gefördert, bis mit GOETHES Erscheinen, welcher der «seelige Dämon», der «philosophische Dichter» genannt wird, eine ganz neue Lage entstand. Jede wissenschaftliche Darstellung muß das Denken in seiner inneren Entwicklung verfolgen, so daß es «nach Überwindung alles Subjektiven, konstitutiv, darstellend wird. So hat auch Goethe alle seine Gestalten unmittelbar plastisch und innerlich wahr dargestellt, ungeniert durch die Einseitigkeit und falschen Tendenzen hindurchschreitend, und eben darum sind seine Dichtungen feste Lebensbilder des menschlichen und natürlichen Wahren». Die Schrift schließt mit den Worten: «Und wie nicht äußerlich, nicht zufällig zusammenfallend, so mußte GOETHES Erscheinen auch den Wendepunkt der Spekulation begleiten, wo diese in ihre tiefere Verwandtschaft mit der Poesie zurückkehrend, mehr erzeugend, darstellend wird, und es als ihre Aufgabe erkennt, an ihrem Teil die innere Wahrheit der Dinge darzustellen aus der Tiefe des Begriffes oder des organisch entwickelnden Denkens».

Die Düsseldorfer Zeit
1826–1836

Saarbrücken war dem universalen Geist FICHTE auf die Dauer doch zu eng, obwohl er auch dort viele Freunde gefunden hatte. Er ergriff 1826 mit Freuden die Gelegenheit, sich nach Düsseldorf ans Gymnasium versetzen zu lassen.

Die kleine Saarbrücker Goethe-Schrift endet mit dem schwerwiegenden Satz, daß GOETHES Erscheinen den Wendepunkt der Spekulation begleite, «wo diese in ihre tiefere Verwandtschaft mit der Poesie zurückkehrend, mehr erzeugend, darstellend wird . . .» Offenbar war früher die Einheit von Kunst, Wissenschaft und Religion empfunden worden, ebenso die von Denken, Fühlen und Wollen. Aber diese Einheiten zerfielen. Für die folgenden Bücher FICHTES handelt es sich darum, von den Forschungsansätzen der einzelnen Wissenschaften aus diese verloren gegangene Einheit wiederzugewinnen. Die großen Freunde FICHTES waren sich einig in denselben Bestrebungen: TROXLER als Schweizer, SMETANA als Tscheche, CIESSKOWSKI als Pole, FICHTE selbst als Deutscher[25] vertreten das Mitteleuropäertum, das in seiner Geistigkeit das Ewige im Menschen und in den Volksgeistern anstrebte. In Düsseldorf mit seinem reichen Kulturleben, mit der Kunstakademie, deren Lehrer er alle kennenlernte – so die Maler LESSING und SCHADOW, den Musiker MENDELSSOHN, mit dem ihn enge Freundschaft verband, weiterhin auch die Dichter IMMERMANN und GRABBE –, verlebte er ein schönes, inhaltsreiches Jahrzehnt. Auch erreichte er sein langerstrebtes Ziel, zu Ostern 1836 wieder an die Universität in Bonn zu kommen, aber erst nach dem Niederkämpfen zweier schwerwiegender Verleumdungen.

In Düsseldorf vollendete er – alles neben seiner Schultätigkeit! – die schon in Saarbrücken begonnenen philosophiegeschichtlichen Werke, die *Charakteristik der neueren Philosophie zur Vermittlung ihrer Gegensätze* (1829) und *Gegensatz, Wendepunkt heutiger Philosophie* (1832).

Abb. 17: Königliches Gymnasium Düsseldorf, 1835

In diesen Werken wird gezeigt, wie die ganze Bewußtseinsgeschichte
der Menschheit danach drängt, nachdem so viele Einzelphilosophien
entstanden waren, in einer christlichen Zusammenfassung von allem
Bisherigen dargestellt zu werden; dies erst ermögliche dem Menschen
wahre Freiheit, ein Loskommen von jeder einseitigen Anschauung.

Die letzte Reinigung des Bewußtseins mußte für I. H. FICHTE in einer
gründlichen Auseinandersetzung mit HEGEL und dem gesamten Idealismus bestehen, um jede Abstraktion zu überwinden. Die Bücher und
Artikel, in denen sich FICHTE mit HEGEL, seinem Vater und SCHELLING
beschäftigt, umfassen viele Bände.

Die spekulativen Theisten sahen von Anfang ihrer Wirksamkeit an die
Gefährlichkeit der Lage und warnten vor der Geisteshaltung, die sie in
dem Wirken der linken Hegelianer wie z. B. eines LUDWIG FEUERBACH
oder DAVID FRIEDRICH STRAUSS oder KARL MARX sahen. Als der so solide
und zuverlässige Hegelianer KARL ROSENKRANZ im Jahr 1834 das Treiben
der linken Hegelianer, die sich sofort nach HEGELS Tod gewaltig aufbläh-
ten, betrachtete, fühlte er sich in einem Artikel der *Blätter für literari-*

sche Unterhaltungen vom Jahre 1834 gedrängt, den Ausdruck zu gebrauchen: «Nun hat ein Geistersturz stattgefunden!» Aber warum erkannte er I. H. Fichte nicht, mit dem er doch Briefe wechselte?

Als mitten in dem nach außen so siegreichen deutsch-französischen Krieg von 1870/71 Hegels 100. Geburtstag gefeiert wurde und Rosenkranz dazu das Buch geschrieben hatte: *Hegel als Nationalphilosoph*, bemerkte I. H. Fichte: «Aus demselben Grunde mußten wir in ehrendster Anerkennung Hegels als den Abschluß einer lange vorbereiteten Vergangenheit, nicht aber als den Anfang einer neuen spekulativen Zukunft bezeichnen. Und seine bevorstehende Säkularfeier, in diesem Sinne begangen, würde dem Heros unerschrockener Gedankenarbeit den rechten Tribut der Dankbarkeit darbringen, ohne zugleich neue Verwirrung und bedenkliche Rückschritte zur Folge zu haben.»

Als Fußnote schreibt er dazu: «Indem wir uns ausdrücklich in diesem Sinne an der Feier des Bevorstehenden 27. August beteiligen und überhaupt nach aufrichtiger Überzeugung Hegels Namen hochgeehrt wissen wollen im deutschen Vaterlande, ist doch indirekt zugleich unser Urteil motiviert gegen die übertreibende Bedeutung, welche man Hegel auch für die unmittelbare Gegenwart noch immer fälschlich vindizieren will; von welcher Überschätzung wir auch die Jubelschrift von Rosenkranz *Hegel als deutscher Nationalphilosoph* (Leipzig 1870) mit ihrer bewundernden Apologetik durchaus nicht freisprechen können. Als Denkmal jedoch einer jetzt so seltenen Pietät wird sie dagegen seinem Herzen und seiner sittlichen Gesinnung stets zur Ehre gereichen!»

Erkennen als Selbsterkennen

In der zweiten Hälfte der Düsseldorfer Zeit verfaßte I. H. Fichte seine beiden grundlegenden philosophischen Werke *Erkennen als Selbsterkennen* und die *Ontologie*, welche nun endgültig die alte Zeit, die mit Hegels Tod abgelaufen war, in eine neue Zeit hinüberführen sollten.

1830 hatte I. H. Fichte die zweibändige Biographie seines Vaters veröffentlicht, 1832 das Buch, das wie ein Fanfarenstoß schon im Titel die kommende Zeit ankündigen sollte: *Gegensatz, Wendepunkt und Ziel heutiger Philosophie*; es entwickelt die höhere Vereinigung der inneren und äußeren wissenschaftlichen Methoden. 1833/34 gab er die drei Bände des Nachlasses seines Vaters mit langen eigenen Einleitungen heraus, 1834/35 drei kleinere, aber sehr wichtige philosophische Werkchen. Daneben wirkte er im Kulturleben durch Vorträge, im Konzert- und Theaterwesen und half 1831 die Liedertafel zu gründen. Daß er dafür neben seinem Schulberuf die Zeit und die Kraft fand, bleibt erstaunlich; in allen Städten, in denen er wirkte, betätigte er sich wahrhaft kulturschaffend.

In *Erkennen als Selbsterkennen* entwirft sich das Ich in seinem Bewußtsein durch vier Epochen, nachdem in der Einleitung auf die Entwicklung des Bewußtseins aus seiner Unmittelbarkeit zum Denken hingewiesen wird. Jede Epoche der Bewußtseinsentwicklung ist dreifach untergegliedert, und jede Untergliederung wird noch einmal unter dreifachen Gesichtspunkten betrachtet. Die Darstellungskunst I. H. FICHTES besteht in der Vereinigung der logischen, psychologischen und kosmologischen Entwicklungsstufen des Menschen unter steter Beibehaltung des Vorrangs des menschlichen Bewußtseins vor allen sachlichen Bezügen.

In der ersten Epoche («Das Ich in seiner unmittelbaren Gegebenheit») wird das Ich durch die Stufen des Vernehmens, Gewahrens und Anerkennens zur unmittelbaren Naturbestimmtheit geführt.

In der zweiten Epoche («Das Ich als vorstellendes») tritt das Denken immer stärker hervor durch die Erinnerung, die Einbildungskraft und die Sprachdarstellung.

Die dritte Epoche («Das Ich als denkendes») behandelt das Bewußtwerden des Ich 1. durch die Stufen des Begriffs (abstrakter Begriff, bestimmter Begriff, Begriff im Verhältnis, Urbegriff), 2. durch die 12 Urteilsformen in ihren vier Gruppen der Unmittelbarkeit, der Zusammenfassung, der Allgemeinheit und der Begründung, 3. durch die neun Schlußformen der Unmittelbarkeit, der Zusammenfassung und der Allgemeinheit.

In der vierten Epoche («Das Ich als erkennendes») arbeitet sich das Ich an der äußeren Welt durch das empirische Forschen bis hin zur Erfahrungsphilosophie. Im reflektierenden Bewußtsein wird das Ich selbständig, verliert aber dabei durch den Kritizismus Ich und Welt, um dann im Idealismus der Reflexion die erste Stufe der geistigen Selbsterfassung zu erfahren. Im spekulativen Erkennen erfährt das Ich in drei Stufen bis hin zum spekulativ-anschauenden Erkennen, d. h. dem intuitiven sich selbst tragenden Denken, immer mehr das Denken als Offenbarung Gottes, worin alle Erkenntnisstufen versöhnt sind, das Ich sich als rein geistiges gefunden hat, wodurch «die Philosophie Theosophie geworden ist» (S. 316), d. h. alle Welt sich in bewußten christlichen Geist verwandelt hat.

Die Ontologie (1836)

In der *Ontologie* handelt es sich um die Umwandlung der bisherigen tafelartigen Kategorienliste in eine evolutive Reihe, bei der das Ich vom Ausgangspunkt an bis zum Schluß, d. h. dem Erreichen des Göttlichen, vollbewußt dabei ist. Hat KANT ausgesprochen: «Die Apperzeption des Ich muß alle meine Vorstellungen begleiten können», so wendet FICHTE dagegen sehr energisch ein: «Nein, sie begleitet diese immer und wirklich!» FICHTE war viel zu sehr Psychologe, um bei dieser Kantschen Halbheit – wie bei jeder anderen philosophischen Abstraktion – stehen bleiben zu können. Waren bei seinem Vater die dialektischen Ausdrücke: Setzen, Gegensetzen, Bezugsetzen mühsame Erringungen, um das Verhältnis von Ich und Nicht-Ich festzustellen, so werden sie beim Sohn gefügige Hilfsmittel für die lebendige Entwicklung des Bewußtseins.

Die höchste Gruppe der Kategorien ist bei ihm die Wechselwirkung, und in dieser Obergruppe heißt wieder die letzte Stufe: Organismus, Seele, Geist, Gott. Das Ich hat sein Ziel erreicht: Das Ruhen im Göttlichen als selbstbewußter Geist.

Demgemäß werden bei I. H. FICHTE die Begriffe Setzen, Gegensetzen und Bezugsetzen, die lebendige Tätigkeiten des Ich sind, als erste Kategoriengruppe als Ur- oder Ich-Kategorien vorangestellt: Es ist stets das Ich, das sich über alle Denkstufen heraufentwickelt, dabei die Welt erkennt und damit zugleich seine ewige Geistgestalt gewinnt. Die Kategorienlehre findet darin ihre geschichtliche Erfüllung: von der Kategorientafel des ARISTOTELES über die logische, aber erstarrte Form bei KANT zum Panlogismus HEGELS; sie erreicht eine konkrete Lebendigkeit erstmalig im Begrifflich-Geistigen bei I. H. FICHTE.

Die höchste Stufe des Denkens ist bei ARISTOTELES das Denken des

Denkens; dies vermögen aber nur die Götter. Was bei Aristoteles letztes Endergebnis ist, ist bei Fichte Ausgangspunkt. Aus der Entelechie als der verwandelten ersten Kategorie der Substanz wird bei ihm die sehr ausführlich dargestellte Anthropologie mit dem Menschen, der ein ewiges Geistwesen in sich weiß. Aus den Kategorien zwei bis neun, den Umstandbestimmungen, dem ‹Wie?› (4. Kategorie) in erweitertem Sinn, wird die Psychologie, aus der 10. Kategorie, der physiognomia, dem Wesensausdruck, wird die Geistlehre.

Man kann, wenn man den Entwicklungsgedanken bei I. H. Fichte klar überschaut, *Erkennen als Selbsterkennen* als die Verlebendigung, die Vermenschlichung der logischen Formalstufen der Begriffe, Urteile und Schlüsse auffassen; die *Ontologie* als die Verlebendigung der Kategorien (bei Aristoteles 10, bei Kant 12, bei Hegel $81 = 3^4$, bei I. H. Fichte 50). In der *Ontologie* wird die Ich-Tätigkeit als die ursprünglichste Geistesfunktion des Menschen und der Geister in den tätigen Begriffen Setzen, Gegensetzen, Bezugsetzen klar herausgearbeitet. Das Ich tut nichts, was es nicht überschauen kann; es beobachtet seine Geistestätigkeit.

Für Fichte ist die moderne Philosophie «anthropozentrisch». Aber «anthropozentrisch» heißt bei ihm nur der Anfang im Bewußtsein, das jeden Subjektivismus im weiteren Denken ausschaltet kraft sicherer Geisteserkenntnis. Dieses «Anthropozentrische» ist eine Objektivität höherer Art, die geistig-ichhafte und äußere Objektivität in sich vereint. Die Kluft zwischen dem Ich und den sogenannten objektiv äußeren Formen will er nicht aus der tradierten Philosophie übernehmen. Es ist gerade das Herzstück der Darstellung Fichtes, daß er die Geistesstufen des Menschen als höhere Objektivität entwickelt, welche die äußeren Gesetze als erstorbene Ich-Stufen in sich enthalten.

Man muß diesen Gedankenschritt als einen «Umschwung der Weltgeschichte» betrachten, als das Ende des vorherigen Äons mit Hegels Tod. Bisher gingen alle Geistes- und Seelentätigkeiten von äußeren Gegebenheiten, vom Leibe und von den Gesellschaftsgewohnheiten aus; auch die religiösen Offenbarungen wurden einfach leiblich-seelisch, empfindungsgemäß übernommen. Jetzt aber fließt alle Erkenntnis aus dem Haupte, aus der Erkenntnis. Der Mensch ist geistsouverän, «rückenfrei» geworden, wie es Rudolf Steiner ausdrückte. Früher genügten die gegebenen Gesetze und Sitten unmittelbar, heute, im Zeitalter der Freiheit sollte jeder Mensch sich sein geistiges Wesen selbst bilden. Darin liegt die wahre «Umwertung aller Werte», die Umbildung des Idealismus und der Klassik durch den spekulativen Theismus.

Um das Jahr 1830

Aus der ereignisreichen Düsseldorfer Zeit ist über mehrere Geschehnisse zu berichten. Auf wichtige Zeit- und Kulturfragen des Jahres 1830 ging FICHTE mit besonders erhellenden, ja seherischen Antworten ein: Es sind dies der Akademiestreit in Paris zwischen den Naturforschern CUVIER und G. ST. HILAIRE über Schöpfung und Entwicklung; das Erscheinen des Buches über die Seherin von Prevorst von JUSTINUS KERNER und die französische Juli-Revolution. Schließlich sind die philosophischen und religiösen Verleumdungen, die er erlitt, zu erwähnen, ihre Widerlegung und die darauf folgende Rückberufung an die Universität in Bonn.

Der Akademiestreit

Schöpfung oder Entwicklung, das war die alte Streitfrage, die zuerst religiös nur nach der ersten Seite hin entschieden, zuletzt naturwissenschaftlich nur nach der andern Seite hin geglaubt wurde, während die großen Geister immer schon eine Ahnung hatten von dem Zusammenhang, daß Schöpfung fortdauernde Entwicklung, Entwicklung fortdauernde Schöpfung ist. Wie diese Frage nun von CUVIER und G. ST. HILAIRE erneut wissenschaftlich behandelt wurde, darüber war GOETHE hell entzückt, als letzterer von der «unité du plan» (Einheit des Plans) sprach.

Von dieser «Einheit des Plans» hatte FICHTE schon in der *Charakteristik* klar gesprochen und ausführlichst dargelegt, daß «wir in der natürlichen und geistigen Schöpfung der Dinge ganz eigentlich mit Gottes Gedanken und Entschlüssen verkehren, sie nachzudenken haben in ihrem Zusammenhange und immanenten Zwecke!» Er greift die unfertige Gestalt der Auffassung HEGELS als Beispiel auf, um sie weiterzuentwickeln: «HEGEL hat seiner Darstellung nicht hinzugefügt, daß Leben nicht minder eine Definition des Absoluten sei wie die früheren Bestimmungen der ‹Logik›. Doch läßt der Zusammenhang darüber keinen Zweifel: der allgemeine Lebensprozeß, der sich in der organischen Welt der Pflanzen- und Tiergeschlechter vollzieht, ist der Lebensprozeß Gottes selbst, worin sich jene logisch noch abstrakt allgemeine Idee des Lebens in das System von Gattungen und Arten gliedert, dessen Erkenntnis von der heutigen Botanik und Zoologie unter dem Begriffe eines natürlichen Systems der Pflanzen- und Tierbildungen angestrebt wird.»

Aber damit scheinen in der Tat diese Wissenschaften schon hinausgeschritten zu sein über die hier vorliegende Hegelsche Auffassung des Lebens als nur einer ungenügenden, noch nicht zum Geiste gelangten Vorgestalt der absoluten Idee. Sie weisen durch empirisches Vergleichen der verschiedenen Pflanzen- und Tiergeschlechter eine Gliederung zusammenfassender Gedanken nach, welche sich in mannigfachem Wechsel, aber doch in stetigem und konsequent zusammengehaltenem Zusammenhange, auf eine Idee der Pflanze, auf eine des Tieres beziehen, und man hat es längst ausgesprochen, daß die mannigfaltigen Pflanzen und Tiere nur die in ihre Möglichkeiten entfaltete Urpflanze und Urtier seien, welche in allen, und darum nirgends, als besondere existieren. Eine solche empirische Auffassung des Lebens greift aber unmittelbar schon in die spekulative zurück: der Grund einer solchen in Pflanze und Tier unmittelbar sich realisierenden Gedankenwelt kann nicht mehr die absolute Idee in blind bewußter Unmittelbarkeit sein; das Werk verkündet einen Meister, es wird Zeugnis einer denkenden – was das dafür Voraussetzende ist –, einer selbstbewußten Persönlichkeit, und es können nur die in ihrem Geiste enthaltenen Vorbilder (Ideen) in eigentlichstem Sinne sein, welche sich in jenen Gebilden verwirklichen, weil sie durchaus in der Einzelheit wie in ihrer Totalität dies gedankenmäßige Gepräge tragen.[26]

In der *Spekulativen Theologie* zeigt FICHTE genau den Ort, wo diese Weltgesetze zu finden sind: Die gesamte Metaphysik, ja die gesamte philosophische Welterkenntnis ist ein immer mehr sich läuterndes und höher steigendes Zusammenfassen der einzelnen Wahrheiten in die kosmologisch-christologische Wahrheit, ein Verwandeln der immer allgemeiner erkannten Weltgesetze für die Erkenntnis in das wesenhafte Wollen und Wirken einer absoluten Persönlichkeit.[27]

In dem Eröffnungsvortrag zum ersten Philosophenkongreß in Gotha 1847 *Grundsätze einer Philosophie der Zukunft* wird der Sieg des Geistes für die Erkenntnis der Geist- wie der Sinneswelt ausgesprochen: «Dieser Verkehr mit dem göttlichen Geiste, wie mit einer objektiv gewordenen Weisheit im Universum, ist der eigentliche Trieb und die Sehnsucht alles Erkennens, der vielleicht ihnen selber verborgene Grund jeglicher Begeisterung des Forschens und jeder theoretischen Wißbegier.»[28]

Damit ist das Erkenntnisziel erreicht, das die Menschheit mit der Beschäftigung der Probleme von Schöpfung und Entwicklung gewinnen wollte, nämlich der Zusammenhang mit der göttlichen Weltordnung in Natur und Geist durch Erkenntnis. Die Entwicklung war jetzt ins Innere gezogen, in den Erkenntnisorganismus des Geistes, wie ihn die spekulativen Theisten entwickelten, der die äußere philosophisch-logisch und die innere mystische Entwicklung gleichzeitig umfaßte.[29]

Die Seherin von Prevorst

Das Buch von Justinus Kerner, dem Arzt und Dichter, über die Seherin von Prevorst, das 1830 erschien, erregte ungeheueres Aufsehen. Hatte man doch gerade die Höhe des Tagesbewußtseins in den Genien des Idealismus und der Klassik erlebt, und nun kamen Erscheinungen aus dem Gebiet des Unterbewußten, des Traumhaften, des Krankhaften, die von einem noch viel größeren Umfang des Seelenlebens und dessen Bewußtseinsstufen zeugten. Die Seherin sprach von den verschiedenen Sonnen- und Planetenkreisen und deren Wirkungen auf Gesundheit, Krankheit und Moral; sie machte genaue Angaben über die Herstellung von Heilpräparaten. Gerade in dieser Zeit hatte Troxler (1828) seine *Naturlehre des menschlichen Erkennens* veröffentlicht, in der die Entwicklung des Bewußtseins von der «Vollkommenheitsseele der Vergangenheit» über das heutige «Bewußtsein des Scheins» zur «Vollkommen-

Abb. 18: Justinus Kerner

heitsseele der Zukunft» beschrieben wird. I. H. FICHTE sprach von der Entwicklung des Bewußtseins vom «unbewußten, zentralen, rückwärtsliegenden Schauen» über das «vikariierende Surrogat des heutigen Bewußtseins» zum «bewußten, zentralen, vorwärtsliegenden Schauen».

Aber hatte nicht Jahrzehnte vorher GOETHE in *Wilhelm Meisters Wanderjahren* ähnliches in dichterischer Weise von «Markarie» beschrieben? Und finden wir bei NOVALIS nicht viele Aphorismen über die Entwicklung der Seele zum Geist, über das Tages- und Nachtbewußtsein? «Markarie befindet sich zu unserem Sonnensystem in einem Verhältnis, welches man auszusprechen kaum wagen darf. Im Geiste, der Seele der Einbildungskraft, hegt sie, schaut sie es nicht nur, sondern sie macht gleichsam einen Teil desselben, sie sieht sich in jenen himmlischen Kreisen mit fortgezogen, aber auf eine ganz eigene Art, sie wandelt seit ihrer Kindheit um die Sonne, und zwar, wie nun entdeckt ist, in einer Spirale, sich immer mehr vom Mittelpunkt entfernend und nach den äußeren Regionen hinkreisend . . . Aus anderen Angaben ließ sich schließen, daß sie, längst über die Bahn des Mars hinaus, der Bahn des Jupiters sich nähere. Offenbar hatte sie eine Zeitlang diesen Planeten mit Staunen in seiner ungeheueren Herrlichkeit betrachtet, und das Spiel seiner Monde um ihn her geschaut; hernach aber ihn auf die wunderseltsame Weise als abnehmenden Mond gesehen. Daraus wurde geschlossen, daß sie ihn von der Seite sehe und wirklich im Begriffe sei, über dessen Bahn hinauszuschreiten und in dem unendlichen Raum dem Saturn entgegenzustreben. Dorthin folgt ihr keine Einbildungskraft, aber wir hoffen, daß eine solche Entelechie sich nicht ganz aus unserem Sonnensystem entfernen, sondern wenn sie an die Grenze desselben gelangt ist, sich wieder zurücksehnen werde, um zu Gunsten unserer Urenkel in das irdische Leben und Wohltun wieder einzuwirken.»[30]

NOVALIS schreibt in seinen Fragmenten: «Sonderbar, daß das Innere des Menschen bisher nur so dürftig betrachtet und so geistlos behandelt worden ist. Die sogenannte Psychologie gehört auch zu den Larven, die die Stellen im Heiligtum eingenommen haben, wo echte Götterbilder stehen sollten. Wie wenig hat man noch die Physik für das Gemüt und das Gemüt für die Außenwelt benutzt. Verstand, Phantasie, Vernunft, das sind die dürftigen Fachwerke des Universums in uns. Von ihren wunderbaren Vermischungen, Gestaltungen, Übergängen kein Wort. Keinem fiel es ein, noch neue, ungenannte Kräfte aufzusuchen, ihren geselligen Verhältnissen nachzuspüren. Wer weiß, welche wunderbaren Vereinigungen, welche wunderbaren Generationen uns noch im Innern bevorstehen?»[31]

FICHTE war es nach dem Erscheinen der *Seherin* unmittelbar klar, daß mit diesem Buch ein Zeichen gesetzt sei, die Dinge, die man bisher nicht berücksichtigt und nur einem unbestimmten Ahnen überlassen hatte, nämlich die Verhältnisse von Schlafen und Wachen, von Geburt und Tod, von irdischem und jenseitigem Leben, von Verstand und Idee, von nun an auf naturwissenschaftlichem Wege durch die «Erweiterung des Gesetzes der analogen Reihen», d. h. durch exakte Phänomenologie, ins Bewußtsein zu nehmen seien. Er behandelte dies auf klare, differenzierte Weise, lange bevor C. G. Carus sein berühmtes Buch, die *Psyche*, erscheinen ließ (1847), das mit den Worten beginnt: «Der Schlüssel vom Wesen des bewußten Seelenlebens liegt in der Region des Unbewußten»; lange bevor man allgemein vom «Unterbewußten» und «Unbewußten» sprach (etwa mit Eduard von Hartmann, 1869), lange bevor man in unserem Jahrhundert Lehrstühle für Psychologie, für Parapsychologie, für die Grenzgebiete der Psychologie und der Religion errichtete.

Für Fichte war die ganze Weltentwicklung von vornherein eine einheitlich geistige, seelische und leibliche; die Einheit war zunächst im Schaffend-Göttlichen, gliederte sich immer mehr auseinander, bis der Mensch wieder in sich alles zusammenfaßte, zunächst unbewußt, dann durch viele seelische Zwischenstufen hindurch bis zu seiner heutigen geistigen Freiheit, die aber im Unterbewußtsein alle Vorstufen, auch die seelisch-geistigen, in sich erfaßt; diese sind zunächst «zurückgedrängt», um bewußt wieder hervorgeholt zu werden.

Angewendet auf die Logik bedeutet das, daß deren Formalstufen (Begriff, Urteil, Schluß) und ihre Vor- und Nachstufen, wie sie in *Erkennen und Selbsterkennen* als stets sich vertiefende Geistesstufen dargelegt sind, nicht tabellarisch nebeneinander geordnet aufzufassen sind, sondern in konzentrisch sich erweiternden Kreisen immer größerer Bewußtseinssicherheit, vom sinnlich Bewußten bis zur Gottes- und Geisterkenntnis aufsteigend, zu denken sind. Dasselbe gilt für die Kategorienstufen der *Ontologie*, von denen es heißt: Die erste Kategorie (der Quantität) spricht verhüllt, unentwickelt aus, was die letzte (der verschiedenen Stufen der Wechselwirkung) klar entfaltet. Hiermit ist die Philosophie wieder die königliche Wissenschaft geworden, die alle Teilgebiete ihrer selbst wie alle anderen Wissenschaften als dienende Stufen in sich erfaßt. Viele Menschen des 19. Jahrhunderts glaubten im naturwissenschaftlichen Überschwang oder in philosophischer Verzweiflung an das «Ende der Philosophie» (z. B. Richard Wahle in seinem Buch *Das Ganze der Philosophie und ihr Ende*). I. H. Fichte, Troxler und ihre Freunde waren die königlichen Erben des Idealismus und der Klassik, nicht bloß «Kärrner» (wie Hegel sich ausdrückte) des wissenschaftlichen Materials. Die «Kärrner» glaubten sogar, mehr zu sein als die Könige. Der Geist ist das königlich Bestimmende, die Materie und der Leib das Bestimmte. Das war das königliche Wissen des spekulativen Theismus.

In der *Vorlesung über griechische Philosophie* (1836/37) (ungedruckt), spricht es FICHTE klar aus: «Die Philosophie und die Weltgeschichte sind noch nicht veraltet, sondern noch jugendlich, beide haben noch viele Aufgaben zu lösen. Die griechische Philosophie ist in der neuen erhöht und vertieft wiedergeboren.»

Das Buch *Die Seherin* führte Mitte der dreißiger Jahre zu einer sehr tiefen Freundschaft und zu einem ebenso tiefen Briefwechsel zwischen J. KERNER und I. H. FICHTE, psychologisch für die Zeit und ebenso für KERNER selbst äußerst bedeutend. Kerner sah verehrend zu FICHTE hinauf, der ihm erklären konnte, was ihm an seelisch kranken Fällen in seiner Arztpraxis begegnete.[32]

Die konzentrisch ab- und aufsteigenden Stufen der Weltbetrachtung FICHTES erinnern an die Sonnenkreise der SEHERIN VON PREVORST, an GOETHES Markarie, an die Empfindungen NOVALIS, aber jetzt vollbewußt ergriffen und bis zum «Kreuz des Irdischen», d. h., bildlich ausgesprochen, zum Achsenkreuz der analytischen Geometrie heruntergeführt, um wieder aufzusteigen bis zur unendlich fernen Ebene (der synthetischen Geometrie), zum bewußt erfaßten Gesichtspunkt des ewig schöpferischen Prinzips. Dies ist die neue bewußte, aufsteigende «Theosophie» gegenüber der alten absteigenden. Darum heißt es auch bei FICHTE: «Nicht Christus am Kreuz, sondern der auferstandene Christus ist als bezeichnendes Symbol des Christenglaubens zu wählen.»[33]

Die Zeit der französischen Juli-Revolution

Als Beleg für die Hellsichtigkeit bezüglich der politischen Zusammenhänge jener Zeit (die noch heute ganz aktuell klingen) zitieren wir aus FICHTES anonymer Schrift von 1830 (gedruckt 1831) *Deutschland, was es ist, und was es werden muß*:

«Wir haben gezeigt, daß künftig nicht einzelne Mächte, sondern entgegengesetzte Prinzipien sich feindlich in Europa gegenüberstehen; dieselbe Neigung dauert fort; der Argwohn, die wechselseitigen Anklagen

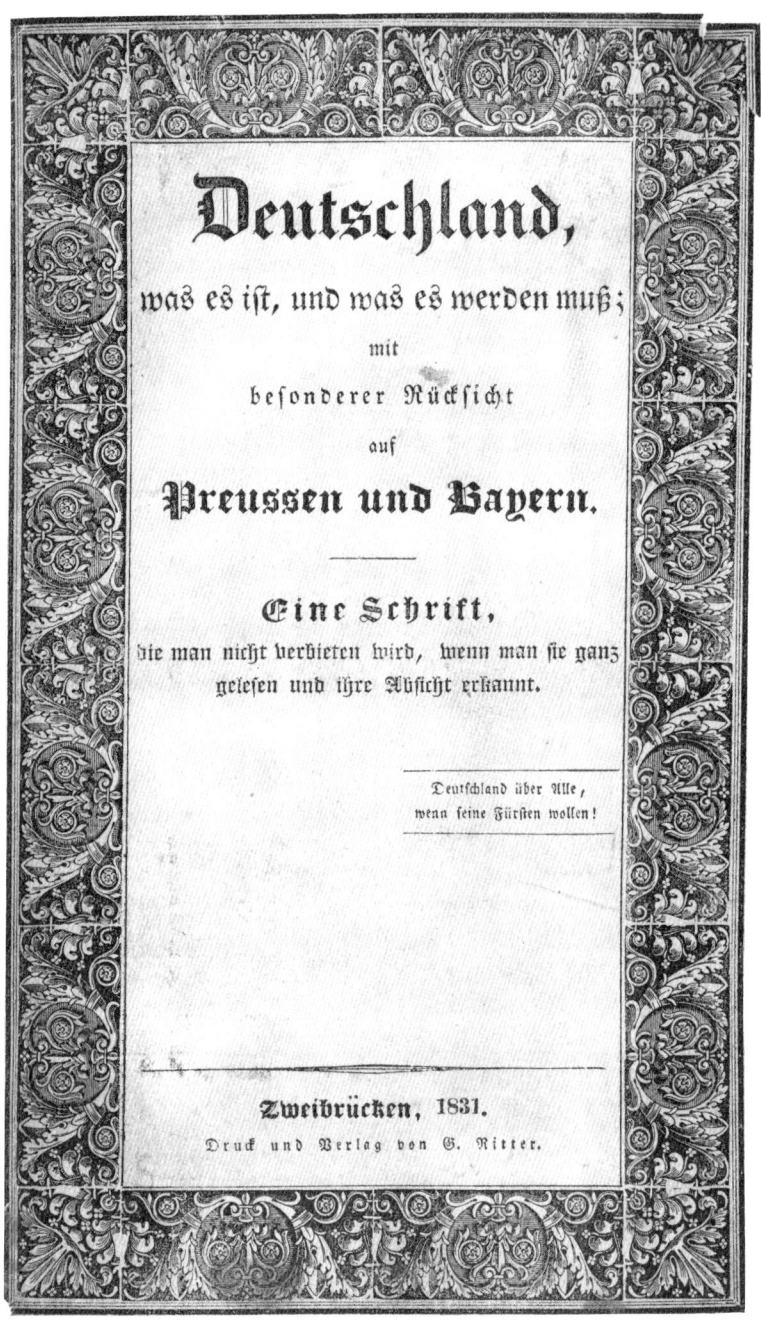

Deutschland,

was es ist, und was es werden muß;

mit

besonderer Rücksicht

auf

Preussen und Bayern.

Eine Schrift,

die man nicht verbieten wird, wenn man sie ganz
gelesen und ihre Absicht erkannt.

> Deutschland über Alle,
> wenn seine Fürsten wollen!

Zweibrücken, 1831.

Druck und Verlag von G. Ritter.

werden nicht aufhören, daß man geheime oder offenbare Zwietracht säe, oder Verschwörungen unterstütze im Nachbarlande.

Drum traut am wenigsten jenen kosmopolitischen Scheinreden über den Bund aller Völker, über die Freiheit, die sie allen Nationen bringen wollen. Ist die vermeinte Freiheit erst wirklich gebracht durch sie, so wird sich alles in eine Knechtschaft unter ihnen auflösen, und jene Redner sind entweder gutmütige Schwärmer, ohne Kenntnis ihrer Nationalität und Geschichte, oder listige Vogelsteller, die in lockender Weise pfeifen, um den Völein desto sicherer das Garn überzuwerfen.

Ja wenn wir die Wahl hätten zwischen östlicher oder westlicher Ober-herrschaft, – freilich eine furchtbare Wahl, vor der Gott uns aber stets bewahren wird, wenn wir durch uns selbst uns einig und frei machen, der wir sonst aber in fürchterlicher Abwechslung unentfliehbar entgegenrei-fen, wenn sich in unserer innern und äußern Politik kein neuer Geist gestaltet.

Fassen wir nämlich die Bedeutung der Zeit auf ihrem Gipfel. Sie ist nicht die gewöhnliche, schon erlebte, wie vor sechzehn oder gar vierzig Jahren, und nicht die gewöhnlichen Mittel der Politik helfen hier aus. Ohne das keck gewagte Wort Mirabeaus für wahr zu halten, welches man neulich mit so viel Wohlgefallen wieder hervorgezogen: daß die Revolu-tion ihren Weg durch die ganze Welt nehmen werde; – denn nicht Revolutionen allein, und am wenigsten in Deutschland, führen heilsame Reformen und freie Verfassungen herbei; – so ist es doch unverkennbar, daß wir einer großen europäischen Krisis nahe sind. Zwei politische Geister durchziehen die Welt, todfeindlich einander, und schon durch die Berührung sich gegenseitig zerstörend. Der eine hat seinen bleiernen Thron in Asien, der andere sein freies Reich in Amerika aufgeschlagen, und das bange, wundenvolle Europa wird jetzt der Kampfplatz ihrer furchtbaren Begegnung.

Welchen Platz aber die deutschen Staaten, und Preußen besonders, in diesem welthistorischen Kampfe einnehmen müssen, haben wir schon gezeigt: sie stehen da wie eine schützende Wetterscheide; sie müssen ihn abhalten von ihren Gauen, und im engen Vereine unter sich und ihren Völkern, erhalten und erneuern, was jetzt an der Zeit ist.

Abb. 19: Titelblatt der Erstausgabe I. H. Fichte: Deutschland, was es ist und was es werden muß

Was bleibt also dem übrigen Deutschland zu tun in so drangvoller Lage, zwischen zwei mächtige Gegner gepreßt, in denen nicht vorübergehende Interessen, sondern Prinzipien sich bekämpfen? Noch nie, dünkt uns, hat in der Politik die Sache selbst so einfach auf den rechten Weg gewiesen. Für Deutschlands wahre Interessen existiert dieser Kampf nicht; es bleibe neutral in ihm, aber bewaffnet; und schließe sich im Innern desto fester aneinander ...

Wir aber wiederholen es mit heiligster Zuversicht: nicht von Frankreich, nicht von Rußland, nur aus uns selbst kommt unser Heil, ein eigentümliches, selbsterzeugtes, und pfui über den Entarteten, der als schmachvolle Scheingabe sich vom Fremden will aufdringen lassen, was nur durch uns selbst erworben Heil und Wohltat werden kann!»

Familiäre Verhältnisse

Wir hatten zuerst die Beziehungen I. H. FICHTES zu seinen Eltern in seiner Berliner Zeit geschildert, seinen Schulbesuch und sein Studium dort, auch sein reiches gesellschaftliches Leben in den Berliner Salons, dann sein umfassendes philosophisches Wirken als Privatdozent an der Berliner Universität.

Durch die Karlsbader Beschlüsse wurde diese reiche und hoffnungsvolle Entwicklung jäh unterbrochen und er mit starkem äußerem Druck an das Gymnasium in Saarbrücken versetzt. Auch hier wirkte er trotz des tiefen Leids wegen der Entfernung von der Universität sowohl pädagogisch als auch gesellschaftlich äußerst lebendig und vielseitig, bis ihn durch die lebhafte Sprachtätigkeit ein Halsleiden befiel, das eine Kur in Bad Ems erforderlich machte; die Nachkur verlebte er in Frankfurt bei philosophischen und theologischen Freunden.

In Saarbrücken pflegte ihn bei seiner Erkrankung die Schwester der Frau des sehr geschätzten Schulkollegen KRIEGER, der auch als Heimatdichter hervorgetreten ist. Jene, Frau WILHELMINE SILLY geb. FABER, 1784–1862, war die Tochter des Pfarrers und Direktors FABER des Gymnasiums in Zweibrücken, sie war in erster Ehe mit dem Regierungsingenieur SILLY in Speyer verheiratet gewesen, der 1819 starb. Aus dieser Ehe

Abb. 20: Immanuel Hermann und Wilhelmine Fichte, um 1860

hatte sie eine Tochter SOPHIE, 1809–1871, mitgebracht, zu der I. H. FICHTE in sehr guten Beziehungen stand. Über seine Frau schreibt I. H. FICHTE an Frau CHARLOTTE VON KALB[34] am 2. Juli 1825 aus Saarbrücken:

«Seit vorigem Spätherbst bin ich verheiratet an eine Zweibrückerin, die, verwandt mit einem meiner hiesigen Freunde, schon seit Beginn meiner Krankheit so uneigennützig sorgsam mein gepflegt hatte, daß ich eigentlich ihr allein meine gebesserte Gesundheit, vielleicht mein Leben verdanke. Dieser treue Schutzengel, der mir mitten in der kalten Einöde meines hiesigen Lebens schon lange leuchtete, ist nach manchen Schwankungen und Hindernissen endlich die Meinige geworden. Sie war Witwe und ist einige Jahre älter als ich: ich brauchte ihnen nur anzudeuten, wie ihr selbst und auch mir deswegen jener Schritt einigermaßen bedenklich scheinen konnte, zumal da Sie, meine mütterliche Freundin, ja auch wissen, wie mannigfaltige Umgestaltungen schon die Liebe bei mir angenommen. Zugleich fühlte ich mich aber von der andern Seite so innig mir angehörend durch Dankbarkeit, Vertrauen und Liebe, und ihr eigener vielgeprüfter Charakter bot mir so viel Sicherheit dar, daß ich es vor allem mit ihr wagen zu können glaubte, wenn ich es überhaupt wagen wollte: und so lud ich sie denn zu einem ersten, kräftigtätigen, klarbesonnenen Leben mit mir ein, und seitdem hat jeder Tag mich meinen Entschluß glücklich preisen lassen. Wie sie die Freude und die Erholung meiner Mußestunden ist, so ist sie die kräftige Stütze meines Hauses, und überhaupt ihr ganzes Wesen Ruhe, sicheres Tun, Besonnenheit. Doch künftig davon mehr, indem ich mich wahrhaft scheue, zu sehr und viel Lobendes von der zu sagen, die ich gar nicht mehr verschieden von mir denken kann. Und es ist nur gar zu sehr eitle Sitte der Männer, über solche Dinge sich in weitläufigem Enthusiasmus auszulassen. – Nur noch eine Bitte, teuerste Freundin, aus Rücksicht für ein gewisses Haus in Berlin, mit dem Helmholtz nahe verwandt ist[35], habe ich selbst diesem noch nicht von jener Angelegenheit geschrieben; Sie sind die erste, die von meinen dortigen Freunden etwas erfährt; ich bitte sie daher vor der Hand keinem davon Mitteilung zu machen, weil es, als unbedeutende Notiz gelegentlich umhergetragen, auch in jenes Haus kommen könnte, wo ich mein Andenken nicht gerne es erneuert sähe.»

Am 26. Juli 1826 schrieb FICHTE an Frau VON KALB:
«Innig geliebte und verehrte Frau!
Heute empfing ich Ihren teuern Brief, und heute muß ich wenigstens anfangen, Ihnen zu antworten. Ich und mein liebes Weib lasen im Verein Ihr Schreiben und wir beide danken Ihnen aufs Innigste dafür und letztere begrüßt Sie mit tiefster Ehrfurcht Ihnen huldigend auf das Herzlichste. Sie kennt und verehrt Sie schon lange aus meinen Erzählungen, und wenn ich sie auch nicht Ihres Umgangs und Wortes würdig nennen

*Abb. 21: Charlotte von Kalb. Ölgemälde von
Johann Friedrich August Tischbein*

kann, so wäre sie doch empfänglich für denselben. Sie ist ein Charakter
klar und fest und von unbestechbar richtigem Urteile, der bei der äußeren Kälte seines Wesens nur eben durch Urteil, durch Hochachtung
gewonnen werden kann: hat man aber einmal diese Hochachtung ihr
eingeflößt, so hält sie entschieden fest, so gewiß die Magnetnadel nach
Norden zeigt, und kein Wandel oder Wechsel ist denkbar. Sie wünschte
sehr, Sie zu sehen, und wiewohl sie äußert, daß sie mit ihrer Einfachheit
sich scheuen möchte, vor Ihnen zu erscheinen.»

Bei der unerhörten Schaffenskraft von I. H. FICHTE hört man fast nichts
von dem stillen Wirken seiner Frau. Als sie 1862 starb, hielt der Hausfreund, der Dekan GEORGII, die Grabrede. Sie war aber so allgemein

gehalten, daß sie für jeden Menschen hätte gelten können, «zu wenig individuell», wie I. H. FICHTE in seiner vornehmen Weise im Tagebuch bemerkt. So schrieb er eine Nachrede dazu, in der das Eigentliche über seine Lebensgefährtin steht:

Nachschrift

Es drängt mich, den vielen Freundinnen und Freunden, welche die teuere Entschlafene in Nähe und Ferne sich erworben und zu erhalten wußte, ein einfach treues Bild ihres Wesens hier niederzulegen, worin zugleich ihr hoher, für mich unersetzbarer Wert ausgesprochen ist.

‹Sanftmütig und von Herzen demütig›; – dies war das Zeugnis, welches ihr Religionslehrer bei der christlichen Konfirmation ihr mitgab. Die hohe Gnade ward ihr geschenkt, diese Eigenschaften in einem langen, schicksals- und ereignisreichen Leben nie zu verleugnen, stets herrlicher zu bewähren. Dazu traten, als weitere Grundzüge ihres Charakters, strenge Gewissenhaftigkeit, schlichte Wahrheitstreue. Sie erfüllte ihre Pflicht bis ins Kleine und ins Verborgene hin, selbst bis dahin, wo sie anderer Meinung sein zu müssen glaubte, als geheiligten Auftrag. Keine Falschheit, Unaufrichtigkeit, Beschönigung hat jemals ihr klares Gemüt verdunkelt, keine Lüge ihre reinen Lippen befleckt. Sie schwieg, aber sie sagte nie anders als ihr Herz empfand.

Selten trat sie nach außen hervor; sie verhüllte vielmehr das Schönste ihres liebevollen Innern aus Schüchternheit in sich selbst; denn sie war gänzlich anspruchslos. Wer aber in diesem Innern zu lesen verstand, dem antwortete dort sicherlich der richtige Widerklang, das tiefste Verständnis; auf ihr Urteil in sittlichen Dingen konnte man sich verlassen.

War dies alles noch gekrönt und zugleich innerlich befestigt durch demutsvollen Gottesglauben, welcher in den schweren Prüfungen ihres langen Lebens immer tiefer sich ihr eingesenkt hatte: so läßt sich erkennen, wie der Verein und die stete harmonische Zusammenwirkung dieser herrlichen Eigenschaften sie zur allerwünschenswertesten Lebensgefährtin für ihren Gatten machen mußte. Sie ergänzte ihn überall, wo er es bedurfte – er bedurfte es aber in allen praktischen Dingen – und alles ihr Anvertraute war wohl behütet. Sie bestärkte ihn in seinen Vorsätzen und Gesinnungen; denn sie war die Vertraute dieser Gesinnungen und einig mit ihnen.

Und so muß ich an ihrem Grabe das Zeugnis der tiefsten Dankbarkeit

Abb. 22: Die Familie Eduard Fichtes, etwa 1872. Die Kinder (v. l. n. r.):
Georg, Elisabeth, Johanna, Klara

niederlegen, daß ich nach meiner verewigten Mutter, welche die Keime
alles Edlen und Guten in mir zur ersten Zeitigung brachte, Ihr, der
treuen Gattin, das allermeiste verdanke von dem, was mir zum Gelingen
des eigenen Lebensberufes von Nöten war. Und wenn mir in der Wissenschaft einiges geglückt sein sollte, so steht mir dennoch unter allen
meinen Lebenswerken unbedingt am Höchsten, daß vielleicht uns beiden
in treuem Verein es gelungen ist, das sittliche Kunstwerk einer rechten
Ehe auch nur annäherungsweise ins Leben zu führen. Dank darum der
Vollendeten!

Tübingen, 19. Februar 1862.   Der trauernde Gatte I. H. Fichte

Aus dieser Ehe gingen drei Söhne hervor: der älteste Sohn Hermann,
geb. 1824, war zeichnerisch und malerisch sehr begabt. Er wurde Schüler
des Malers Lessing der Düsseldorfer Akademie, starb aber bereits am 23.
Dezember 1840 an der damals unheilbaren Blinddarmentzündung.

Der zweite Sohn, Eduard (1825–1905), wurde nach dem Freund und

Studienkamerad EDUARD SCHUDEROFF (1795–1878) genannt, der von 1818–1878 Pfarrer, später Kirchenrat in Reichstädt war. Schon die Väter, JOHANN GOTTLIEB FICHTE und JONATHAN SCHUDEROFF waren sehr befreundet und wechselten Briefe. – EDUARD studierte Medizin, kam durch seine Begabung sehr schnell vorwärts, wurde aber als Assistenzarzt von einem neidischen Chefarzt bedrückt, so daß er wie zufällig eine gerade freie Militärarztstelle annahm, um bald wieder zur akademischen Laufbahn zurückzukehren. Durch seine Verheiratung blieb er an der Militärlaufbahn hängen und stieg hier zu hohen Ehren, zum Generalarzt und Freund des Württembergischen Königs auf, der ihn 1898 erblich adelte.[36] Im Krieg 1870/71 hatte er segensvoll für die Verwundeten durch seine rasche Entschlußkraft gewirkt. «So muß ich darauf verzichten, daß EDUARD die akademische Laufbahn endgültig einschlägt», schrieb I. H. FICHTE seinerzeit kummervoll ins Tagebuch. Doch waren Vater und Sohn stets gute Geistesfreunde; die *Idee der Persönlichkeit* (1855) und die *Anthropologie* (1856) sind dem Sohn als Naturforscher und Geistesfreund gewidmet. Die oft beauftragte Biographie seines Vaters hat er aber nicht geschrieben.

Der dritte Sohn, MAX ERNST, geb. 1827, studierte die Rechte. Er war der begabteste, der «begabteste, aber der faulste und unordentlichste», wie sein Vater einmal schrieb. Er geriet an den Trunk und nahm sich am 20. Februar 1857 in New York mittels Opium das Leben. – Zwar wurden diese Geschehnisse in der ganzen Familie und vor allen Bekannten eisig verschwiegen, nicht einmal die Frau I. H. FICHTES und die EDWARDS wußten um die näheren Umstände Bescheid. Doch der Württembergische Konsul in New York hatte die ganze Angelegenheit genau untersucht und gab dem Ministerium in Stuttgart einen langen Bericht darüber. Vater und Bruder mußten die Dokumente unterschreiben, die zurückgingen; sie haben sich nicht auffinden lassen. Einmal schrieb FICHTE in sein Tagebuch: «Mutter ahnt, was vorgefallen ist.» Gelegentlich stehen darin Notizen wie folgende: «Wer denkt noch an den armen MAX? Ich allein, sein alter Vater! – MAX ist von seiner Sonnenbahn abgewichen. – Ich habe ihn dem hohen Schutzgeist meiner Eltern empfohlen!» – Nie erklingt der leiseste Ton eines Vorwurfs!

Die Stieftochter SOPHIE heiratete 1835 den Regierungsrat EDUARD SACK in Düsseldorf, der aus erster Ehe schon acht Kinder mitbrachte, es kamen noch einmal zehn dazu. Alle Kinder errangen gute soziale Lebens-

Abb. 23: Die Familie von Eduard und Sophie Sach, geb. Silli, der Stieftochter I. H. Fichtes

stellungen. Beachtenswert aus dem Briefwechsel mit seiner Stieftochter ist die *Ächte Generalbeichte zum Neuen Jahr* 1853, die er ihr ablegt:

«Soll ich nun auch noch von meinem Ergehen Euch Meldung erstatten? So sei es denn aufs kürzeste erzählt: daß ich mich wohl und ungemein glücklich fühle. Da es aber ein Glück ist, welches auf lauter gottgeordneten Ursachen beruht, so darf ich mich frei dazu bekennen, ohne fürchten zu müssen, irgendeine ‹Nemesis› hervorzurufen. Wie mich das Leben mit den meinigen befriedigt, so beglückt mich auch aufs höchste meine Arbeit, und auch ihr Erfolg nach außen. Immer häufigere öffentliche Zeugnisse werden mir entgegengebracht, daß ich nicht vergeblich ge(arbeitet habe und)[37] gar vielen eine Leuchte zur Wahrheit und zu u(nseren tieferen Bedürfnissen des Her)zens geworden bin. Was mir dabei an äußeren (Ehren zuteil geworden, verachte) ich keineswegs, sondern betrachte es als willkom(mene Bestätigung meines inneren Be)strebens; aber die Hauptsache bleibt doch, Gott sei Dank, die Freude, in der tiefen Verwirrung unserer Zeit für einzelne Gemüter eine tiefere und befestigendere Erkenntnis angebahnt zu haben.

Tübingen, den 7. Januar 1853»

Die Verleumdungen

Als FICHTE die *Vorschule der Theologie* und die *Charakteristik der neueren Philosophie* geschrieben hatte, schickte er mit freundlichen (erhaltenen) Begleitschreiben je ein Exemplar an HEGEL und bat um Rezension. HEGEL ließ nichts von sich hören. Gleichzeitig hatte das Kultusministerium Gutachten über die beiden Bücher angefordert. HEGEL überließ deren Abfassung MICHELET. Das zweite Gutachten MICHELETs ist erhalten, das erste über die *Vorschule* nicht. MICHELET, fünf Jahre jünger als FICHTE, hatte von 1819 an mit FICHTE die Vorlesungen bei HEGEL gehört, hatte aber auch die Vorlesungen FICHTES belegt. Nun war MICHELET nichts mehr zuwider als Kritik an HEGEL, die er als totales Unverständnis brandmarkte. Er überbrachte alle kritischen Äußerungen FICHTES an HEGEL, weshalb dieser möglicherweise schwieg.

Es ist nicht bekannt, ob Kultusminister ALTENSTEIN etwas von diesen

Gutachten MICHELETS wußte, wahrscheinlich nicht. Doch beging MICHELET die Unvorsichtigkeit, daß er eine wenig abgeänderte Fassung des Gutachtens über die *Charakteristik* in den hegelianisch redigierten *Berliner Jahrbüchern für wissenschaftliche Kritik*, Nr. 89/91, Mai 1830, als Rezension veröffentlichte, die so voller Fehler und falscher Zitate war, daß sich FICHTE widerwillig zu einer Antikritik in der *Halleschen Literaturzeitung*, Intelligenzblatt, Nr. 51 entschließen mußte, die mit folgenden Worten endete: «Auch sonst schon hat er nämlich eine unverkennbare Anlage zu gelegentlichen Verklatschungen und Denunziationen gezeigt, die einen trefflichen literarischen Sykophanten (Verleumder) in ihm verspricht, um jeder gerade herrschenden Meinung zu dienen. Doch übe er dieses Handwerk feiner als im gegenwärtigen Fall, damit er sich nicht wie jetzt als leichtsinniger Beschuldiger gar zu offen prostituiere!»

Der Direktor des Düsseldorfer Gymnasiums BRÜGGEMANN war konfessionell sehr gebunden und wollte nur Lehrer seiner Konfession haben, hatte er doch schon einen «Kandidaten in petto, der in Rom studiert hat». Demgemäß bereitete er FICHTE Schwierigkeiten, wo er konnte. Seine Berichte über ihn waren nicht nur schlecht, sondern geradezu verheerend. 1832 kam ein neuer Direktor, WÜLLNER, an das Gymnasium, dem es vor allen Dingen an guten Lehrern gelegen war, unabhängig von der Konfession. Schlagartig änderten sich die Berichte: Nur FICHTE bereite die Schüler aufs beste auf das Abitur vor; nur er sei fähig, die Schule würdig nach außen in Reden zu vertreten. Als 1833 der PRINZ VON PREUSSEN die Schule als Protektor besuchte, hielt FICHTE die beachtenswerte Rede: *Über das Verhältnis der Wissenschaft zum Staate*. BRÜGGEMANN war die Treppe heraufgefallen, er war als Schulrat an das Provinzialschulkollegium versetzt worden und mußte da die guten Berichte seines Nachfolgers unterschreiben. WÜLLNER hatte z. B. im November 1834 folgenden Bericht abgegeben:

«Unterzeichneter gibt hiermit die amtliche Erklärung, daß der Oberlehrer am hiesigen Königlichen Gymnasium, Herr Dr. FICHTE, in den philosophischen Lektionen (Psychologie, Logik etc.) Gründlichkeit, Schärfe, Klarheit und Lebendigkeit des Vortrags in vorzüglichem Grade vereinige und daß er es besonders verstehe, in Jünglingen das philosophische Denken zu wecken und ihnen Sinn für dasselbe einzuflößen. Bei allen Abiturienten-Prüfungen erreichten die Examinanden in Beantwortung der vorgelegten Fragen einen sehr erfreulichen Grad von Klarheit und Schärfe in ihren philosophischen Kenntnissen, wie auch viel Gewandtheit und Bestimmtheit in der Darstellung und Entwicklung derselben.

Düsseldorf, den 6. November 1834

Der Direktor des Gymnasiums, Dr. Wüllner»

Inzwischen hatte Fichte von den Verleumdungen und falschen Gutachten erfahren. Nach einem Briefwechsel mit dem ihm stets wohlgesonnenen Kultusminister Altenstein fuhr FICHTE am 14. Oktober 1835 nach Berlin, wurde am 15. empfangen, am 16. war er zum außenordentlichen Professor in Bonn für Ostern 1836 ernannt, ausdrücklich zum Professor für Philosophie und Pädagogik wegen seiner Erfahrungen an verschiedenen Schuleinrichtungen.

FICHTE war durch seine öffentlichen Vorträge sowie durch seine kulturelle Tätigkeit in Düsseldorf eine stadtbekannte Persönlichkeit geworden. Die dankbaren Mitbürger feierten am 6. April in dem Geislerschen Garten ein großes Abschiedsfest für FICHTE, auf dem unter anderm drei lange, 21- bzw. 10-strophige Gedichte vorgetragen wurden (das dritte Gedicht in lateinischer Sprache des Schulkollegen HILDEBRAND ist nicht erhalten); in diesen Gedichten wird eigentlich schon das ganze Leben FICHTES, auch in seiner inneren Bedeutung, beschrieben. – Wir bringen Strophe 1–4 und 21 des ersten, und Strophe 1, 7–10 des zweiten Gedichtes:

I

1. Der Mensch, bestellt zum Herrn auf dem Planeten,
   Ging rüstig an das Werk, ihn anzubau'n.
   Bald sah man ihn das Tier der Wildnis töten,
   Das Haus erstand, die Flur umzirkt der Zaun.
   Das erste Lied ertönt zu Hirtenflöten,
   Die Wollenherde deckt die grünen Au'n.
   Doch lange nicht war erster Unschuld Frieden
   Dem sich verbreitenden Geschlecht beschieden.

2. Der Kampf begann! Die Heldensagen tönen,
   Das Meer durchfurcht der schwarzen Schiffe Kiel,
   Des Bildners Kunst erschließt den Quell des Schönen,
   Das Schicksal droht aus des Tragöden Spiel.

Wer will das Werk der fleiß'gen Menschheit krönen?
Wer bringt Beruhigung in's Kampfgewühl?
Wer ordnet endlich diese Gaben alle,
Und führt den Gott in die noch leere Halle?

3. Stille in dem Schoß der Nächte
Sinnt der unruhvolle Geist,
Für die menschlichen Geschlechte
Ringt er nach dem höchsten Preis,
Sieht hinauf zum Sternenkreise,
Ordnet Maß und Zahl der Dinge,
Füget Ring' an neue Ringe,
Und mit schaffenden Gedanken
Strebt er aus der Dinge Schranken
Mit dem tief erschloss'nen Sinn
Zu der Dinge Urquell hin.

4. Da wird es Tag! In der Vernunft Gebiete
Entsteigt die neue Sonne finst'rer Nacht.
Der schönste Keim der Menschheit wird zur Blüte,
Das Licht fällt in des dumpfen Lebens Schacht.
Jetzt erst erwärmt die Erde Gottes Güte,
Jetzt erst erscheint Natur in ihrer Pracht;
Und mit des Geister-Daseins Herrscher-Krone
Schmückst Du! Philosophie die Stirn dem Erdensohne!

21. Gesegnet sei denn diese Feierstunde,
Auf Freunde! greift zum schäumenden Pokal!
Der Liebe Wort, es eilt von Mund zu Munde,
Zum Freundschaftstempel wird des Festes Saal.
Die Liebe heilt der bittern Trennung Wunde,
Bei Freundesglück hat Freundschaft keine Wahl!
So ziehe hin! Du Sprößling der Geschichte!
Heil! dreimal Heil! dem Freunde Hermann Fichte!

II

1. Am Rhein, am Rhein blüht Wissenschaft und Leben,
Gewerbe, Kunst-Verein;

Wo früherhin vereinzelt jedes Streben,
Kann Großes jetzt gedeih'n.

7. Der Redner schied. Mit ihm hat ausgerungen
Die Gattin, treu der Pflicht. –
Doch grünt ein Sproß, den jene Kraft durchdrungen
Und seines Geistes Licht.

8. Wir sahen strahlend seine Kraft entfalten
Hier, am befreiten Strom.
Und soll der Freunde Kreis Dich nicht mehr halten,
Ruft Dich der Musen Dom,

9. Wir freuen uns. Das Feuer zu ernähren,
Trittst Du als Priester ein,
Der Wissenschaft, der Tugend Reich zu mehren,
Am freien deutschen Rhein.

10. Die Lehrer aber werden leuchtend zieren
Des Himmels ew'gen Glanz;
Und die, so Viele zu der Wahrheit führen,
Sie blüh'n im Sternen-Kranz![38]

Die Bonner Zeit
1836–1842

*M*it Freude und Ehren zog FICHTE nach Bonn, um den Lehrstuhl für Philosophie und Pädagogik zu übernehmen. Am 9. Juli hielt er die Antrittsvorlesung *Über den innersten Zusammenhang der Philosophie mit den andern Wissenschaften*. Es sind davon mehrere ausgezeichnet nachgeschriebene Nachschriften vorhanden, in denen diese Vereinigungs- und Versöhnungstendenz klar ersichtlich ist.

In Bonn konnte er endlich den schon seit 1832 mit einigen Freunden – SENGLER vor allem – gehegten Plan verwirklichen, eine Zeitschrift für diese umfassenderen philosophisch-theologischen Absichten zu begründen, offen für alle, von welcher Meinung und Konfession sie auch herkämen – was für die damalige Zeit ein Novum war, das auffiel –: die *Zeitschrift für Philosophie und spekulative Theologie*. Sein Freund, der berühmte katholische Theologe ANTON STAUDENMAIER (1800–1856) aus Freiburg steuerte im ersten Band den Artikel *Die religiösen Interessen der Zeit* bei, in dem er auf die elenden sozialen Verhältnisse der Zeit, auf die wahren religiösen und ökumenischen Bedürfnisse einging, die nur durch eine «Herrschaft des Geistes» zu lösen seien. Der andere theologische Freund, der aber immer nur über Philosophie gelesen hat, JAKOB SENGLER (1799–1878), gab die von ihm redigierte *Religiöse Zeitschrift für das katholische Deutschland* auf, um in der *Zeitschrift für Philosophie* den höheren gemeinsamen philosophischen und ökumenischen Interessen zu dienen.

Abb. 24: Universität Bonn mit Hofgarten, um 1850

Die spekulative Theologie

Das Hauptthema, mit dem FICHTE sich in Bonn beschäftigte, war die spekulative Theologie, als schauende Theologie für den, der die «Handschrift Gottes»[38a], so GOETHE, in der Natur und in den Geistesvermögen zu lesen versteht.

Dieses Werk erschien zunächst in einer Reihe von Zeitschriftenartikeln 1839–42, erweitert und als Buch zusammengefaßt 1846/47. RUDOLF STEINER bezeichnet es ausdrücklich als «Astrosophie». Hierin erweist sich FICHTE als «Naturforscher des Geistes». In diesem Buch ist philosophisch jedem «selbstbornierten Dualismus» ein Ende gesetzt, ein «entschiedener Monismus» des Geistes allein sei möglich, wie FICHTE ausführt, denn für ihn war der Geist naturhaft real und die Natur geistig.

Die spekulative Theologie differenziert zwischen der Erdentwicklung und der Himmelsentwicklung. Durch diese wird die Welt erschaffen, erhalten und dann mit Hilfe des Menschen immer mehr der Vollendung zugeführt; die Erdentwicklung aber ist durch die Erwartung des nahenden Gottmenschen bestimmt, in dessen Ankunft sie ihre Vollendung findet.

«Mit dem Hervortreten des Gottmenschen ist daher auch der absolute Endzweck der Schöpfung erreicht, der teleologische Prozeß vollendet: der Gottmensch ist nicht nur der Mittelpunkt der Geschichte, das Licht der Menschheit, sondern auf ihn hin und die von ihm ausgehenden Wirkungen ist unser ganzes tellurisches Dasein angelegt, in ihm hat die Steigerung der Weltzwecke ihren Abschluß erreicht, und allein durch ihn hängt die Menschengeschichte mit dem Ewigen und Transzendentalen zusammen, indem, was wir Vorsehung, weltregierende und erlösende Macht nannten, für uns nur im Gottmenschen zusammengefaßt und wirksam gegenwärtig sein kann» *Spekulative Theologie* (S. 670).

In dem Brief vom 17. August 1849 (mit beigelegtem Buch) an KARL VARNHAGEN führt FICHTE über die *Spekulative Theologie* folgendes aus:

«Diese Erinnerung führte mich selbst nun weiter zur Betrachtung Ihres Verhältnisses zu ST. MARTIN, zu BAADER selbst, und so entstand in mir die Hoffnung, Sie könnten sich auch für den Inhalt des beikommenden Werkes interessieren, wenn Ihnen der Verfasser versichert, daß Sie in allen wesentlichen Grundzügen desselben nur JAKOB BÖHMESCHE Philosophie finden werden, – seine Lehre ist die einzig gründliche, d. h. wahrhaft ergründete, – aber wiedererbaut aus dem völlig unabhängigen Grunde einer umgebildeten Metaphysik und eines umfassenden Natur- und Menschheitsstudiums. Darum ist diese Darstellung, wenigstens in dem dritten Teile, auch nicht bloß abstrus oder abstrakt, weil sie den Durch- und Aufriß des endlichen Universums auf dem Grund einer dadurch vermittelten Gotteserkenntnis zu zeigen versucht.

Und deshalb empfehle ich besonders diesen dritten Teil des beikommenden Werkes, samt der Vorrede, Ihrer sinnigen Aufmerksamkeit: es wird Ihnen nicht unverständlich und, hoffentlich zugleich, nicht vom Standpunkt einer einseitigen Weltbetrachtung aus, willkürlich oder zusammenhanglos erscheinen.» Es ergibt sich Allertiefstes sowohl aus dem Buch wie aus dem erläuternden Briefe über die darin liegende Weiterführung der Gedanken GOETHES über Metamorphose und die Entwicklungsbetrachtung des Weltalls.

Der so korrekte Hegelianer KARL ROSENKRANZ hatte das Treiben der
zum Materialismus neigenden linken Hegelianer sofort nach HEGELS
Tod mit großer Sorge beobachtet, so daß er 1834 aussprach: «Jetzt hat
ein Geistersturz stattgefunden!» Der große Felssturz trat auch, für jeden
ersichtlich ein: das Buch von DAVID FRIEDRICH STRAUSS *Das Leben Jesu*,
das 1835 erschien, ist ein Beispiel dafür. FICHTE kannte sehr wohl den
Wert einer Kritik, wenn sie objektive Darstellung ist. Bei der Betrachtung aller Menschen, Freunde wie Gegner, unterschied er scharf zwischen dem, was sie sagen wollten, und dem Punkt, an dem sie die
Wahrheit nicht erreicht hatten. Jede Polemik um ihrer selbst willen lag
ihm fern. So beleuchtete er jedes Problem von vielen Seiten, auch beim
härtesten Gegner, sah aber vor allem den Menschen mit seinen Problemen. Als Beispiel für diese Betrachtungsart lesen wir FICHTES Beurteilung von STRAUSS: «Diese Geistesschwüle und Gedankendämmerung, da
keiner mehr den andern recht erkannte und genau wußte, wo er war,
durchbrach nun plötzlich STRAUSSENS Kritik der Hegelschen Schule wie
ein erfrischender Gewitterschlag, und solange noch Achtung vor der
Offenheit und Integrität wissenschaftlicher Gesinnung gilt, wird der
Geist, aus dem jene Kritik hervorgegangen, nur Anerkennung und Beifall
finden. Überhaupt aber knüpfen sich daran noch schönere Hoffnungen
für STRAUSSENS eigene Fortbildung, indem ein Talent, das mit so frischer
Energie hervorgebrochen, das so aus dem geistig Klaren und Ganzen zu
leben begehrt, sich nicht lange mit der Kehrseite der Negation wird
begnügen können und zum vollen Wiederaufbau schreiten wird.»[39]
STRAUSS erfüllte später aber nicht FICHTES Hoffnungen: «STRAUSS ist der
Abschluß einer alten Zeit, ihr Leichenbestatter sogar; Regeneratorisches
ist bis jetzt noch nicht an ihm hervorgetreten.»[40] «STRAUSS und seine
Meinungsgenossen rühmen sich allerorts ihrer Nüchternheit, ihrer Freiheit von Vorurteilen und Aberglauben; wir müssen finden, daß sie von
ihren theologischen Gegnern nur durch den Inhalt, nicht durch die Form
ihrer Vorurteile sich unterscheiden.»[41]
   In einem Streitgespräch FICHTES mit D. FR. STRAUSS, Frühjahr 1841,
in dem FICHTE STRAUSS in Stuttgart dessen ganzes «Sündenregister»
vorhielt, setzte dieser frech entgegen: «Und dennoch gehört mir die

Abb. 25: David Friedrich Strauß

Zukunft!» Das bloß gegenüberstehende, nur abbildende Bewußtsein prägte die Grundhaltung aller wissenschaftlichen Arbeiten bis auf den heutigen Tag. Seine geistige Leere füllte sich mit dem Gegeninhalt, mit der Materie, die nun als die Grundsubstanz der Welt betrachtet werden mußte.

Für genauso gefährlich wie die direkten Atheisten hielt FICHTE die Anhänger des von KANT zementierten Dualismus. Denn: «Die Gottesleugner begehrten wenigstens in ihrer Anschauung von der Materie eines

93

handfesten Begriffes»; die Dualisten «schwebten völlig in der Luft, ihre Vorstellung von der materiellen Welt wie vom transzendenten Gott zerfällt vor jeder tieferen Gedankenbetrachtung».

Stellvertretend für die vielen teils sehr anerkennenden, teils auch scharf kritisierenden Ausführungen FICHTES über KANT seien zwei angeführt, um zu zeigen, wie sicher FICHTE in seinem Urteil war. Daß man davon nichts aufgegriffen hat, ist von folgenschwerer Bedeutung für die Wissenschaftsentwicklung bis ins 20. Jahrhundert hinein geworden.

«KANT ist der COLUMBUS einer neuen Welt geworden, von deren Vorhandensein schon alle tieferen Geister ahnende Kunde hatten, die aber noch keineswegs der Wissenschaft sicher gewonnen war. Doch auch er hat nur ihre Küste gezeigt und auf ihren weiteren Fundort gedeutet.»[42]

«KANT verstrickte sich doch nach unten hin, bei der Frage nach dem unmittelbaren Bewußtsein durch seine falsche Raum- und Zeitlehre – der wahren Stammutter aller heutigen Verwirrung und unzähliger Irrtümer – in einen subjektiven Idealismus, der in ihm ebenso sehr das Vertrauen zum unmittelbaren Bewußtsein zerstört, als er selbst das abgestammte, spekulierende Erkennen in Mißkredit gebracht hatte; und nach unten hin wie nach oben hin der Realität entleert, blieb seine Philosophie in einer haltungslosen Öde schweben – nach ihrem ursprünglichen Plane auf das weiseste angelegt und der höchsten Bewunderung wert, durch die Ausführung aber wegen eines fast unwillkürlichen Fehlers im Anfange, der durch die Konsequenz, mit welcher er in der Rechnung durchgeführt wurde, zuletzt zum ungeheuren Defizit anschwoll – im ungeheuren Widerspruch endend!»[43]

Ludwig Feuerbach, Karl Marx

Sofort nach Erscheinen des *Wesens des Christentums* veröffentlichte FICHTE in seiner Zeitschrift (Bd. 9, 1842) den Artikel *Über religiöse und antireligiöse Spekulation. Ein philosophisches Gutachten* (auch als Sonderschrift erschienen), in der er als ein hoffnungsvolles Zeichen für die Zukunft SCHELLINGS Antrittsrede in Berlin besprach (doch auch auf Schwächen hinwies), um dann die ganze Nichtigkeit der Schrift FEUER-

BACHS und der von BRUNO BAUER *Die Posaune des jüngsten Gerichts über Hegel, den Atheisten und Antichristen* zu enthüllen. In Band 13, 1844 setzte er die vernichtende Kritik fort unter dem Titel: *Die Radikalen in der Spekulation*, in der u. a. der sehr bezeichnende Satz vorkommt: «Die Materialisten können innerlich nichts mehr hören.»

Die positive, weiterführende Darstellung FICHTES zu diesen beiden sehr scharf kritisierenden Artikeln erschien dann 1852 in seiner *Zeitschrift für Philosophie* mit dem Titel: *Die Religion und Kirche als wiederherstellende Macht der Gegenwart*. In ihr werden vom Gesichtspunkt des Geistes religiöse Schriften von G. FR. DAUMER, M. CARRIERE und CHR. H. WEISSE besprochen. Dann bringt er eine vernichtende Besprechung neuerer Schriften FEUERBACHS und J. FRAUENSTÄDTS.

FEUERBACH wird von I. H. FICHTE in dem anerkannt, wo er berechtigt ist: «Selbst FEUERBACH, wiewohl in traurigem Mißverständnis des eigenen Prinzips bis zum untersten Saum der philosophischen Wahrheit herabgesunken, in dem ist er berechtigt, daß er mit Energie auf das Abtun aller falschen Jenseitigkeiten dringt, daß er einer realen, anschaubaren Wahrheit begehrt, welche er freilich selbst nur in einem rohen theoretischen und praktischen Empirismus zu finden weiß.» (Spekulative Theologie S. XIII.) Aber dann fährt FICHTE fort: «Und glaubt er wirklich, daß seine eines Fetischanbeters würdige Vorstellung von der Natur» – HEGEL spricht hier von «Feuerbachs Zärtlichkeit gegen die sinnlichen Vorstellungen» – «als eines Aggregates von Gegenständen, ohne die Einheit eines hindurchwaltenden ‹Wesens›, von jedem echten Naturforscher nicht gänzlich verworfen und gründlich verabscheut werde, weil er es besser weiß, was er an der Natur hat? Jedes Wort einer ernsthaften Würdigung seiner Lehren wäre Verschwendung der Wissenschaft. Sie werden den künftigen Geschlechtern der nicht aussterbenden Philosophie und gründlichen Forschung hier als Aktenstücke vorgelegt, um zu zeigen, wie weit deutsche Wissenschaft herabkommen konnte durch den zerfahrenen Halbdilettantismus der Zeit, dem auch die besseren Köpfe unterliegen. Die klaffende Meute vollends, welche jenen Mann beistimmend umschwärmt, wird kein Wissenschaftler der Beachtung wert halten; sie ist der wässrige Dunstkreis um diesen selber kernlosen Kometen» (ebd. S. 251/53).

Zu den Verehrern FEUERBACHS zählt auch KARL MARX, welcher selbst sagt, daß er von FEUERBACH seine – auf den Kopf gestellten – Ansichten über die Religion habe. Hier sind wir wirklich an dem untersten Saum möglicher Betrachtungsweisen.

Für FEUERBACH wie für FICHTE und TROXLER war die Anthropologie die Grundlage der philosophischen Besinnung, aber in völlig entgegengesetztem Sinne: für den einen in die Erdverhältnisse verfestigend, für die andern davon befreiend.

Am 24. Juli 1841 schrieb FICHTE an seinen Leipziger Freund CHR. H. WEISSE: «Apropos noch ad vocem [zur Sache!] des Neuhegelianismus. Stellen Sie sich vor, daß ein solcher, ein gewisser Dr. MARX, Mitarbeiter von RUGES Zeitschrift[44] sich jetzt hier als Privatdozent etablieren will mit der Absicht, ein ähnliches Blatt hier zu gründen und der gleichfalls ausgesprochenen Diktion, als mein Gegner aufzutreten und mich zu stürzen. Er ist mit Dr. BAUER sehr intim, der sich auch durch die schlechte literarische Gesellschaft, in der er auftritt, unglaublichen Schaden antut. Obiger MARX läßt, nach seiner Erklärung ein Buch in Leipzig (wahrscheinlich bei O. WIGAND) drucken, dessen Schluß lauten soll: Aus allem bisherigen folgt, daß es absurd sei, noch an einen Gott zu glauben!!! Haec hactenus [Dies bis hierher.].» Der Theologe BRUNO BAUER wurde aber amtsentsetzt. Damit waren die Bestrebungen von MARX auf einen Lehrstuhl auch hinfällig. MARX und BAUER gaben I. H. FICHTE die Mitschuld; dieser erklärte aber in einem Brief an seinen Freund WEISSE, daß er mit der ganzen Angelegenheit nichts zu tun gehabt habe und diese ausschließlich Sache der theologischen Fakultät gewesen sei.

Ob FICHTE MARX persönlich gesehen oder gesprochen hat, ist nicht bekannt, dürfte aber wenig wahrscheinlich sein. Wie vor 23 Jahren HEGEL und I. H. FICHTE sich gegenüberstanden, so jetzt, wenigstens geistig, FICHTE und KARL MARX.

Darauf sich beziehend schreibt CHARLOTTE VON KALB am 4. März 1838 an I. H. FICHTE: «Jetzt kommt manches zur Sprache und fordert Klarheit, was bisher nur verhüllt angedeutet wurde. Doch zur Vermeidung der Gefahren gehört Licht für Umsicht und Fernblick. Zu bemerken aber ist, daß in Biographien und Scharteken ein aufwiegelndes Insekt schwärmt, produziert von der Glut des hinkenden Teufels und gesäugt von Dämonen. Diese Brut wird nicht besser, wohl aber Abscheu erregen und daher zur Befreiung des Innern beitragen, damit wir desto stärker das Wort fühlen: Laß dir genügen an meiner Gnade.»

Und am 17. September 1838: «Ein grauenhafter Freimut explodiert die Presse, das Wenigste nur habe ich davon gehört, extravagante Kuriosität, und durch solche Bonmots wird ein freundliches Begehren oder Mitteilung vergiftet.»

Durch die Erfolge in Bonn erhielt FICHTE bereits 1837 einen Ruf an die Universität in Kiel, den er ablehnte. Wichtiger war ihm die Ernennung zum ordentlichen Professor der Philosophie und Pädagogik auf Ostern 1840. Daraufhin erhob sich ein Sturm der Empörung seiner Bonner Kollegen, einzeln und in Gemeinschaft, daß ein Extraordinarius schon nach vier Jahren zum Ordinarius ernannt werden sollte. Am heftigsten tat sich AUGUST WILHELM VON SCHLEGEL dagegen hervor, dessen Votum beginnt: «Mit der größten Bestürzung habe ich aus dem durch Ew. Spectabilität in Umlauf gesetzten Ministerialschreiben die ebenso unerwünschte wie unerwartete Ernennung des Herrn FICHTE zum Professor ordinarius der Pädagogik und Philosophie ersehen . . .»

Die Ernennung zum Ordinarius war die letzte Liebestat des Kultusministers ALTENSTEIN für seinen Schützling wegen des erlittenen Unrechts; bald darauf starb er. Der stellvertretende Nachfolger VON LADENBURG antwortete auf die Einwendungen am 19. August 1840 im zusammenfassenden Satz kurz und bündig: «Indessen hat dieser Umstand dem verewigten Chef des Ministeriums nicht erheblich genug erschienen, um die Beförderung des p. FICHTE noch länger auszusetzen.»

Die Akten der Einwendungen allein umfassen 21 Seiten; FICHTE wurde die Möglichkeit geboten, sie einzusehen; er verzichtete darauf.

Am 20. August 1841 reichte FICHTE dem Nachfolger Altensteins VON EICHHORN siebenseitige Vorschläge zur Reform des Unterrichts an den Universitäten ein, in welchen er von den wirklichen Anforderungen an den Universitätsdozenten sprach, um einen lebendigen Unterricht zu fördern; es kommen darin auch sehr scharfe Worte vom «Dozentenschlendrian fertig abgeschlossener Kolleghefte» vor. VON EICHHORN antwortete am 25. Dezember 1841 u. a.: «Ich muß aber Abstand nehmen, denselben für jetzt weitere Folge zu geben, da sich in dem Unterrichtswesen der Universitäten nicht wohl Änderungen treffen lassen, ohne zugleich das Verhältnis der Professoren zu den Studierenden zu verändern und damit das Universitätswesen überhaupt umzugestalten.»

Im Frühjahr 1842 erreichte FICHTE der Ruf an die Universität Tübingen, den Ort seiner künftigen Hauptwirksamkeit, und damit begann für FICHTE und seine Familie ein neuer Lebensabschnitt.

Die Tübinger Zeit
1842–1863

*I*n Bonn hatte FICHTE einen Mentor, der überall mit großer Energie für ihn eintrat, den Kreisdirektor von Bonn, Regierungsbevollmächtigter Geheimrat VON REHFUES. Auch zu den Reformvorschlägen FICHTES für den Universitätsunterricht hatte er ein Schreiben an Minister VON EICH-HORN eingereicht, in dem es unter anderm heißt: «Ich spreche meine feste Überzeugung aus, daß sich in dem Vorlesungswesen der Universität nichts ändern läßt, wenn das Verhältnis der Professoren zu den Studenten nicht von Grund aus geändert, und damit das Universitätswesen überhaupt auf eine Weise reformiert wird, bei der vielleicht die Wirkung des Unterrichts besser gesichert ist als bisher, aber auch das Fortschreiten der Wissenschaften selbst auf den Universitäten in Gefahr gesetzt, und damit jener Erfolg für die Dauer wieder zernichtet wird.»

Nach FICHTES Ruf an die Universität in Tübingen verfaßte REHFUES ein Schreiben, in dem er in acht Punkten auf die Vorzüge FICHTES hinwies und zum Schluß betonte, daß «die Rücksicht auf den Namen seines Vaters einer höheren Sphäre der Erwägungen angehörte.»

Gerne wäre FICHTE in Preußen geblieben, wenn auch schon sein Vater die Entwicklung dort nach dem Beginn der Freiheitskriege mit großer Sorge verfolgte und als reaktionär betrachtet hatte. Auch er selbst beobachtete diese Entwicklung sehr genau bis an sein Lebensende. Schon 1824 bemerkte er CHARLOTTE VON KALB gegenüber hinsichtlich der preußischen Innenpolitik und des erstarrenden Hegelianismus, daß «die Berliner ewige Kleinstädter seien und nur was in ihrer Stadt vorgehe, für Weltbegebenheiten hielten.»

FICHTE schrieb im Briefwechsel mit WEISSE von seiner «vielfachen Verbindung mit Schwaben», denn er war seit Anfang der zwanziger Jahre sehr oft dahingereist (und in die Alpen), zunächst wegen der Herausgabe der Bücher seines Vaters und seiner eigenen zum Verleger COTTA, dem «königlichen Kaufmann», und zu seinem Hauptredakteur WOLFGANG

Abb. 26: Neue Aula der Universität Tübingen. Lithographie um 1855

MENZEL; durch sie wurde er mit den Dichtern der «Schwäbischen Dichterschule» JUSTINUS KERNER, LUDWIG UHLAND, KARL MAIER, GUSTAV SCHWAB, mit GUSTAV PFIZER, GRAF VON WANGENHEIM usw. bekannt.

Durch WOLFGANG MENZEL war FICHTE schon 1825 auf IGNAZ PAUL VITAL TROXLER hingewiesen worden, das zunächst zu einem lebhaften – leider bis auf drei Briefe vom Jahre 1862 nicht erhaltenen – Briefwechsel führte; 1858 lernten sie sich persönlich kennen. MENZEL war Lehrer an der Freien Schule TROXLERS in Aarau gewesen.

Besonders innig gestalteten sich die Beziehungen zu dem Dichter und Arzt JUSTINUS KERNER. Der erste Brief KERNERS an FICHTE lautet:

«Verehrtester!

Da sitze ich – Ihnen sehnsüchtig nachsehend. Ihre Erscheinung war so erfreulich, so lieb und ach! so kurz, – daß sie in uns ein schmerzliches Sehnen zurückließ. Auch mein Rikele[45] verliebte sich geistig in Sie und wir sprechen viel von Ihnen. Mein Bruder[46], der sich Ihrer sehr erfreute, schrieb mir, daß er Sie noch in Ihrer Wohnung zu Stuttgart aufgesucht, aber nicht getroffen habe. Das ist ihm arg. Überbringer dieses ist HL. DR. SICHERER[47] von Heilbronn, auch einer der Zeugen in der Gefängnisge-

99

schichte.[48] Er ist ein sehr offener, redlicher Mann und geschickter Arzt, den ich Ihrem Wohlwollen sehr empfehle. Seit Sie fort sind, schien die Sonne über meinem Häuschen nicht mehr und auch in mir wurde es wieder sehr düster, – aber nicht durch Geister (wie Strauß[49] meint, sondern durch Menschen). Denke ich aber Ihrer, beginnt wieder ein Morgenrot in mir anzufachen. Verlassen Sie mich nicht! Mit innigster Liebe und Verehrung

Weinsb., 15. Jl. 38   Ihr JUSTINUS KERNER.»

Vor der Übersiedlung nach Tübingen schrieb FICHTE folgenden Brief an KERNER:

«Lieber, verehrter Freund,

. . . Freilich lange dauert es nicht mehr, so wohnen wir Ihnen näher und dann hoffe ich auf einen herzlichen oftmaligen persönlichen Verkehr. In der Tat, wenn ich mich mit dem Gedanken vertraut machen wollte, unter Ihnen Schwaben zu leben, so mochte ich nur an so trauliche, redlich arglose Gemüter denken, wie Ihres und der Ihrigen, die mich gleich zuerst, als ich in Ihren Kreis trat, mit dem Zuge heimatlicher Verwandtschaft ansprachen. Wie schön, reich und wirksam wäre unser Leben, gäbe sich jeder dem andern so, wie er ist! Falls man nun dies den Schwaben mehr als andern Volksstämmen glaubt zuschreiben zu können, und vom Guten, Tüchtigen, Reingebliebenen unter ihnen spricht, so bin ich in diesem Sinne sein prädestinierter Schwabe; denn so stimme und lebe ich selbst, und nur unter solchen wünsche ich zu leben. – Wie tief beklage ich auch darum, Ihren trefflichen Bruder, den Mann der freien Kraft und Biederkeit, jetzt nicht mehr unter den Lebenden zu finden; der Eindruck von ihm wird mir unvergeßlich sein und gewiß wären wir Freunde geworden.

. . . Ein schöner Lebensabschnitt ist vorbei, und in späteren Jahren, wenn man über die Mitte seines Lebens hinaus ist, wird es schwerer und dauert länger, neue feste Lebensfäden anzuspinnen. Doch hier muß mir die große Beruhigung dienen: ich glaube wirklich einer guten heil'gen Sache mich zu widmen, wenn ich an einer Stelle, wo man meiner bedarf in den Gemütern einer begabten Jugend Lehren zu gründen suche, die sie in sich einig und glücklich machen können, deren Überzeugung wenigstens mir selbst das Licht und die Zuversicht meines Lebens geworden ist.

Mit herzlicher Freundschaft und den treuesten Wünschen grüßen wir
Sie und die lieben Ihrigen.
Bonn 29ten Juli 1842   Ihr FICHTE.»

KERNER war feinfühlig genug zu empfinden, welche Bedeutung eine
Übersiedlung FICHTES nach Tübingen haben könnte und schrieb ihm,
der ihn auf der Hinreise zusammen mit seiner Frau und den drei Kindern
besucht hatte, folgenden Willkommensgruß:
«Geliebtester!
Willkommen im alten Tübingen!
Unsere Sehnsucht begleite Sie dahin!
Lassen Sie nur sogleich da die Fahne mit bestimmter Farbe (Morgenrot)
auf Ihrem Tübinger Kastelle wehen. –
Hier die Karte zum Lichtensteiner Kastelle![50]
Ihnen und der lieben Frau und den Kindern das Herzlichste.
Viele Grüße dem UHLAND.
Weinsb., 11. Sb. 42   Innigst Ihr JUSTINUS KERNER.»

Für FICHTE handelte es sich in der Tübinger Zeit vor allen Dingen
darum, die einzelnen Wissenschaftsgebiete real-geistig zu durchdringen,
nachdem er bisher die Geisteswissenschaften philosophisch so durchgearbeitet hatte, daß sie sich ihm als bewußte Wege zum Geiste darstellten.
Ausgangspunkt und Grundlage dazu bildeten anthropologische und psychologische Artikel in der *Zeitschrift für Philosophie*, Bd. 12, 1844: *Der
bisherige Zustand der Anthropologie und Psychologie. Eine kritische
Übersicht*; kleinere Arbeiten und Hinweise über andere Fachgebiete
waren schon sehr viel früher (1819) entstanden. Später kamen noch die
großen Werke über Gesellschaftslehre (1853), Geschichtsphilosophie
und Humanismus (1867) und über den Spiritualismus (1878 und 1879),
heute Parapsychologie genannt, hinzu.

In dem Artikel: *Der Begriff des negativen Absoluten und der negativen
Philosophie* von 1843, in dem er das Hängenbleiben seines Freundes CHR.
H. WEISSE an abstrakten Hegelschen Begriffen nachweist, gibt FICHTE
zum Abschluß eine gründliche Besinnung über die jetzige Bewußtseins-
und Zeitlage:
«Wird nun aber die Einsicht durch Wissenschaft zur unerschütterlichen Gewißheit erhoben, worüber ich mich auf die gegebenen wissen-

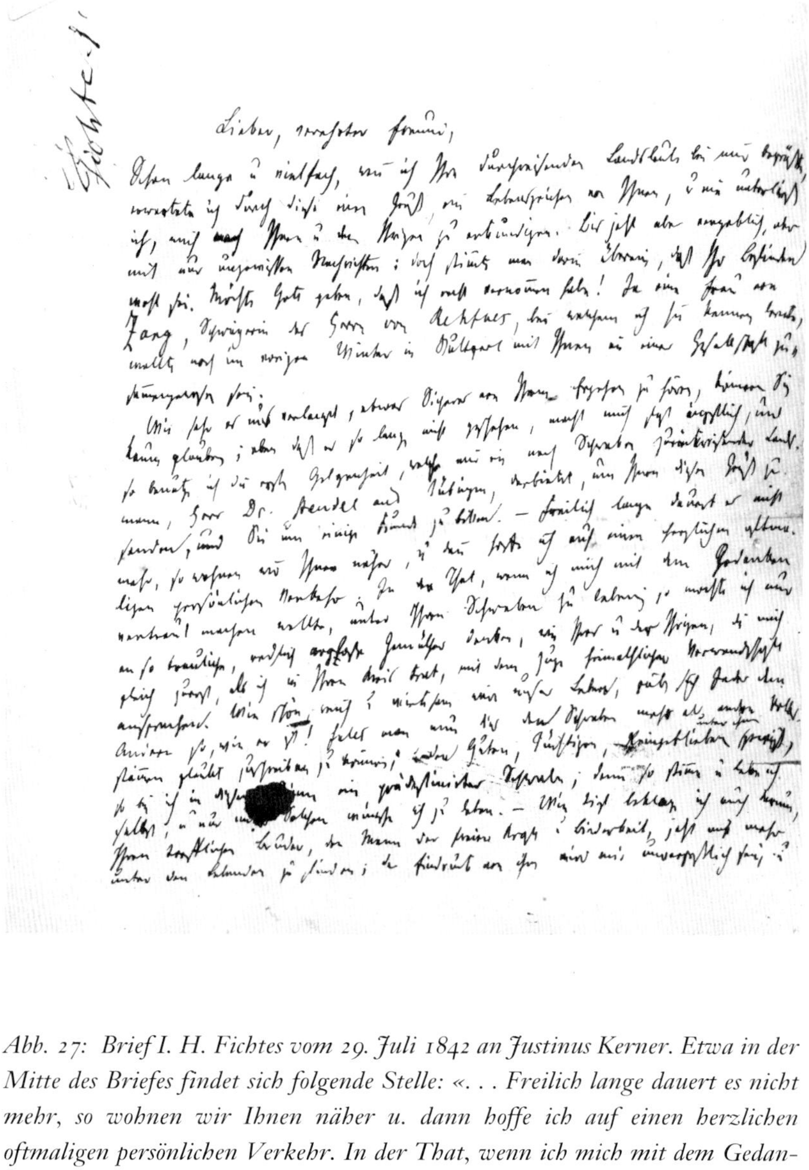

Abb. 27: Brief I. H. Fichtes vom 29. Juli 1842 an Justinus Kerner. Etwa in der Mitte des Briefes findet sich folgende Stelle: «. . . Freilich lange dauert es nicht mehr, so wohnen wir Ihnen näher u. dann hoffe ich auf einen herzlichen oftmaligen persönlichen Verkehr. In der That, wenn ich mich mit dem Gedanken vertraut machen wollte, unter Ihnen Schwaben zu leben, so mochte ich nur an so trauliche, redlich arglose Gemüther denken, wie Ihres und der Ihrigen, die mich gleich zuerst, als ich in Ihren Kreis trat, mit dem Zuge heimathlicher Verwandtschaft ansprachen. Wie schön, reich u. wirksam wäre unser Leben,

gäbe sich Jeder dem Andern so, wie er ist! Falls man nun dies den Schwaben mehr als andern Volksstämmen glaubt zuschreiben zu können, u. vom Guten, Tüchtigen, Reingebliebenen unter ihnen spricht, so bin ich in diesem Sinne ein prädestinirter Schwabe; denn so stimme u. lebe ich selbst, u. nur unter Solchen wünsche ich zu leben. – Wie tief beklage ich auch darum, Ihren trefflichen Bruder, den Mann der freien Kraft u. Biederkeit, jetzt nicht mehr unter den Lebenden zu finden; der Eindruck von ihm wird mir unvergeßlich sein u. gewiß wären wir Freunde geworden . . .»

103

104

schaftlichen Beweise berufen darf, daß das Universum nur durch die Gegenwart des göttlichen Geistes in ihm seinen Bestand habe, oder daß die Erhaltung des Wesens der Dinge durch Gott ihr Durchschauen ist: so wird aus diesem in allen Folgen für das geistige, erkennende, wie sittliche Dasein grundentscheidenden Gedanken und aus der damit durchaus erhöhten Ansicht aller Dinge auch Kraft und Zuversicht zu sich selbst in das erstorbene Gebein der Philosophie zurückkehren. Nur aus jener Evidenz, welche alles Leben über seinen wahren Grund und über seine Wiederherstellung in diesen Grund aus dem Tiefsten verständigt, kann die Philosophie die Macht schöpfen, aus sich selbst, überhaupt von der Wissenschaft aus, eine Wiederherstellung der Menschheit durch Religion, durch freie Religiosität, hervorgehen zu lassen. Denn nur dasjenige System, welches den der Welt immanenten, aber selbstbewußten, in ihr als seiner Selbstentäußerung, bei sich bleibenden Gott lehrt, kann eben darum die Autonomie der Kreatur in vollem Sinne zugeben, weil erklären.

Dies ist mir die wahre Philosophie, dies die wahre Religion der Zukunft, von welchen aus einem sehr richtigen Gefühle, daß an beiden mancherlei alt und für immer historisch geworden sein möge, jetzt so viel die Rede geht. Haben die Mysterien der christlichen Offenbarung nicht ewige, d. h. universelle und reale Bedeutung, hören sie deshalb nicht auf, Mysterien im gewöhnlichen Sinne zu sein, werden sie nicht geistig objektive, stets zu erprobende Erfahrungen: so haben sie überhaupt keinen Sinn und keine Wirksamkeit mehr für uns. Denn die Devotion für das Unbegreifliche ist in der erstarkten Menschheit dahin; sie darf sogar nicht mehr gefordert werden von einem gebildeten Bewußtsein, welches in allen andern Dingen, die es anerkennen soll, das Recht der unbedingten Prüfung, des Ausgehens von ihrer Verneinung sich zugestanden sieht; und die Irreligion, welche in dem Nichtmehrglauben des Historischen besteht, ist nicht nur – man gestehe sich in Worten, was jeder Blick in das Innere unserer Bildungsverhältnisse beurkundet – eine unableugbare, immer stärker hervortretende Tatsache, sondern sie wäre völlig berechtigt und würde immer sieghafter mit der völligen Verneinung endigen, wenn in jenem Historischen mit seinem ganzen Apparat nicht ein wahrhaft Allgegenwärtiges, stets sich Wiederherstellendes und so sich Bewährendes enthalten wäre.

Abb. 28: Immanuel Hermann Fichte. Stahlstich von Correns 1847

Wie daher die spekulative Theologie jetzt am wenigsten sich genügen lassen darf, bloß an jene Gestalten des Glaubens anzuknüpfen, und in einer, sei es dialektisch, sei es gnostisch gehaltenen Ausdeutung derselben ihre Aufgabe für gelöst halten kann, wie überhaupt die Wissenschaft nur mit dem Ewigen, wahrhaft Allgemeinen sich beschäftigen soll: so sucht und kennt dies auch der «lebendige» Glaube, und weiß sich in ihm befriedigt, nicht im bloß Historischen. Auch mir ist, wie den Mystikern, die Zuversicht zu diesem Gegenwärtigen, Erlebten oder stets zu Erlebenden der Religion der weltüberwindende Glaube, dessen tatsächliche Bedeutung auch in der Wissenschaft ihm immer wieder seine Anerkenntnis erkämpfen und die Widersacher – seien sie freiwillige oder unfreiwillige Ignoranten desselben – besiegen wird. Über das Historische und das daran geknüpfte Dogmatische, in welchem er zuerst aufgetreten ist, wird sich wohl immer streiten lassen, und soll dies auch kritisch gerettet werden, so kann es nur von dort aus oder um deswillen.

Und dieser Glaube gerade wird gar bald vielleicht seine weltheilende Kraft in weit tieferer Weise zu bewähren haben, als in irgendeiner früheren Epoche seit dem Hervortreten des Christentums. Wie er die einzige reale Geistesmacht ist, welche seitdem die Menschheit aus ihren verwickeltsten Krisen gerettet hat, wie er dann aber zugleich immer eine freiere geistige Form annehmen, mit der Wissenschaft seiner Zeit sich durchdringen mußte, um dies Geisteswunder vollbringen zu können, wie jenes und dieses vielmehr stets Hand in Hand ging: so wird die vielleicht tiefste weltgeschichtliche Krise, der wir jetzt entgegengehen, auch die freieste und reinste Form desselben hervorrufen, die ganze Macht der Wissenschaft in ihm hineinziehen müssen, um dann erst das Christentum in seiner vollen, wahrhaft die Welt überwindenden Macht zu zeigen. Die durchgreifende soziale Umwälzung, der wir unvermeidlich immer näher rücken, wie einem sicher uns erreichenden Abgrunde, und gegen welche die bisherige äußere Rechtsgewalt des Staats machtlos sein wird, weil die Basis seines Rechts nicht auf dem absoluten göttlichen Rechte ruht – dem Philosophen wenigstens muß es erlaubt sein, das Unabwendbare vorauszusagen, dessen Frist er nicht kennt, das aber sicher naht –: diese Umwälzung wird, vielleicht nach unzähligen Versuchen einer künstlichen oder äußerlichen Lösung, nur in der Verwirklichung des christlichen Staats durch die tiefste, aber freieste, geistigste und vielgestaltigste Macht der Religion über die Gemüter, zu einer gesunden Zeitigung überführen;

dann erst wird das Christentum, alle Gestalten und Interessen des Lebens und Wissens durchdringend, aus den gegenwärtigen vorläufigen Gestalten heraus eine objektive, gegenwärtige und aus ihrer Gegenwart stets sich erneuernde Wahrheit geworden sein.

Deswegen halte ich auch die beiden jetzt in ihm sich bekämpfenden entgegengesetzten Parteien für gleichberechtigt und erblicke sie zum voraus versöhnt in jener künftigen Gestalt desselben, sowohl diejenige, welche das Positive des bisherigen Glaubens beschützt, weil sie in ihm die einzig rettende Macht, den Kern einer ewigen Wahrheit erblickt, als die andere, welcher das Alte nicht früh, nicht durchgreifend genug abgetan werden kann. Aber damit hat die letztere nur, sei es wollend, sei es wider Willen, den innern lebenskräftigen Keim, in welchem alle regenerative Kraft beisammen geblieben ist, zu einem höhern Aufsprossen gezeitigt. In diesem Sinne scheint es mir daher auch ein großes, in seiner weltgeschichtlichen Bedeutung nicht genug erkanntes Unternehmen der ganzen neuern Spekulation seit Leibniz und Kant, jenen ewigen und allgemeinen Gehalt des Christentums von seinen historischen Beziehungen abscheiden zu wollen, um es dadurch als die absolute Religion zu erweisen, die sich aus dem Untergange und dem Abstreifen ihrer jeweiligen Formen immer reicher und tiefer wiederherstellt, und darin sich gerade als die unsterbliche, unbesiegbare, alle Gegensätze in ihr und außer ihr versöhnende beweist. Auch Hegels Philosophie hatte nicht darin Unrecht, daß sie den christlichen Dogmen und Mysterien überhaupt eine ewige und universale Bedeutung geben wollte, sondern darin, daß diese Bedeutung sich ihm nur in die Wahrheit abstrakter metaphysischer Kategorien zurückverflüchtigte, wenigstens im Ausdruck sich nicht über dieselben erhob.

Wie spezifisch verschieden mir die Sache erscheint, hat der Inhalt meiner fortgesetzten Polemik gegen den Standpunkt der Hegelschen Religionsphilosophie gezeigt; was ich auf den neuen Grund an dessen Stelle zu setzen suche, können meine Darstellungen aus der spekulativen Theologie lehren, welche ihrem Umfange nach genug gegeben haben, um das Fundament und die ersten Folgen desselben prüfen zu lassen. Diese Prüfung wünsche ich.

Aber hier ist auch zwischen Ihnen und mir eine Abscheidung nötig. Ich gehöre nicht und gehörte nie zu denen, die man vielleicht mit Recht die ‹Positiven› nennen könnte. Denn die Grundlage für die spekulative

Theologie ist mir nicht lediglich der Inhalt einer ‹christlichen Glaubens-
erfahrung› oder ein daraus entwickeltes Dogmatisches, sondern die universale Welttatsache.»

An seine besonders lebhafte persönliche Auffassung von Vergangenheit und Gegenwart der Philosophie wurde FICHTE bald nach seiner
Ankunft in Tübingen durch den Tod zweier Menschen erinnert, die ihm
durch ihr Leben und ihr Werk sehr nahe standen: am 12. Mai 1843 starb

die Freundin seiner Eltern, CHARLOTTE VON KALB, die er im Elternhaus schätzen und verehren gelernt hatte als die «spekulativste Frau, die ich neben BETTINA VON ARNIM kenne» (Brief an EDDA VON KALB, der Tochter von CHARLOTTE, vom 6. April 1844). Der letzte Brief von CHARLOTTE an FICHTE stammt vom 21. April 1843. HÖLDERLIN war bei ihr Hauslehrer gewesen (1795/6), um ihren Sohn FRITZ zu unterrichten. Sie erzählte FICHTE, wie sie HÖLDERLIN erlebt hatte. Auch über GOETHE, SCHILLER, HERDER, WIELAND und die anderen großen Geister war sie ihm die wichtigste Quelle. Stets drang FICHTE (wie auch der Dichter JEAN PAUL) in CHARLOTTE VON KALB, ihre Biographie zu schreiben, wozu sie durch die Weite ihrer Beziehungen besonders verpflichtet sei. Eine Biographie, die er selbst in späteren Jahren von CHARLOTTE VON KALB als auch von BETTINA VON ARNIM verfaßte, fiel den Kriegsereignissen zum Opfer.

Da FICHTE, wie alle seine großen Freunde, der festen Überzeugung war, daß im spekulativen Theismus «das Griechentum erhöht und vertieft wiedergeboren» sei (*Vorlesungen über griechische Philosophie*, ungedruckt), so standen ihm beide geistig so befreundeten Menschen bei seinen geschichtlichen wie philosophischen Auffassungen besonders nahe. Als GUSTAV SCHWAB 1870 ungedruckte Briefe von HÖLDERLIN herausgeben wollte, «drang ich sofort darauf, daß SCHWAB als Herausgeber das tiefste Eindringen HÖLDERLINS in die Spekulation herausheben solle» (Tagebuch vom 31. 1. 1870). So stand FICHTE überall in der vollen historischen Tradition bis ins Persönliche hinein.

Der Lehrauftrag FICHTES in Tübingen erstreckte sich auf die gesamte neuere Philosophie. Er las in mehrjährigem Rhythmus über Einleitungen in die Philosophie, Logik, Praktische Philosophie (Ethik), Religionsphilosophie, Metaphysik, Geschichte der neueren Philosophie, Geschichte der Rechtsphilosophie; am Anfang (1843) auch einmal über Pädagogik.

In seinen Vorlesungen fuhrte FICHTE die Studenten in sehr behutsamer Weise zu einem rein ideell gestützten Denken, das auch den sittlichen Willen ergreift. Früher wurde der Wille durch die religiösen Gebote gestützt; an deren Stelle müssen für das moderne Bewußtsein als Beweggründe des Handelns die rein innerlich erkannten und individuell ergriffenen Ideen des Denkens treten, geistige Inhalte, die im gewöhnlichen, halbbewußten Tagdenken nicht zu erwerben sind, jedoch durch die Fähigkeit des tätigen, reinen Denkens, das an die Stelle äußerer Gründe innere, bewußt erfaßte Beweggründe zu setzen vermag. In allem diesem erwies sich I. H. Fɪᴄʜᴛᴇ als der erste vollbewußte, reine Denker, der mit aller Kraft sich in den Ursprung des Denkens im Ich setzte, um daraus den Organismus der Denkstufen bis zum Göttlichen hin zu entfalten und sie in allen Wissenschaften anzuwenden. Fichte war der «geborene» Meister in dieser neuen Fähigkeit, was in Zukunft zu erwerben die Aufgabe der Menschheit ist.

Fɪᴄʜᴛᴇ wohnte in Tübingen gegenüber dem früheren botanischen Garten (Ecke Wilhelm-/Brunnenstraße). Er beschreibt in seinem Tagebuch: «Ich ließ mir von Gärtner Hᴏꜰꜱᴛᴇᴛᴛᴇʀ die Schlüssel geben, um zu jeder Tages- und Nachtzeit den Garten und die Gewächshäuser besuchen zu können.» Oft wird über blühende Pflanzen berichtet. Zuletzt bereitete er eine Vorlesung über die Pflanze vor. Leider ist das Manuskript dazu verloren gegangen.

Mit diesen botanischen Studien sättigte Fichte sein reines Denken mit dem Element der Anschauung. Beides, Denken und Anschauen, durchdrang sich ihm und bildete ein neues, höheres Erkenntnisorgan.

In der Vorrede zur *Spekulativen Theologie* schreibt Fɪᴄʜᴛᴇ:

«Wir wollten jedoch gleich mit dem ersten Teile des Werkes[51] die verkümmerte Anschauung in ihre Rechte einsetzen, sowohl am Anfang und Ausgangspunkte der Philosophie durch richtigere erkenntnistheoretische Fassung der Verhältnisse von Anschauung und Denken überhaupt –, wie am Abschlusse der Erkenntnistheorie durch den Begriff des ‹spekulativ-anschauenden Erkennens›, in welchem auch der letzte und bisher unüberwindliche Gegensatz eines Begriffs und einer Anschauungswelt verschwunden ist, wo das Apriorische, der höchste göttliche Gedanke, als ein Unmittelbares und Gegenwärtiges in den Dingen wirklich geschaut wird, und man die Gewißheit erhält, jenes Ideellste, und darum Hypothetische, zur eindringlichsten Überführung tatsächlich vor sich zu haben.»

In dem philosophischen Hauptwerk wird von Fɪᴄʜᴛᴇ der Idealismus universalisiert und das Ich als mit der gesamten Weltentwicklung bis in unsere Zeit verbunden aufgezeigt.

Die drei großen Werke, die *Anthropologie*, die *Psychologie* und die *Ethik* der Tübinger Zeit charakterisieren sich am besten durch die Zeitumstände, in denen sie geschaffen wurden, durch das Ziel, das sie sich setzen, und durch das Verständnis bzw. Unverständnis, das sie gefunden haben.

Die Anthropologie

Die erste Auflage der *Anthropologie* erschien im Jahre 1856.[52] Im gleichen Jahre hat aber auch die unerhört scharfe Auseinandersetzung Fichtes über falsche Rassetheorien mit dem französischen Diplomaten, Natur- und Kulturforscher Graf August Gobineau stattgefunden: alle Rassetheorien, welche die Idee der Einheit des Menschengeschlechtes zersplittern wollten, werden scharf abgewiesen, denn die heutigen Rassen besagen nichts gegen die Einheit des Menschengeschlechts. Durch die bisher nicht bekannte Sinnesänderung von Graf Gobineau endete diese Auseinandersetzung in Freundschaft und Harmonie.

Im gleichen Jahre wurde der erste «Urmensch» im Neandertal bei Düsseldorf gefunden – 20 Jahre, nachdem Fichte Düsseldorf verlassen hatte. Welche Konstruktionen hat man sich ausgedacht, um diese und weitere Funde von «Urmenschen» als Belege der Affenabstammung des Menschen zu deuten. Wie aber mußte ein innerlich erstarktes Denken diese Frage beantworten?

Der tschechische Philosoph Augustin Smetana schreibt in seinem Hauptwerk *Der Geist, sein Entstehen und Vergehen*: «Der Geist, frei und emanzipiert vom Organismus, versenkt sich in die vollkommenste tierische Bildung, den Affenkörper, bloß denselben verklärend, indem der Geist, der sowohl ein subjektives als auch objektives Leben führt, an diesem Tierkörper, der ohnehin das vegetative Prinzip involviert, sich genügen läßt» (S. 161). «Das urteilsfähige Individuum des wahren Tierlebens schafft sich keinen neuen Organismus, sondern wählt sich den vollkommensten des wirklichen Tierreichs, den des Affen, ihn veredelnd und dem Urteil gemäß verklärend» (S. 162).

Der Berner Zoologe und Anthropologe Maximilian Perty (1804–1884), schreibt in seiner *Anthropologie*: «Aus fortschreitender Entwicklung der Affen konnten nie Menschen entstehen, sondern nur noch brutalere Gestalten als Schimpanse und Gorilla. Nicht aus niedrigeren Wesen, nicht zuletzt aus einem ausgestorbenen Affen der alten Welt hat sich der Mensch entwickelt, sondern aus niedrigeren Zuständen seines eigenen Wesens zu höheren; nicht durch zufällige natürliche Zuchtwahl, sondern nach gesetzmäßiger Notwendigkeit als das Endziel der irdischen Organisation.» Fichte, der diesen Text in seiner Rezension[53] des Pertyschen Werkes zitiert, fährt dann fort: «Diese schon unmittelbar einleuchtende Betrachtung, daß der Mensch, dies so vielseitig und eigentümlich begabte Weltwesen, unmöglich die bloße Fortsetzung oder Weiterbildung irgendeines noch vorhandenen oder ausgestorbenen Tiergeschlechts sein könne, sondern seinen eigenen Anfang und nur ihm gehörende Vorstufen der Entwicklung gehabt haben müsse in den früheren Erdperioden – ein Gedanke, den man schon längst, wie uns dünkt, sich hätte klar machen müssen, um die ganze ‹Affentheorie› auf ihren Wert zurückzuführen.»

«Der Mensch ist ein vor- und übersinnliches, das Ewige in der Welt der Erscheinungen ausgestaltendes Geistwesen, ein Offenbarer der göttlichen Geheimnisse der Geisterwelt, in deren Reich die Sonne nie untergeht und die eben dadurch den Inhalt der Geschichte erzeugt» (1876, S. 586) –. «Der Mensch ‹demiurgisches Prinzip› in der endlichen Welt, Mitschöpfer und Vollender des Erddaseins. Durch den Menschen und seinen mit ihm vermittelten Willen schafft Gott das Erdendasein aus.» (S. 602) – «Diese gründliche Erfassung des Menschenwesens erhebt nunmehr die ‹Anthropologie› in ihrem Endresultat zur ‹Anthroposophie›; denn Weisheit ist man wohl berechtigt, die Erkenntnis auszusprechen, welche demjenigen, was sich zunächst als Sinnliches und Vergängliches bietet, den Charakter innerer Ewigkeit vidiziert [zulegen kann].» (S. 621) – «So vermag endlich die Anthroposophie an sich selbst nur in Theosophie ihren letzten Abschluß und Halt zu finden.» (S. 623)

Im ersten Teil des Fichteschen Buches *Anthropologie* werden auf fast 200 Seiten die bisherigen Anschauungen über den Menschen vorgeführt, ihre jeweiligen Mängel und Einseitigkeiten dargelegt. – Im zweiten Teil werden die passiv durch den Leib auftretenden seelischen Phänomene geschildert, d. h. alle Erscheinungen, die in der heutigen Parapsychologie untersucht werden. – Im dritten Teil mit dem Titel ‹Seele und Geist› werden die Entwicklungsstufen des erwachenden Geistes dargelegt.

Im Menschen wirkt nach FICHTES Ansicht noch ein präformiertes, präexistentes individuelles Geistprinzip, der Genius, in die Erscheinungen des Leibes hinein; dieser gestaltet den Leib immer mehr nach seinem Geistwillen um. Nur der Mensch hat dieses aktive Tätigkeitsprinzip in sich. Bei den Tieren wirkt nur die allgemeine Gattungsseele voll höchster Weisheit, aber durch alle Generationen gleichbleibend und gleichwirkend. Ein Übergang der Tiere ineinander und zum Menschen hin ist unmöglich. Würde man beim Tier, wenn man es überhaupt könnte, etwas ändern, so müßte man alles ändern, da alle Wesen Geistideen sind, welche die Naturwesen gestalten und ihre Macht bis in die Mißbildungen hinein beweisen.

Die Schärfe des Gegensatzes zwischen dem spekulativen Theismus als geistig weiterentwickelte Natur- und Geisteswissenschaft und der materialistischen Abstammungslehre, die mit DARWINS Buch *Entstehung der Arten durch den Kampf ums Dasein* (1859), auf den Plan trat, ist deutlich. Nur ein selbstvergessenes Denken konnte den darwinistischen Konstruktionen, die der englischen Ökonomie entlehnt und auf die Biologie übertragen waren, Beifall spenden. Darin liegt einer der stärksten Akte der «Exstirpation des Geistes», durch den die Machbarkeit vor die geistige Erkenntnis gesetzt wurde. Statt sich gegen solche Anschauungen zu erheben, welche die Menschenwürde vernichten, indem sie den Menschen nur von außen bestimmt sein lassen, bewunderte man DARWIN und seine Theorie – bis heute.

Ein Jahr nach dem Erscheinen von *Die Entstehung der Arten* DARWINS gab FICHTE die zweite Auflage der *Anthropologie* heraus (1860), in der er sich gründlich mit den Darwinschen Hypothesen auseinandersetzt: «In Deutschland, durch die Lehren des Materialismus gründlich vorbereitet, ist bei den jüngeren Naturforschern der Darwinismus zu einer Art Vorurteil geworden, gegen welches mit einzelnen Einwendungen und teilweisen Bedenken, welche das ganze Prinzip unangetastet lassen, schwer anzukämpfen ist.» (In der 3. Auflage S. 84).

«Bei DARWIN herrscht ein Mißverhältnis der Grundhypothese zu dem, was er erklären will; er bedarf einer Menge verschwiegener Hilfshypothesen und unbeachteter Nebendinge, um das Tatsächliche wirklich erklären zu können . . . DARWIN leugnet den Begriff der inneren Zweckmäßigkeit und meint, ihn durch die Annahme einer ‹natürlichen Zuchtwahl› ersetzen zu können, stillschweigend aber jenen voraussetzend, um die Erfolge der angeblichen Zuchtwahl selbst erklärlich zu machen.»[54]

«Kein organisches Wesen hat einzelne Vorzüge vor allen andern. Jeder Tierorganismus ist daher ebenso spezifisch und qualitativ vollkommen, hat seine eigentümlichen Vorzüge. Verglichen dürfen diese Vorzüge nicht werden, ohne sogleich einen falschen Nebensinn hineinzulegen. So ist auch die aufrechte Stellung des Menschen kein Vorzug, gegen welche die Tiere im Nachteil wären, für die vielmehr die Stellung der Extremitäten ihr Vorzug ist; sie ist nur der vereinzelte Ausdruck menschlicher Eigentümlichkeit, welche sich schon dadurch allein als Nicht-Tierheit, als der Gegensatz zur gesamten Tierwelt erweist, weil diese Stellung allein der Sinnesauffassung des Menschen und seinem praktischen Verhalten zur Außenwelt angemessen ist.»[55]

«Erst mit dem Menschen erscheint der Abschluß der Reihe der Organisationen, und seitdem findet auch sonst keine Vervollkommnung der Organisationsverhältnisse auf dem Erdball mehr statt. Alle weitere Entwicklung beschränkt sich seitdem auf die Vervollkommnung der intellektuellen und moralischen Fähigkeiten des Menschen.»[56]

Die Psychologie

Der volle Titel der *Psychologie* lautet: *Die Lehre vom bewußten Geist des Menschen, oder Entwicklungsgeschichte des Bewußtseins, begründet auf Anthropologie und innerer Erfahrung.* Der Entwicklungsbegriff im Titel zeigt an, daß die *Psychologie* den allmählichen Übergang beschreibt vom unbewußten Leben der Seele im Leib über das tagwache Bewußtsein zum vollbewußten Geist. Ohne ihre geschichtlichen Vorstufen läßt sich das Seelenleben nicht verstehen. Ihre Entwicklung zum bewußten Geist gehört zum Wesen der Seele. Damit führt die Psychologie von selbst in die der Lehre vom Genius, in Gebiete der Religion, der Geschichte, des ewigen Lebens, wie des ganzen Kulturlebens und der Humanität hinein. Und im folgenden Werk *Über die Seelenfortdauer und die Weltstellung des Menschen. Eine anthropologische Untersuchung und ein Beitrag zur Religionsphilosophie wie einer Philosophie der Geschichte.* (1867) werden dann diese höheren Gebiete der Psychologie ausführlich behandelt.

In der *Geschichte der Metaphysik* (1900), Bd. II, S. 212, kommt EDUARD VON HARTMANN auf die *Psychologie* I. H. FICHTES zu sprechen, die er sehr lobt, und fährt dann fort: «Inhaltlich entlehnte FICHTE die Kategorienlehre seiner Ontologie und die teleologische Weltanschauung von HEGEL, den Pantheismus von KRAUSE, die trinitarische Gotteslehre von BAADER, das System der Monaden von LEIBNIZ, die anthropologische Richtung seines Philosophierens von TROXLER, die Urpositionen und den intelligiblen Raum von HERBART. ... Die Selbstgewißheit des Ich und

114

Abb. 30: Immanuel Hermann Fichte, um 1865

den absoluten Wert der sittlichen Persönlichkeit übernimmt er von seinem Vater. Die Erkenntnislehre stellt er an den Anfang des Systems. Er lehnt sich dabei an seinen Vater, an SCHELLINGS transzendentalen Idealismus und an HEGELS Philosophie des Geistes.» FICHTE erscheint hier als ein bloßer Kompilator.

115

Solchen Anschuldigungen gegenüber hatte FICHTE einmal geäußert: «Der banale Vorwurf des Eklektizismus, welcher mir deshalb hier und da von den ‹Monisten› an den Kopf geworfen wurde, erschütterte mich wenig. Er bewies mir damals nur und jetzt noch, wie gründlich verschroben die herrschenden Vorstellungen über philosophische Entwicklung seien; als wenn nicht gerade jeder Fortschritt nur darin bestehen könne, aller Vorarbeiten sich zu bemächtigen, um daraus ein vollständigeres, ein relativ erschöpfendes Ganzes der Wahrheit herauszuläutern.»[57]

Fichte kennzeichnet den Bruch, den Zwiespalt im Wesen HARTMANNS folgendermaßen: «EDUARD VON HARTMANNS Lehre beginnt mit der Erklärung und Begründung des entschiedensten Optimismus, der in seinem wahren Sinn dadurch nicht geschmälert wird, daß er nicht gerade in den Formeln des Theismus sich einkleidet. Dann aber – und den eigentlichen Grund dieser Gedankenwendung haben wir nicht finden können – dann wandelt sich das Urteil in den schwärzesten Pessimismus, der alle jene angestrebten Werte und Güter des Lebens bis auf ihren letzten Kern zu hohlen Phrasen herabsetzt.»[58]

Über die Seelenfortdauer und die Weltstellung des Menschen

Die Schlußsätze der Vorrede zur *Seelenfortdauer und der Weltstellung des Menschen* zeigen die Absicht des Werkes an. «Möge dies friedliche Werk, mitten in die parteizerrissene, kampfgerüstete Gegenwart eintretend» – der preußisch-dänische Krieg von 1864 und der preußisch-österreichische von 1866 waren gerade beendet, der preußisch-französische Krieg von 1870/71 stand bevor – «einem ähnlichen Geiste ruhigen Erwägens, streitloser Gelassenheit begegnen, wie er den Verfasser geleitet hat. Über die höchsten Lebensfragen des Menschen durch Kampf sich verständigen, ist ein vergebliches Beginnen. Wenn irgendwo, so liegt hier die Wahrheit in einer Tiefe, welche allen Parteistandpunkten entrückt ist. Das Tiefere hat im Menschen sich nie völlig unbezeugt gelassen, und so ist es, was wir hier zu sagen haben, zugleich das Allerälteste, Bleibendste und eigentlich niemals ganz Verleugnete.»

Der österreichische politische Schriftsteller JOSEF GENTZ (1805–1875), erkannte sofort die Bedeutung dieser Schrift; seine Besprechung in der *Wiener Zeitung* vom 10. Mai 1867 endet mit den Worten: «... Was das ‹Volk der Denker› bisher zu viel getan, darf es jetzt nicht zu wenig tun; denn ohne diese rastlose Geistesarbeit, die bevorzugte Aufgabe Deutschlands, würde ganz Europa vollends in die Barbarei zurücksinken, in die es von allen Seiten durch die Präponderanz der physischen Gewalt gedrängt wird. Großmachtstellung und Geltung nach außen ist wohl auch ein würdiges Ziel, aber nicht um jeden Preis anzustreben, am wenigsten durch Aufgeben der geistigen Großmacht und ihrer natürlichen Herrschaft über alle. Es wäre ein trauriges Ende der deutschen Nation und der gesamten Bildung, wenn sich Deutschland rühmen und freuen sollte, sich zu einem Militärstaat aufgeschwungen zu haben. Ein solcher Aufschwung wäre das tiefste Herabsinken, und dieser Anfang einer neuen Ära wäre das Ende des deutschen Berufs.»

Symptomatisch ist der Zeitpunkt, in dem *Die Seelenfortdauer und die Weltstellung des Menschen* erschien: 1867, ein Jahr nach der *Generellen Morphologie* von ERNST HAECKEL, in der HAECKEL das natürliche System der Tiere mit seinen zahllosen Entdeckungen bisher unbekannter Meerestiere ergänzt und abschließt; eine Arbeit, welche nun erstmalig das gesamte Tierreich im natürlich äußeren Zusammenhang darstellt. 1868 erschien die *Natürliche Schöpfungsgeschichte*, in der er aber, wie in seinen späteren Werken *Morphogenie* und die *Weltenrätsel*, immer mehr materialistische Gedanken hineinmischte. Er betrachtet hier den Menschen als letztes vollkommenes Stück der Natur, statt als Erhöhung der Natur durch den «Eintritt eines Übernatürlichen im Reiche der Natur», wie dies in allen Werken FICHTES ausgeführt wird. In der *Seelenfortdauer* wird nun auf vergleichend zoologisch-anthropologischem Gebiet, durch die Betrachtung der Tätigkeit des Menschen im einzelnen und in der Geschichte, durch den Offenbarungscharakter des Denkens, den zunächst die «aktiven Genien» erreichen, um die «passiven Genien» zu erwecken, nachgewiesen, daß dem Menschen keine natürlichen Bedürfnisse genügen können; daß er schon vorbereitet und individuell gestaltet auf Erden ankomme; daß er neben der erblichen auch einer größeren ewigen Erblinie, der des Genius, angehöre. Der Genius benützt nur die leibliche Erblinie, um sein ewiges Wesen auszubilden, um an den Schwierigkeiten des Leibes und der äußeren Verhältnisse sich immer mehr in seinem Ewigkeitscharakter auszudrücken. Einzelner und Gemeinschaft stehen in einem Verhältnis aktiver gegenseitiger Förderung, in einem Ewigkeitsverhältnis schon hier auf Erden.[59]

In *Erkennen als Selbsterkennen* wurde der Intuitionscharakter des Denkens, die Intuitionsfähigkeit des Menschen in der Betrachtung des Bewußtseins nachgewiesen. In der *Anthropologie*, besonders im dritten Teil, wird auf das ewige Wesen des Menschen und auf sein Verhältnis zu dem vererbten Leib eingegangen. Dort heißt es: «Die Eltern sind nicht die Erzeuger in vollständigem Sinne. Den organischen Stoff bieten sie dar, und nicht bloß diesen, sondern zugleich jenes Mittlere, Sinnlich-Gemütliche, welches sich im Temperament, in eigentümlicher Gemütsfärbung, in bestimmter Spezifikation der Triebe und dergleichen zeigt, als deren gemeinschaftliche Quelle die «Phantasie» in jenem weitern, von uns nachgewiesenen Sinn sich ergeben hat. In allen diesen Elementen der Persönlichkeit ist die Mischung und eigentümliche Verbindung der Elternseelen unverkennbar; diese daher für ein bloßes Produkt der Zeugung zu erklären, ist vollkommen begründet, noch dazu, wenn, wofür wir uns entscheiden mußten, die Zeugung als wirklicher Seelenvorgang aufgefaßt wird. Aber der eigentliche, schließende Mittelpunkt der Persönlichkeit fehlt hier gerade; denn bei tiefer eindringender Beobachtung ergibt sich, daß auch jene gemütlichen Eigentümlichkeiten nur eine Hülle und ein Werkzeugliches sind, um die eigentlich geistigen idealen Anlagen des Menschen in sich zu fassen, geeignet, sie zu fördern in ihrer Entwicklung oder zu hemmen, keineswegs aber fähig, sie aus sich entstehen zu lassen. Jeder präexistiert nach seiner geistigen Grundgestalt, denn geistig betrachtet gleicht kein Individuum dem andern, so wenig, als die eine Tierspezies einer der übrigen.»[60]

Wurde in *Erkennen als Selbsterkennen* (1833) und in der *Ontologie* (1836) der Ewigkeitscharakter des Erkennens wie des Bewußtseins nachgewiesen, ebenso die Tatsache, daß der Mensch im Erkennen seinsschaffend ist und deshalb mit dem Bewußtsein nicht mehr den geschaffenen Naturen angehört, so werden in der *Ethik* wie in der *Seelenfortdauer* die Folgerungen aus dieser Tatsache für die Gemeinschaft und für das geschichtliche Leben gezogen. Der Mensch ist kein passives Wesen und damit einer vorgegebenen Gesellschaft unterstellt. Die einzelnen sind so einander zugeordnet, daß sie sich stets ergänzen. Der einzelne ist ebenso auf die lebendige Gemeinschaft angewiesen wie die Gemeinschaft auf den einzelnen, aus dessen Erkenntnissen ihr erhöhtes, bewußtes Leben zufließt. Statt auf sozialen oder biologischen Kampftheorien sieht FICHTE auf dem «Prinzip der ergänzenden Gemeinschaften» und dem der «Gottesliebe», der «Gottesinnigkeit», die lebendige Gemeinschaft begründet.

Die Stuttgarter Zeit
1863–1879

Zu Anfang des Jahres 1862 starb die Frau FICHTES. Er erlitt am 14. AUGUST 1862 bei einer Wanderung in Niedernau bei Tübingen einen Unfall durch Absturz. Der Tod seines jüngsten Sohnes bekümmerte ihn sehr. Er selbst wurde krank, so daß er den größten Teil des Wintersemesters 1862/63 nicht lesen konnte. Er fühlte sich dem Tode nahe. – Dies alles bewog ihn zum Entschluß, seine Universitätslaufbahn zu beenden. So bat er am 3. Juli in Tübingen um seine Pensionierung; diese wurde ihm ehrenvoll schon am 7. Juli (worüber er überrascht war) mit der Verleihung des Kronenordens gewährt. Diese Verleihung war mit dem Recht des Tragens des persönlichen Adels verbunden. (Er mußte aber vom Ministerium erst aufgefordert werden, die Auszeichnungen auch zu tragen).

Er übersiedelte nun nach Stuttgart, wo sein Sohn im Heeressanitätsdienst zu hohen Ehren gekommen war. Er bezog die Wohnung Wilhelmsplatz 5, treu behütet von seiner Sekretärin LUISE FAULHABER, welche schon am 1. MAI 1855 in seine Dienste wegen seiner Augenschwäche getreten war und bis zu seinem Tode in seinen Diensten blieb. Die Augenschwäche Fichtes wurde allerdings nach zweimaliger Staroperation Ende der sechziger Jahre behoben.

FICHTE fühlte die Stuttgarter Zeit als den Höhepunkt seines Lebens. Kaum ein Konzert blieb unbesucht, ebenso die Theatervorstellungen. Durch seine vielen Bekanntschaften mit Künstlern war er Berater für Konzert- und Theateraufführungen, manchmal auch Rezensent.

FICHTE hatte nie mit einem so langen Leben gerechnet. Viele der Pläne für später, wegen deren Ausführung durch den Sohn er mit diesem oft gesprochen hatte, konnte er nun selbst erledigen. Auch nach Beendigung des Zentralwerkes *Über die Seelenfortdauer* erschienen Jahr für Jahr bis zu seinem Tode Bücher oder lange Zeitschriftartikel, die Schaffenskraft schien unerschöpflich.

Die Gründung des Stuttgarter Kindergartens

Mitte der fünfziger Jahre lernte FICHTE in Baden-Baden die Fröbel-Schülerin BERTHA VON MARENHOLTZ kennen. Diese erkannte sofort, daß FICHTE der Mann sei, der die Notwendigkeit der Kindergartenbestrebungen FRÖBELS aus dem ganzen Gang der Kulturentwicklung erklären könne. FRÖBEL in seinem Herzensidealismus wäre wohl nie über das Heim in Keilhau in Thüringen hinausgekommen, wenn er nicht in BERTHA VON MARENHOLTZ das tiefste Verstehen und die Persönlichkeit gefunden hätte, welche diese Bestrebungen auch verwirklichen konnte. Diese energische und kluge Frau gründete die Kindergärten in Mitteleuropa, auch in Nordamerika. Sie bat FICHTE, zugunsten der Fröbel-Kindergartenbewegung eine Schrift zu verfassen, welche diese Bestrebungen bekannter machen und begründen solle. Dies tat FICHTE in dem Werk *Die nächsten Aufgaben der Nationalerziehung der Gegenwart, 1868,* 2. Aufl. 1870. Man hätte meinen sollen, solch eine Schrift würde als ein Werk der Kulturerneuerung gerade in Deutschland tief einschlagen, gibt sie doch eine sehr schöne Geschichte der Pädagogik; zugleich richtete sie sich aber auch deutlich gegen den Geist des pädagogischen Rückschreitens in Preußen.

FICHTE dachte vor dem Kriege an die Zusammenfassung seiner Werke, die Nachkriegszeit aber stellte ihm andere Aufgaben. Er machte einen Plan zur Herausgabe aller seiner Zeitschriftenartikel (etwa 100), welche die großen Werke im einzelnen noch ergänzen. Nur zwei Bände der *Vermischten Schriften* konnte er 1869 noch veröffentlichen; in diesen sind aber auch wichtige neue Artikel enthalten.

Die theistische Weltansicht und die weiteren Schriften

Der Krieg wurde gewonnen, zur ungeheuren Begeisterung der meisten; nur einige tiefer blickende Geister äußerten schwerwiegende Kulturbedenken (KONSTANTIN FRANTZ, VON BIEGELEBEN, NIETZSCHE u. a.). Gleichzeitig machten sich Kulturbestrebungen breit, welche gerade aus einer Oberflächlichkeit und Kraftlosigkeit des Denkens sich wie eine

Abb. 31: Bertha von Marenholtz-Bülow

Modeströmung verbreiteten, teils nach der Richtung des äußersten Materialismus, teils nach Richtung eines weltschmerzlichen Pessimismus, teils aber auch nach der Richtung des Spiritismus, eines Nationalismus oder eines hemmungslosen Industrialismus.

FICHTE wußte sehr wohl um alle diese Bewegungen. Ihm kam es aber nach einer kurzen Charakterisierung des Abwegigen auf die Darstellung des Positiven, der wahren Denk- und Kultureinstellung an. Dies geschah in den beiden Schriften *Die Theistische Weltsicht* (1873) und *Fragen und Bedenken über die nächste Fortbildung der deutschen Spekulation* (1876), gegen den Pessimismus und Materialismus auf der einen Seite, und in den beiden Schriften *Der neue Spiritualismus, sein Wert und seine Täuschungen* (1878) und den *Spiritualistischen Memorabilien* (1879), gegen den Spiritismus auf der anderen Seite.

Nach dem Kriege erschienen Schriften von Eduard von Hartmann und Schopenhauer, den beiden Kulturpessimisten. 1872 kam das sturmerregende Buch von D. Fr. Strauss *Der alte und der neue Glaube – ein Bekenntnis* heraus, in dem der alt gewordene Strauss in nur von vielen gern geglaubten Kulturphrasen sprach.

Nietzsche schrieb sofort höchst empört die Gegenschrift: *David Friedrich Strauß, der Bekenner und Schriftsteller*, in der er im einzelnen nachwies, wie seine «Bekenntnisse» Banalitäten, sein «Schriftstellertum» lückenlos aneinandergereihte Stillosigkeiten seien.

Fichte war viel sachlicher in der Kritik. Er nannte das Buch «das notorisch verfehlte Schlußwerk von Strauss und schrieb in der *Theistischen Weltansicht* (1873) in der Vorrede, Seite VI:

«Ein verehrungswürdiger theologischer Freund forderte mich auf, dem ‹Glaubensbekenntnisse› des Naturalismus, welches jetzt als der neue Glaube aller ‹Gebildeten› verkündet wird, ein anderes entgegenzustellen, welches sich zum Theismus bekennt. Auch waren ähnliche Wünsche schon früher an mich gelangt. Dankbar dem Freunde für den spornenden Mahnruf, mußte ich ihm dennoch erwidern: daß für einen Philosophen ein persönliches ‹Glaubensbekenntnis› keineswegs genüge, er könne nur mit objektiven Gründen den Streit führen, nicht ermahnen oder überreden, sondern überzeugen, sich und die andern. Auch sei mir nicht gegeben, anders zu wirken als auf dem Wege theoretischer Untersuchung und logischer Schlüsse, welchen mühsamen Weg zu gehen oder gar auf ihm sich führen zu lassen die hastige Ungeduld unserer Zeit zumeist verschmähe und so ihre halbfertigen Einseitigkeiten, Vorurteile, Übereilungen, ‹Glaubensbekenntnisse› nachher genannt, zu Stande bringe.

Was ich statt dessen versucht habe, liegt dem Leser vor Augen. Es ist und bleibt eine Gelegenheitsschrift; schon darum, weil sie an den großen Fragen, um die es sich handelt, nur einzelne bestimmte Seiten hervorheben kann. Aber auch darum, weil sie sich gestatten muß, auf früher ausgeführtere Untersuchungen zu fußen, und so manches ins Kurze zusammenzuziehen, was dort der Inhalt ganzer Werke war. Wird man die Ausdauer haben, sich von dorther zu orientieren, ehe man das Endurteil fällt?

Im übrigen ist die gegenwärtige Darstellung und die darin gepflogene Kritik eine rein objektive. Sie steigt nie zu Persönlichem herab; sie gilt nur den Meinungen. Denn es ist uns immer unnötig, ja sogar zweckwidrig erschienen, die Ansicht, die wir bekämpfen müssen, mit dem Namen ihres Urhebers in Verbindung zu bringen. Wo es sich nicht um geringfügige Kontroversen handelt, sondern wo ganze Bildungsgegensätze miteinander ringen, da darf man vor dem Persönlichen ignorierend vorbeigehen, um die ohnehin unvermeidliche Schärfe des Gegensatzes nicht noch zu steigern.

Überhaupt sollte man in dieser verworren aufgeregten Zeit, wo alles zur Überstürzung, zu Parteiextremen sich hintreibt, das Wort ‹Friede› sich und andern unablässig vorhalten. Nicht zwar zu einer flachen, charakterlosen ‹Vermittlung› des an sich Unvereinbaren, was nicht selten nur in einem äußerlichen Zusammenleimen heterogener Elemente bestanden hat – und wir werden auch im Laufe unserer Kritik solchen Beispielen begegnen – sondern zur tiefern Erwägung dessen, was auch im Gegner relativ beachtenswert ist. Denn zu allermeist findet sich bei genauerer Betrachtung, daß die erste Anregung zu Lehren und Ansichten, welche zuletzt in einem unhaltbaren Extrem verliefen, eine berechtigte und anzuerkennende war. Sie hätte nur nicht die einzig beachtete bleiben dürfen. Man wird uns zugestehen, daß wir im Folgenden diesen Gesichtspunkt schonender Billigkeit stets vor Augen behalten.

Anders freilich verhält es sich mit denjenigen, seien sie Vorgänger oder Zeitgenossen, zu welchen innere Geistesverwandtschaft, ein tiefes Einverständnis uns hinzieht. Diese werden, als ‹Einverstandene› wie Goethe sagt, auch durch ihre Persönlichkeit uns wert und bedeutsam. Es ist uns Pflicht und es wird uns zur Freude, uns ihre Anhänger, Schüler, Freunde nennen zu dürfen. Wenn im folgenden Namen genannt werden, so sind es die großen, historischen, dem Streite entrückten Genien; von Aristoteles an bis auf Leibniz und Kant, ja bis auf Hegel herab, an dessen methodische Reife und Gründlichkeit man erinnern möchte, der unkundigen Oberflächlichkeit so mancher gegenüber, welche jetzt das entscheidende Wort führen und durchaus vergessen zu haben scheinen, was wirklich schon geleistet und unzweifelhaft erreicht ist.»

In jener *Theistischen Weltansicht* erläutert Fichte Weg und Ziel seines Denkens:

«Noch mehr übersahen die Draußenstehenden, daß die Spekulation selbst im Stande sei, über die Unreifheiten und Übereilungen, denen sie jeweilig unterliegt, durch eigene Kraft sich hinauszuhelfen. Dies ist im großen und allgemeinen die gegenwärtige Lage der Philosophie, was den

Unkundigen oder Halbkundigen gegenüber erinnert sei. Sie rüstet sich dazu, eine völlig neue Epoche zu beginnen; denn die nach allen Seiten hin erweiterten Erfahrungswissenschaften bieten ihr völlig veränderte Gesichtspunkte und ebenso erweiterte Aufgaben. Nicht bloß im Gebiete der Naturforschung, sondern in der Urgeschichte des Menschengeschlechts und seiner Kulturentwicklung ist so viel Neues entdeckt, so viel Altes berichtigt worden, daß die bisherigen, auch philosophischen Ansichten darüber einer gründlichen Reform zu unterwerfen sind. Ebenso ist philosophischerseits die Einsicht gewonnen, daß es nicht mehr darum sich handle, ‹neue Systeme› zu ersinnen, um sie zu enzyklopädischen Wissenschaftsentwürfen auszuspinnen, sondern in das objektive System der Dinge sich hineinzudenken und mit hingebender Treue seinen innern Sinn und Zusammenhang zu erforschen. ‹Teilung der Arbeit›, welche in allen Zweigen des theoretischen Wissens und des praktischen Leistens jetzt sich als Notwendigkeit aufdrängt, bezeichnet auch das gegenwärtige Stadium unseres philosophischen Bedürfnisses. Diese neue Epoche mit Bewußtsein und Entschiedenheit inauguriert zu haben, wird man uns zugestehen; und hiernach besonders möchten wir das Maß unseres Verdienstes beurteilt wissen.» (S. 192)

«Aber ebenso sicher kann diese Weltansicht auf ‹Zukunft› rechnen, weil sie als Ahnung oder als Glaube stets schon lebte und wirkte aus dem geheimnisvollen Innern des Menschengeistes hervor, weil sie zugleich von dorther immer von neuem sich geltend machte und Mahnungen erließ. Wenn wir bestimmter dann die Geschichte der Philosophie befragen, so ist es überhaupt der Geist des Idealismus in seinen verschiedenen Gestalten, näher und in ausgesprochenerer Weise der Geist der Theosophie und der von einzelnen Schlacken gereinigten, christlichen Mystik, welcher uns voranging. Wie sehr aber gerade im gegenwärtigen hochbedenklichen Zeitmomente, wo die frechste Negation auf offenem Markte ihre Orgien feiert, jene tiefere Richtung der Wissenschaft uns von nöten sei, wie sie aber ihre talentvollen und entschiedenen Vertreter auch jetzt gefunden, daran brauche ich hier nur zu erinnern.

Und einen besondern Vorzug dieser Richtung darf ich auch darin finden, daß ihr Vereinigendes nicht das Band einer bestimmten Schule unter bestimmten Formeln ist, sondern die freie Übereinstimmung in jener schon geschilderten theistischen Grundüberzeugung, welche der verschiedensten Auffassung und der vielseitigsten Begründung fähig bleibt, aber zugleich damit für jene Einverstandenen die scharfabgrenzende Scheidung bildet gegen alle Nachwirkungen des Pantheismus einerseits, wie andererseits den Protest gegen die materialistischen und pessimistischen Lehren heutiger Zeit . . .

Hoffentlich indes werden überhaupt die hergebrachten engen Begriffe von ‹Schule› und von Schule-Machenwollen, wie alte üble Gewohnheiten, noch mehr als etwas völlig Überflüssiges allmählich von selbst verschwinden. Denn was als objektive Wahrheit in sich Bestand hat, läßt sich eben darum von den verschiedensten Gesichtspunkten, die in ihr selber liegen, behandeln und darstellen. Und jeder eigentliche, darum selbständige Denker wird definitiv doch nur seine eigene Überzeugung vertreten wollen und können.

In diesem freien, unbefangenen Geiste auch die Geschichte der Philosophie in ihren bisherigen Systemen wie in den Aufgaben ihrer Zukunft aufzufassen, habe ich stets gestrebt.» (S. 148)

Die theistische Weltansicht wird in ihrem Untertitel als *Kritisches Manifest an ihre Gegner und Bericht über die Hauptaufgaben gegenwärtiger Spekulation* bezeichnet. Damit wollte Fichte der Verpflichtung nachkommen, «Meinungen entgegenzutreten, welche allzu voreilig oder einseitig für die herrschenden und alleingültigen gehalten werden».

Alle «großen Geister» werden darin beschworen und ihre Erfahrungen auf den Standpunkt einer «Weltwissenschaft» (S. XV) gebracht. Im ganzen Buch wie auch im folgenden, den *Fragen und Bedenken* liegt das ungeheure Bemühen, die Menschen durch das Neubedenken aller gewohnten Gedanken vor dem Abfall in materialistisch-empirische Betrachtung zu bewahren.

Die Fragen und Bedenken

Die *Fragen und Bedenken über die nächste Fortbildung der deutschen Spekulation* waren als *Fünf Sendschreiben* an Herrn Professor Dr. E. ZELLER mit Bezug auf dessen *Geschichte der deutschen Philosophie seit Leibniz* gedacht. In der Vorrede Seite VII gibt Fichte selbst Absicht und Inhalt an:

«Dies alles veranlaßte mich nun zum Versuche, jener Darstellung eines so bedeutenden, von verdienter Autorität getragenen Werkes eine andere Auffassung der Geschichte neuerer Philosophie entgegenzustellen, in dreifachem Sinne.

Ich hatte die falsche Überschätzung HEGELS, und was damit im Prinzipe zusammenfällt, zugleich das eigentlich Wichtige ist, die Überschätzung des Pantheismus in jederlei Gestalt zurückzuweisen.» – Er setzt dem Pantheismus HEGELS den Individualismus HERBARTS entgegen.

«Ich hatte sodann zu zeigen, wie den gleichzeitigen Denkern neben HEGEL eine viel höhere Beachtung zukomme, als es in jenem Werke geschehen sei. Daraus gingen die «Rettungen» hervor, mit denen das zweite Sendschreiben sich beschäftigt.» – Es werden J. J. FRIES als Ethiker, FRANZ BAADER als Mitbegründer der wahren Religionsphilosophie und Ethik, sein Würzburger Freund FRANZ HOFFMANN «mit dem hohen Wert seiner kritischen Arbeiten»; und sein Lehrer K. CHR. FR. KRAUSE als systematischer Denker und Begründer eines rationalen Theismus «gerettet»; dann wird auf wahre und falsche philosophische Kritik eingegangen. – «Ich hatte endlich nachzuweisen, wie aus den Elementen dieser philosophischen Vergangenheit unsere Zukunft sich gestalten müsse in der wahrhaften, darin vorgebildeten Weise, indem alle in ihr enthaltenen Keime zur Fortbildung zu ihrem Rechte gelangen müssen (drittes und viertes Sendschreiben). Daraus ergab sich zuletzt (fünftes Sendschreiben): was nach diesen, vielfach erweiterten Prämissen und Vorbereitungen unsere nächste Aufgabe sein werde, an welcher mitzuarbeiten, parteilos und frei von den bisherigen Schulabzeichen und Sektennamen, die eigentlich unzutreffend geworden, jeder Kundige berufen sei, der gründlich mit uns diese stetige Gedankenentwicklung der Systeme verfolgt hat.»

Als «nächste Aufgabe und Hoffnung für die Zukunft der deutschen Spekulation» wird, nach einer gründlichen und umfassenden Zusammenschau von LEIBNIZ – LEIBNIZ und SPINOZA waren die Lieblingsphilosophen FICHTES – KANT, J. G. FICHTE und SCHELLING im letzten Sendschreiben gefolgt:

«Der Geist ist ein vorbewußtes Reales, Wirkliches, nach dem eigenen immanenten Gesetz seines Wesens ins Bewußtsein sich erhebend und nach Analogie dieses Gesetzes das Wesen erkennend. Darum ist der Mensch allein geschichtsbildendes Prinzip. Denn nicht in der ewig gleichen Naturordnung, sondern in der fortschreitenden Geschichte offenbart sich das göttliche Wesen als ‹persönlicher Gott› (‹Vorsehung›). Damit wird der Theismus zu seiner höchsten Gestalt: dem ‹ethisch-religiösen› gesteigert durch die Betrachtung, daß nur von der höchsten Welttatsache» – d. h. von einer umfassenden Weltbetrachtung – «die höchste Welturasche, Gott, richtig erkannt werden könne.»

FICHTE macht sich die große Mühe, die ganze geschichtliche Entwicklung noch einmal verständlich darzulegen. Er versucht, ein Wissen davon zu begründen, daß der Mensch als ewiges Geistwesen bewußt sittlich in die Geschichte eingreifen und gestalten kann, wenn ihm die richtige Erziehung zuteil geworden ist. Darum wendet sich FICHTE auch so scharf gegen eine Erziehung aus den Naturprinzipien DARWINS, weil daraus nur Unheil erfolgen könne, wenn der Mensch «von unten her», und nicht «von oben her», vom Gesichtspunkte der «Allgemeinverbreitung des Genius in jedem Menschen» erzogen werde. I. H. FICHTE nähert sich hier dem «ethischen Individualismus» RUDOLF STEINERS.

Das dritte Sendschreiben ist noch einmal ein Muster verständiger Betrachtung, wie er auch den «Gegnern» LUDWIG FEUERBACH und DAVID FRIEDRICH STRAUSS sehr positive Seiten abzugewinnen weiß. Vom größten Gegner lernt er (über den größten Freund, sogar über seinen so geliebten Vater kann er auch sehr harte Urteile fällen), Altes und Neues in der richtigen Weise zu verbinden. Dies verfolgt er auch im Politischen: «Die Revolution ist in den Konservatismus einzubauen.» Man muß in FICHTE zum einen den großen Bewahrer dessen, was werthaltig ist, erblicken, zum andern aber auch den großen Freigeist, der den Menschen seine wahre Freiheit vorlebt. Die toten Gegensätze von reaktionär und revolutionär sind da ins Wesenhafte überführt worden. Und so bemühen sich FICHTE und seine Freunde, dem neuen Reich eine geistig bewußte Innerlichkeit zu geben und Bewußtheit in allen Lebenslagen, auch in den spirituellen und politischen Fragen.

Der Spiritualismus

Lange bevor FICHTE mit einem vertrauenswürdigen Vertreter des Spiritualismus zusammenkam – man unterschied damals den Spiritualismus, der nur an eine Fortdauer der Seele glaubte, und den Spiritismus (besonders von ALLAN KARDEK), der von der Wiederverkörperung überzeugt war –, hatte er in seiner auf «Weltwissenschaft» erweiterten *Anthropologie* (1856, 1876) und *Psychologie* (1864) über alle parapsychologischen Erscheinungen des Hellsehens, der Ekstase, des Somnambulismus, der Fernwirkungen, des räumlichen und überräumlichen Wahrnehmens usw. geschrieben und sie wissenschaftlich erklärt, so daß ihm die Mitteilungen des BARONS VON GÜLDENSTUBBE (1820–1873)und seiner Schwester JULIE, der sich 1869 von Paris kommend in Stuttgart an ihn wandte, vertraut vorkamen. GÜLDENSTUBBE hatte 1857 sein Buch *Pneumatologie positive et experimentelle* verfaßt; nach den Besprechungen mit I. H. FICHTE erschien es in verbesserter Fassung in deutscher Sprache (Bern 1876). FICHTE kam zu dem Ergebnis, daß nur die Seher, die auch ihre Schauungen beurteilen können, wozu Baron von GÜLDENSTUBBE fähig war, vertrauenswürdig seien, daß aber die Erscheinungen, je physikalischer sie wurden, und die Medien, je einfacher ihre seelische Lage war, um so unglaubwürdiger seien, weil man da nicht übersehen könne, welche unkontrollierten Einflüsse sich noch unbemerkt geltend machten. So suchte er alles auf die Basis wissenschaftlicher, psychologischer Untersuchungen hinüberzuziehen.

Alle seine Erfahrungen faßte FICHTE zusammen in der Schrift: *Der neuere Spiritualismus, sein Wert und seine Täuschungen, Eine anthropologische Studie*, 105 Seiten, 1878 verfaßt. Fichte war damals 82 Jahre alt. Die *Spiritualistischen Memorabilien* schrieb er 1879, daran arbeitend bis zu seinem Schlaganfall.

«Ich habe indes in vorliegender Abhandlung zu zeigen gesucht, daß es einer erweiterten oder umgebildeten Psychologie allerdings möglich sei, die psychischen Phänomene des heutigen Spiritualismus vollständig zu erklären, indem dieselben jenen Ergebnissen ungesucht sich anschließen und tatsächlich sie bestätigen.» (S. 98)

«Die Fragen aber, welche der heutige Spiritualismus dadurch anregt, sind entscheidender Art, nicht bloß für die Wissenschaft, sondern für den

Wert oder den Unwert unseres ganzen gegenwärtigen Daseins. Denn welche Überzeugung man fasse in jener großen Grundfrage, daran entscheidet sich zugleich, mit welchem Charakter, mit welcher Energie des Willens man den sittlichen Aufgaben des Lebens entgegenzutreten vermag; – ganz unabhängig von Rücksichten auf ‹künftigen Lohn oder Strafe›. Denn nun kennt man und hat ergriffen sein künftiges Lebensziel auch im Diesseits.

Dadurch hat sich der längst trivial gewordene alte Spruch eines Memento mori in den andern, viel ernstern verwandelt: Memento vivere; – d. h. gedenke, daß du fortzuleben gewiß sein kannst, daß aber der zukünftige Zustand stetig sich anschließt an das verlassene Dasein und dessen Gesamtergebnis, mit dessen Grundgefühl, – ob freudig oder schmerzlich – wir dort behaftet bleiben. Jedenfalls ein bedenklicher Bescheid des Spiritualismus für eine Zeit, welche längst daran sich gewöhnt hat, die Sorge für die zukünftigen Dinge von der Tagesordnung ihrer Interessen abzustreifen.» (S. 101/2).

Persönliche Verhältnisse

I H. FICHTE nahm in allen Städten, in denen er wirkte, sehr lebhaft an den Kulturveranstaltungen wie Theater, Konzert und Vorträgen teil. Alle Weltereignisse interessierten ihn; er sprach sich darüber in den wöchentlich stattfindenden geselligen Vereinigungen, damals Kränzchen genannt, ausführlich aus und unterhielt darüber einen umfangreichen Briefwechsel mit Kulturträgern aller Richtungen, mit Gelehrten, Künstlern, Dichtern, Musikern, Schauspielern. In Stuttgart war er durch die Weite seiner Beziehungen Berater der Konzertunternehmer.

Es war für ihn selbstverständlich, daß er alle Bücher, die er schrieb, die naturwissenschaftlichen sowohl als auch die philosophischen, zuerst mit den Fachkollegen am Ort oder brieflich mit entfernter wohnenden besprach, die mehr theologischen mit den Dogmatikern aller Konfessionen. Die Bestrebungen der Vorläufereinrichtungen der Inneren Mission unterstützte er kräftig. Sehr interessiert war er auch an der Einrichtung von «Europas erster Heil- und Erziehungsstätte für Kretine und blödsin-

Abb. 32: Das Arbeitszimmer Eduard Fichtes in Stuttgart, Olgastraße. Im Hintergrund steht die Büste I. H. Fichtes, die der Bildhauer Bach 1868 in Stuttgart schuf.

nige Kinder» auf dem Abendberg bei Interlaken, 1841 durch JAKOB GUGGENBÜHL (1816–1863) gegründet, für die auch sein Freund TROXLER kräftig eintrat.

Überall stand ihm der Mensch an erster Stelle, die Wissenschaft war ihm nur Hilfsmittel, Dienerin des Menschlichen. Im Tagebuch findet sich einmal folgende Stelle: «Auf meinen vielen Reisen nahm ich vielen Menschen die Lebensbeichte ab, insbesonders Bedienungen» (d. h. Dienstmädchen und Kellnerinnen).

Nach seiner Übersiedlung nach Stuttgart 1863 gestalteten sich die Beziehungen zur Familie des Sohnes EDUARD (1825–1905), des General-arztes, zu dem heranwachsenden Enkel GEORG (1857–1933), und zu den «allerliebsten Enkelinnen» ELISABETH (1860–1943), JOHANNA (1862–1946) und CLARA (1868–1920) sehr herzlich; sie lebten ganz in der Nähe des Wilhelmplatzes 5 (Olgastraße), wo der Großvater wohnte. EDUARD war seinem Vater ein guter Geistesfreund, die *Anthropologie*

131

und *Idee der Persönlichkeit* sind ihm gewidmet. Die Briefe der Schwiegertochter an den «lieben Großvater» sind erhalten.

Besonders die Enkelin JOHANNA schmiegte sich an I. H. FICHTE, ließ sich von ihm alles aus der Vergangenheit erzählen und begleitete ihn auf den Reisen in den letzten Lebensjahren. Sie war die Geschichtstante der Familie. Sie erbte wohl die meisten FICHTE-Dokumente, Bilder, Plastiken, Möbel usw. Ihr Wohnsitz war Stuttgart, Landhausstraße 14, wo RUDOLF STEINER so oft ganz in der Nähe (Landhausstraße 70) über die großen deutschen Geistesheroen sprach. Niemand ahnte, daß die Schätze in so greifbarer Nähe waren. Oberbürgermeister STRÖHLIN ließ 1944 JOHANNA FICHTE bei den zunehmenden Fliegerangriffen nach Herrenalb evakuieren; für die Schätze, von denen er wußte, konnte er nicht mehr sorgen; sie fielen fast alle einem Bombenangriff zum Opfer. Dasselbe geschah mit den Dokumenten, welche die Enkelin der Stieftochter FICHTES, Frau WAIBEL (1882–1970), verwahrte, die ebenfalls in Stuttgart wohnte; einige wenige konnte sie noch retten.

Dagegen konnten die Sammlungen der andern Dokumentensammlerin der Familie VON FICHTE, Frau ELISABETH NITZSCHE geb. VON FICHTE, in Berlin wohnend, mit Aberhunderten von Briefen, Bildern usw. vor der Zerstörung bewahrt werden. Diese befinden sich jetzt in der Staatsbibliothek Berlin-Dahlem. – Als ich endlich die noch lebenden Urenkel FICHTES 1955 aufgefunden hatte, sagten sie mir: «Ja, wenn Sie die Tante JOHANNA noch kennengelernt hätten, die hätte Ihnen alles sagen können!» Ich konnte nur erwidern: «Das habe ich auch schon herausgebracht!» Ich war 1945 an die FICHTE-Arbeit gekommen, aber damals war Deutschland zerrissen, in Zonen aufgeteilt, Forschungen und Reisen waren zunächst nicht möglich, JOHANNA FICHTE starb im Oktober 1946. Normalerweise hätte das Auffinden der Nachkommen nur etwa 14 Tage gedauert, da aus der Literatur bekannt war, daß sämtliche männlichen Nachkommen Offiziere waren. So dauerte es bis 1953, als ich die ersten Spuren fand; die drei Urenkel waren nach einem Ort in den bayerischen Alpen evakuiert worden, dort lagen die Schätze neben einem Heuboden. – Mit solchen Schwierigkeiten hatte die ganze I.-H.-FICHTE-Forschung zu kämpfen, und dennoch kann man sagen: es ließen sich zu allen großen Verlusten (auch in bezug auf die andern 12 großen Freunde I. H. FICHTES) Parallelurkunden finden, so daß von allen doch noch eindeutige Lebensbilder gegeben werden können.

Als die Enkelinnen Ende der siebziger Jahre ihrem Großvater zum Geburtstag Bilder (wohl des beginnenden Impressionismus) schenkten, vermerkte er im Tagebuch: «Vexierbilder neuester Mode?» – Zum evangelischen Kirchentag in Stuttgart im September 1857 schrieb er im Tagebuch: «Morgens womöglich unter noch größerem Zudrang in der zweiten Sitzung des Kirchentages. BETHMANN-HOLLWEG hielt einen Vortrag über ‹Evangelische Katholizität›. Übrigens ein ungeheueres Interesse aller Stände, besonders auch der Frauen, an diesen Verhandlungen. Ich dachte daran, welch ein verborgener Gährungsstoff im weiblichen Geschlecht liegt, und welche Explosionen hervorgerufen werden können, wenn dieser in Bewegung gesetzt wird.»

Bei seinen mehrfachen Reisen in die Schweizer und österreichischen Alpen besuchte FICHTE 1865 und später die in Luzern wohnende Tochter TROXLERS mit ihren vier Töchtern und einem Sohn, eine Frau STAUFFER, die in kümmerlichen Verhältnissen lebte; sie unterhielt eine Pension für Schweizer und auswärtige Mädchen, ihr Mann, ein Italiener, hatte sie verlassen. Ihre Töchter waren musikalisch sehr begabt und bestritten z. B. bei Messen in den Kirchen den musikalischen Teil, wobei FICHTE mit Wohlgefallen zuhörte. Er erklärte sich bereit zu helfen, damit die Älteste, EMELINE, in Stuttgart im Klavierspiel ausgebildet werden könnte. Nach dem Tode ihres Großvaters 1866 sorgte er auch für die Enkelinnen BERTHA und CORNELIA für Stellungen in Stuttgart. Sie waren dann oft traut vereint bei geselligem Musizieren im Haus FICHTES. Bemerkenswert ist die Tagebuchnotiz FICHTES zum Tode seines Freundes TROXLER: «Emeline kommt, um mir den Tod ihres 87jährigen Großvaters TROXLER in Aarau am 6. 3. zu melden. Er starb mit noch ungebrochenen Zornesleidenschaften, und nur eine Enkelin, CORNELIA STAUFFER, hatte er um sich. Ungebändigte, dämonische Selbstigkeit. Es gab mir viel zu denken.» 8. 3. 1866.

Hocherfreut war FICHTE von der Mitteilung des Freundes des Naturforschers KARL ERNST VON BAER (1792–1876), des Dorpater Professors VON ENGELHARD, selbst Naturforscher, über die Umwandlung, die K. E. VON BAER durch die Lektüre seiner Schrift von 1876 *Fragen und Bedenken über die nächste Fortbildung der deutschen Spekulation* erfahren hatte. ENGELHARD schrieb an FICHTE: «Von dem persönlichen Gott, dem selbstbewußten und schöpferischen Geist, handelt das Buch, welches er in den letzten Tagen und Wochen immer und immer wieder las, und von welchem er bekannte, daß seit Jahren kein anderes einen solchen Eindruck auf ihn gemacht habe. Er müsse, fügte er hinzu, eine Wendung seines geistigen Lebens von der Lektüre dieses Werkes datieren. Und ‹der persönliche, lebendige Gott, der alles vorher bestimmt hat›, waren fast die letzten Worte, mit denen er sein Leben aushauchte.» Im Gegensatz zu DARWIN war KARL ERNST VON BAER zur Ansicht gekommen, «daß die Geschichte der Natur nur die Geschichte fortschreitender Siege des Geistes über den Stoff sei». FICHTE schrieb darauf in seiner *Zeitschrift für Philosophie* (Bd. 71, 1877) den über acht Seiten langen *Nachruf auf* KARL ERNST VON BAER. *Das Zeugnis eines großen deutschen Naturforschers für die teleologische Weltanschauung*, aus welchem obige Angaben entnommen sind.

Das letzte Werk FICHTES, die *Spiritualistischen Memorabilien*, erschien in der Zeitschrift *Psychische Studien*. Es nimmt sich zwar dort wie ein weißer Rabe aus neben all den Darstellungen der Ausflüsse niedersten Seelenlebens, die hier für das Wesentliche gehalten wurden, während sie für FICHTE gerade die trügerischsten, unbeherrschtesten, unkontrollierbaren Erscheinungen waren. Er frug sich auch oft im Tagebuch: «Kann ich mich eigentlich in dieser Gesellschaft noch sehen lassen?» Er war ja zu dem Schluß gekommen, daß nur die gebildeten Seher, die ihre Schauungen auch beurteilen können, zuverlässig sind. Er hielt es aber dann doch für nötig, ein Beispiel zu geben, wie exakte Behandlung anormaler seelischer Erscheinungen vonstatten gehen müsse.

Mit derselben Gewissenhaftigkeit, die er allen Erscheinungen des Lebens und der Wissenschaften zuteil werden ließ, beurteilte er auch die politischen Geschehnisse. Er wandte sich vor allem gegen den Wahn, Geist durch Massenorganisationen mit reduzierten Vorstellungen ersetzen zu wollen. Dann trete an Stelle des persönlichen Egoismus der nationale Massenegoismus, was eine ungeheure Verschleierung der Tatsachen sei und zu Katastrophen führen könne, statt durch ein entwickelteres Geistesleben neue belebende Impulse in das Leben der ganzen Kultur und des Staates einfließen zu lassen.

Die politischen Schriften

Im Jahre 1788 veranlaßte der einsichtsvolle, aufgeklärte Herzog KARL AUGUST VON SACHSEN-WEIMAR den Kenner und Erwecker der seelisch-kulturellen Schätze der Völker, JOHANN GOTTFRIED HERDER, eine Schrift zu schreiben, in der besonders auf die Notwendigkeit hingewiesen werden sollte, daß auch der deutsche Volksgeist in ein erhöhtes Bewußtsein genommen werden müßte, da es nicht genüge, bei den tradierten elementaren politischen Auffassungsweisen stehen zu bleiben: das Elementare, Bequeme und Nützliche, die pfiffige Rede, das Reduzierte, dürfe nicht als das Wahre hingenommen werden. Die wirklich Einsichtigen wußten, daß wahre Aufklärung nur in einem Fortschreiten zum bewußten Geist bestehen könne, nicht in einem Absolutsetzen niederer Seelenzustände.

So entstand HERDERS Schrift *Idee zum ersten patriotischen Institut für den Allgemeingeist Deutschlands*, in der diese Gedanken einer wahrhaften Aufklärung ausgeführt wurden. Man muß bedenken, wie akut diese Gedanken waren, denn einerseits stand die Französische Revolution bevor, andererseits war die deutsche Klassik in starker Entfaltung, der Idealismus im Kommen. Da tritt gerade für Deutschland die Forderung auf, bevor man zum Handeln auf bisheriger Gedankenbasis fortschreite, daß die Menschen zuerst sich ein Bewußtsein verschaffen über die Gründe ihres Handelns auf national-menschheitlichem und, was eng damit zusammenhängt, auch auf individuellem Gebiet.

Was HERDER forderte und auch im einzelnen näher ausführte, das haben die beiden FICHTES in steigendem Maße auf allen Gebieten für das Bewußtsein einsichtig gemacht, sowohl für das individuelle als auch für das Bewußtsein des Staates, der Deutschheit. Die Spitze dieser zusammenfassenden Betrachtungen findet sich in der Gesellschaftslehre I. H. FICHTES von 1850/53, der *Ethik*, mit ihren 1600 Seiten, in der sowohl die individuellen Rechte und Verpflichtungen als auch die aller Gesellschaftsverbände unter dem Gesichtspunkt der Entwicklung dargestellt werden. Gekrönt werden diese Darlegungen durch das zusammenfassende Kulturwerk *Über die Seelenfortdauer und die Weltstellung des Menschen*, das die Einheit naturwissenschaftlicher, humaner und christlicher Anschauungsweisen ausführlich und tiefbegründet schildert.

Man kann mit gutem Grund die philosophischen Schriften Johann Gottlieb Fichtes auch politische Schriften nennen, denn in ihnen kommt es darauf an, sich ein solches sittliches Bewußtsein zu erringen, das unabhängig vom Zwang der Natur ist, sich allein auf den inneren geistigen Gehalt des Dargestellten stützt und das dadurch politisch einsichts- und handlungsfähig macht. Diesem Zweck dienten vor allen Dingen die verschiedenen Fassungen der *Wissenschaftslehre*. Das heißt aber auch, daß man sich des Willens in jedem Gedankenschritt bewußt wird. J. G. Fichte sah wohl an den Schwierigkeiten, die das Verständnis der Wissenschaftslehre gefunden hatte, ein, daß er noch um eine ganz andere Form der Darstellung ringen müsse; er wollte das in normalen Zeiten ihm zustehende freie Semester im Sommer 1814 dazu benützen – doch dann brachen die Befreiungskriege aus, und er starb plötzlich Ende Januar 1814 im Lazarett an einer Ansteckung durch seine Frau, die Krankenpflegedienste leistete. Seinem Sohn hatte er gesagt, er wolle sich eine solche Darstellungskunst der Wissenschaftslehre erringen, daß «sie jedes Kind fassen solle». Der Vater starb, aber an seine Stelle trat der Sohn mit den durch seine Erziehung und seinen mitgebrachten Genius erweiterten Fähigkeiten und vollbrachte auch im politischen auf allen Gebieten das, was der Vater in dieser gelösten Form wohl nie fertig gebracht hätte.

Johann Gottlieb hatte seinen Sohn, nachdem dieser 1812 Student geworden war, mit auf seine täglichen Abendspaziergänge genommen und führte ihn dabei in die Weltweisheit ein. Der Sohn erkannte, daß sein Vater durch die äußeren Schwierigkeiten in seiner Jugendzeit, aber auch durch die äußere Auffassung der logischen und kategorialen Formen in der ganzen Wissenschaft seit Aristoteles wie seine großen Geistes- und Zeitgenossen Hegel und Schelling in der Ausdrucksfähigkeit gehemmt war. Er setzte darum überall die «entwickelnde Methode» an deren Stelle, auch in der Erkenntnislehre. Dadurch erst wurde der ganze Mensch nach Denken, Fühlen und Wollen in gleichem Maße erfaßt.

Man hatte es Johann Gottlieb Fichte nicht wie in dem Krieg von 1806/1807 gegen Napoleon gestattet, als Feldprediger mitzuziehen, um die Soldaten durch Einsicht in einen «gerechten Krieg» zu größeren Taten zu ermutigen. Aus diesem Grunde wollte er seine Ansichten dazu in der Heimat darstellen und hielt 1813 die Vorlesungen *Die Staatslehre oder über das Verhältnis des Urstaates zum Vernunftreiche*. Man sieht es schon dem Titel an: das Primat des Geistes in allen Verhältnissen des Lebens ist das Thema. Die drei Abschnitte des Buches sind überschrieben: 1. Allgemeine Einleitung (31 Seiten), 2. Über den Begriff des wahren Krieges mit einer treffenden Charakterisierung Napoleons (30 Seiten), 3. Die Errichtung des Vernunftreiches (169 Seiten). Diese Vorlesungen sollten die Grundlage jeder staatspolitischen Erziehung sein, aber man ging nicht darauf ein.

Der Sohn hielt es noch im Kriege als 19jähriger Student für wichtig, mindestens den mittleren Teil der *Staatslehre* zu veröffentlichen, was dann 1815 durch den Cotta-Verlag geschah. Sobald es ihm die Verhältnisse als Privatdozent erlaubten, gab er 1820 die ganze *Staatslehre* heraus mit einer langen Vorrede über die gefährliche Lage der Zeit, später noch einmal mit einer ganz anders gefaßten Einleitung in J. G. FICHTES *Sämtliche Werke* Bd. IV, S. 369–610.

In der Vorrede der *Staatslehre* von 1820 heißt es u. a.: «Und in dieser ruhigen Milde der ungetrübten Klarheit, die auch im grellen Widerstreite schon die künftige Harmonie erblickt, zu diesem Frieden mit der Zeit und dem Troste über dieselbe, aus besonnenem Verstehen heraus, lädt eben die gegenwärtige Schrift ein; sie möchte den Geist der Versöhnung und der Liebe, der ja stets die letzte aber köstlichste Frucht ist der wahrhaften und herangereiften Erkenntnis, gerade unserer vielbewegten Gegenwart verkündigen.» Höchste Geistesklarheit, höchste Liebe, das Aufzeigen der Wege vor aller Kritik, reinste Menschlichkeit ist das Anliegen der beiden FICHTES.

JOHANN GOTTLIEB FICHTE hatte schon in den *Grundzügen des gegenwärtigen Zeitalters* 1804/1805 dargelegt, daß die Menschheit in der «Epoche der absoluten Sündhaftigkeit» ihres Denkens, Fühlens, Wollens und des ganzen Seinsgefühls stehe, weil alles nur nach Zweckmäßigkeiten betrachtet würde. Raffe sich die Menscheit auf zu dem, was in ihr veranlagt sei, so könne sie sich zur «Epoche der Vernunftwissenschaft» und der «Vernunftkunst» entwickeln.

Der Sohn IMMANUEL HERMANN greift die Gedanken seines Vaters auf, um sie dann in der ihm eigenen Weise weiterzuentwickeln. Wir haben schon zuvor einige Stellen aus dem anonym erschienenen Buch von 1831 *Deutschland, was es ist, und was es werden muß* zitiert, die den Klarsinn I. H. FICHTES genugsam belegen; er sah, nicht nur hier, weit über ein Jahrhundert voraus. «Das Buch mußte im Ausland – in Zweibrücken, das nicht zu Preußen gehörte – und anonym gedruckt werden, weil man mich in Preußen steinigen würde, wenn man den Verfasser wüßte», schrieb er in einem vertraulichen Brief; und dabei enthält es nur klare politische Analysen. – Zu der um 1830 schwelenden belgisch-niederländische Frage schrieb Fichte viele Zeitungs- und Zeitschriftartikel und machte selbst Reisen dorthin.

Die Erhebung von 1848 verfolgte er mit gesteigertem Interesse und veröffentlichte sofort in seiner *Zeitschrift für Philosophie* politische Artikel zu den Zeitfragen vom Standpunkt eines konstitutionellen Monarchismus. Der Obertitel der Reihe lautete: «Zur Verständigung über die politischen Fragen der Gegenwart.» Den Bundestagsabgeordneten ließ er durch seinen Freund Ludwig Uhland, der selbst Abgeordneter war, eine Schrift verteilen: «Einige Grundzüge zum Entwurf der künftigen deutschen Reichsverfassung.» Aber überall glaubte man, solcher Ratschläge aus universalem Verständnis nicht zu bedürfen und mit den eigenen Vorstellungen besser vorwärts zu kommen. Die Grundeinstellung I. H. Fichtes zu allen politischen Fragen war: «Die Revolution ist in den Konservatismus einzubauen.» Er selbst nahm an den Verhandlungen in der Paulskirche als aufmerksamer Beobachter teil, verhandelte mit den führenden Persönlichkeiten selbst, mit der so tragischen Gestalt des Präsidenten des Parlaments von Gagern, mit dem eitlen, selbstgefälligen Robert Blum; er war entsetzt über die Ahnungslosigkeit des Professorenparlamentes über die realen politischen Machtverhältnisse.

Aus Schmerz über die mißglückte Volkserhebung verfaßte er dann seine *Ethik*, die er als Gesellschaftslehre aufgefaßt wissen wollte. In ihr werden die Rechte des einzelnen, der menschlichen Gesellschaften, der religiösen und geistigen Gemeinschaften in ihrer realen Verflochtenheit mit der göttlichen Welt vom Standpunkt der Entwicklung ausführlich dargestellt. Fast gleichzeitig dazu entstand an ganz anderem Orte das kommunistische Manifest, das mit seiner materialistischen Auffassung als eine Gegenschrift verstanden werden kann.

Zum Krieg im Jahre 1859 zwischen Österreich und Italien gab der Sohn J. G. Fichtes *Reden an die deutsche Nation* erneut mit einer langen, aufrüttelnden Einleitung heraus, indem er betonte, daß der Inhalt der *Reden* für das politische und staatliche Leben unersetzlich sei, und ermahnt Österreich und Preußen, in diesem Entscheidungskampf gegen Napoleon III. fest einander beizustehen, denn «nur dann könne gehofft werden, daß dasjenige, was unser Erbfeind böse gemeint, uns zum Segen ausschlagen, wenigstens vor dem drohenden Untergang bewahren werde». Er warnt, wie es gleichzeitig Cieszkowski als polnischer Abgeordneter im preußischen Landtag in einer aufsehenerregenden Rede auch getan hat, vor einem großen Weltbrand, wenn nicht die politischen und nationalen Fragen gelöst werden.

1866 gab I. H. Fichte die *Brüderschaftsordnung* des Düsseldorfer Regierungsrates Sack mit einer langen Einleitung heraus, in der schon von einer Aufgliederung der sozialen Verhältnisse in natürliche «Assoziationen» gesprochen wird.

Im gedanklichen Anschluß an die *Ethik* verfaßte I. H. Fichte 1867 das große Menschheitserziehungsbuch *Über die Seelenfortdauer und die Weltstellung des Menschen*. In beiden so gründlichen und ausführlichen Büchern kann sich der Mensch frei von allen äußeren Zwängen erheben, also sowohl den politischen als auch allen naturhaften.

Um diese Zeit wurde I. H. Fichte von anderer Seite aufgefordert, sich über die praktische Pädagogik zu äußern. Die Fröbelschülerin Bertha von Marenholtz, die ihn Anfang der sechziger Jahre kennenlernte und die sofort erkannte, welch universaler Geist in ihm steckte, forderte ihn auf, was Fröbel und Beneke aus Herzensidealismus überaus gut gemeint, gewollt und ausgesprochen hatten, doch von der Höhe der Erkenntnis klar auszuarbeiten und die notwendigen Leitlinien für die Erziehung und die Notwendigkeit der Kindergartenbewegung zu geben. Dies tat Fichte in der Schrift *Die nächsten Aufgaben der Nationalerziehung der Gegenwart* (1869), in der er auf den kommenden Untergang, insbesonders Preußens, hinwies, wenn man glaube, die Erziehungsfrage und die politische Frage trennen zu können.

In keiner philosophischen, pädagogischen oder politischen Schrift ist dieses Buch erwähnt, nur in den Kreisen Fröbels erregte es einige Aufmerksamkeit; es ist dann der völligen Vergessenheit anheimgefallen.

Fichte gibt darin eine klassische Schilderung der pädagogischen Entwicklung und des pädagogischen Wollens von Pestalozzi und Johann Gottlieb Fichte an bis auf seine Zeit.

Im Vorwort dieser Schrift erläutert I. H. Fichte seine Absicht und die Methode seines Vorgehens; seine Ausblicke auf die zukünftige Menschheitsentwicklung sind von Zuversicht getragen: «Fröbel war, wie alle genialen Erfinder und instinktiv Begeisterten, gleich Pestalozzi, dem

Abb. 33: Friedrich Fröbel

man ähnliches vorwerfen mußte, an sich selbst unfähig, seinem tiefen und wahren Grundgedanken die vollständige wissenschaftliche Form, und eben damit die durchgreifende Klarheit zu geben, welche das eigentlich Entscheidende desselben von allem Beiwerk und angeflegenen Formelwesen befreit hingestellt hätte. Ebenso vermochte er noch nicht seinem großen Prinzip die inhaltsvolle praktische Ausführung zu geben; er blieb in zum Teil überflüssigen, zum Teil geradezu schädlichen Ausspinnungen der Anfangsgründe stehen. Diese Außenseite kennt man von ihm; sie wird teils überschätzt, teils verworfen, teils und mit Recht ungenügend befunden. Diese ist aber gar nicht FRÖBELS wahrer Geist, weder in der Theorie, noch in der Praxis, die beide einer unendlichen Vielseitigkeit, Ausdehnung und Anwendbarkeit fähig sind. In beiderlei Hinsicht müssen schöpferische Geister die Sache selbständig weiterführen, den Grundgedanken der Lehre neu befruchten, ihn auf die höheren Gebiete der Erziehung und des Unterrichts ausdehnen; in der bisherigen FRÖBELschen Praxis aber das Richtige und Gesunde aussondern von dem überwuchernden Nebenwerk, welches eher zur Hemmung, als zur Förderung gereicht hat.

Dies nun bleibe das Werk unserer pädagogischen Zukunft, und für diese hat die vorliegende Denkschrift (IV.–VI. Abschnitt) einige leitende Gesichtspunkte anzugeben versucht, welche der Aufmerksamkeit denkender Pädagogen empfohlen seien, die philosophischen Geist mit praktischer Einsicht verbinden. Namentlich die Frage nach der Neugestaltung unseres religiösen Unterrichts, meiner Meinung nach eine der wichtigsten und dringendsten der Gegenwart, sei dabei in erster Reihe genannt.

Einstweilen aber und bis jenes alles ans Licht gebracht ist, wollen wir uns an dasjenige halten, was FRÖBEL unbezweifelt schon geleistet hat, um dies zum wirksamen Gemeingut für alle zu erheben. Und gerade dies zu beantragen ist der nächste, unmittelbar praktische Zweck der kleinen Schrift, mit welchem sie sich an die deutschen Erzieher, aber auch an die deutschen Regierungen und ihre Volksvertretungen wendet. Es ist die Reform der Erziehung des ersten Kindesalters und der vorschulpflichtigen Zeit. ‹Wo gibt es aber, sagt unsere Denkschrift, eine einleuchtendere Verpflichtung für den Staat, ein dringenderes Bedürfnis für das Volk und die Gemeinde, als für die Pflege und erste Erziehung der unmündigen Kindheit überall da zu sorgen, wo die Sorge der Familie unzulänglich bleiben muß!›

Welch einen Zeitpunkt endlich könnte es geben, der uns gebieterischer dazu hindrängte, wenigstens der heranwachsenden Generation eine bessere Zukunft zu bereiten? Die Gegenwart liegt in schmerzlichen Geburtswehen, um eine neue Zeit zu gebären, die ihr noch wie ein Unbekanntes, Unberechenbares vorschwebt, dunkel gefürchtet von dem einen, von dem andern ebenso unbestimmt in phantastischen Wünschen erfaßt. Wie ein Erdbeben durchzittert das Gefühl alle Geister, daß eine neue Weltepoche naht, für welche die alten Formen des Staates, der Kirche, der Erziehung sich ungenügend und wirkungslos erweisen. Was wird den Sturz des Alten sicher überdauern; mehr noch, was wird die Macht haben, aus seinen Resten das Neue, Höhere hervorzubilden? Nur das wahrhaft Ewige und Unaustilgbare im Wechsel der Zeiten, die dem Menschengeiste eingepflanzte Macht der ‹Ideen›: (um das hier unvermeidliche philosophische Wort nicht zu scheuen!) diese aus der dunklen, instinktiven Form, in der sie bisher zu allermeist gehegt wurden und gewirkt haben, zur freien Einsicht zu erheben, und so ihren Inhalt durch besonnene Vernunftkunst allmählich in die Wirklichkeit einzuführen: dies ist der große Geisterprozeß unserer Zukunft, der indes wenigstens negativerweise schon begonnen hat in allen Zweigen der Wissenschaft und des Lebens durch den Zweifel und die Kritik und der unaufhaltsam sich weiter entwickeln muß zur positiven Umgestaltung des Alten. Hier aber wird uns immer nur besonnene Vernunfteinsicht, gepaart mit ausdauernder Willenskraft, kurz gründliche Bildung oder Erziehung im höchsten und weitesten Sinne des Worts, das Rettungsmittel bieten. Oder wer könnte uns ein anderes nennen?

Wer Ohren hat dies Gebot zu hören, und den Geist es zu verstehen, der lege mit Hand an, in seinem besonderen Bildungskreise einen Teil jener großen Aufgaben zu erfüllen. Hier am wenigsten ist von unausführbaren Plänen, von unbestimmten Entwürfen die Rede. Hier liegt das Ausführbare sicher und klar vor unseren Füßen, und auch der kleine Anfang ist Teil eines großen Erfolges!»

I. H. FICHTE wies nicht nur der Zeit die Fehler auf, sondern er schaute weit voraus und zeigte die notwendigen, unaufschiebbaren Aufgaben. So heißt es zum Beispiel in der Schrift zum 18. Januar 1871, dem Tag der Kaiserkrönung in Versailles: «Wir wollen uns der Teillösung BISMARCKS freuen, aber die herrlichen Stämme Österreichs sind nicht dabei. Drei Fragen sind sofort zu lösen, wenn nicht alles in einem leeren Strohfeuer der Begeisterung untergehen soll: 1. die soziale Frage, 2. die religiöse Frage, 3. die Erziehungsfrage.»

Zusammenfassung

Mit Hegels Tod war ein neues Zeitalter in der Gedankenbetrachtung angebrochen: das Zeitalter der vollständigen inneren Freiheit hatte begonnen. Die Kulturwelt hatte jetzt genug Erfahrungen auf allen Gebieten des Lebens und der Wissenschaften gewonnen. Nun galt es, diese Erfahrungen zusammenzufassen und auf sich selbst, auf den inneren Menschen anzuwenden. Das Ich sollte nicht mehr nur in der Hülle bisher allgemein geltender Ordnungen und Meinungen stecken bleiben, es sollte seine eigene Wesensgestalt finden und zum rückbestimmenden Denken des Denkens heranreifen mit dem Ich als Ausgangspunkt und einer organisch entwicklungsgemäßen Betrachtung des Erkenntnisvermögens, bei dem der Mensch selbst Subjekt und Objekt ist.

Dazu war es notwendig, die Fragen des Anfangs der denkenden Tätigkeit neu zu fassen, bei der dann auch das ewige, vom Leibe unabhängige Ich entsteht. Das geschah in Fichtes Buch *Erkennen als Selbsterkennen*, 1833. 1894 behandelte Rudolf Steiner dieselben Probleme auf einem durch den Zeitfortschritt bedingten vertieften Standpunkt in der *Philosophie der Freiheit*. Dies sind die beiden Bücher der geistigen Befreiung des Menschen, nicht nur der Befreiung von den körperlichen Banden des Temperaments und des Charakters, der Befreiung von der Umwelt mit ihren Fesselungen in den Meinungen, Gewohnheiten und Gebräuchen, sondern überhaupt der Befreiung von allen irdischen Bestimmungen, die von außen her auf den Menschen eindringen und ihn knechten wollen. Im vollbewußten Mitvollzug der Gedankeninhalte dieser beiden Werke erwirbt der Mensch die ungeheure Ruhe, alle Außeneinflüsse nicht wirksam werden zu lassen und damit frei zu sein.

Das ist die wahre «Kehre», die zweimal im 19. Jahrhundert in organischer Stufenfolge in umfassender Betrachtung gemacht worden ist, die anderen Bücher der Verfasser sind nur Entwicklungen dieser Grundgedanken. Die Dinge werden nun nicht mehr bloß quantitativ nach äußeren

Vergleichen bestimmt, sondern innerlich qualitativ nach ihrem Wesensgehalt. Damit ist der spekulative Theismus und die Anthroposophie die Ergänzung zur naturwissenschaftlichen Außenansicht, keine Gegnerschaft. Diese entsteht erst, wenn man nicht genau liest, sondern nur in der alten Weise weiterdenken will. Sie liegt also in einer gewissen Bequemlichkeit, bei dem verharren zu wollen, was so lange äußere Erfolge hervorgebracht hat.

Es hat sich die Ansicht durchgesetzt, das 19. Jahrhundert sei *das* naturwissenschaftliche Jahrhundert. Aber dieses war auf eine viel größere Ganzheit angelegt: auf genaue äußere und innere Betrachtung. Die spekulativen Theisten erarbeiteten die innere Seite. In seinem Innern muß der Mensch die ganze Welt erschaffen, dann erst kann er Inneres und Äußeres in ihrem Verhältnis richtig beurteilen. Jede bloß naturwissenschaftlich-äußerliche Betrachtung ist nur eine halbe und kann nur zu solchen Zuständen führen, wie wir sie heute in der Welt erleben.

Zu Beginn dieses Jahrhunderts fing man an, sich sorgfältiger mit I. H. FICHTE zu beschäftigen. Die ersten Dissertationen waren aber nur Berichte über seine größeren Bücher. Die Arbeiten von A. SERWE *Die Raum- und Zeitlehre bei* I. H. FICHTE, 1959, und von P. v. STERN *Das Leib-Seele-Problem bei* I. H. FICHTE, 1967, muß man in ihrer Art als vorzüglich bezeichnen, doch gehen sie von Teilbetrachtungen aus; bei FICHTE nützen aber nur Untersuchungen von der Gesamtheit seiner Philosophie aus, wie dies bei jedem großen Dichter und Künstler der Fall ist.

Die erste zusammenfassende Arbeit über die Philosophie I. H. FICHTES stammt von HILDEGARD HERRMANN, Berlin 1928. Sie hat über das ihr vorliegende philosophische Material sehr fleißig berichtet, aber bei den spekulativen Theisten ist die Philosophie nur eine Entwicklungsstufe im ganzen Weltprozeß, als Berichte über Endstufen kann man sie nicht auffassen. Deshalb brachten sie den Entwicklungsgedanken in alle Wissenschaften, auch in die Erkenntnistheorie. H. HERRMANN hält FICHTE für einen schwächlichen Hegelianer. Hier kommt das ganze Mißverständnis über FICHTE treffend zum Ausdruck. FICHTE will gar kein Philosoph sein, sondern «Naturwissenschaftler des Geistes». Wahre Philosophie ist ihm erweiterte Menschenkunde, wie in der Vorrede von *Erkennen als Selbsterkennen* nachzulesen ist.

Es handelt sich beim spekulativen Theismus nicht bloß um I. H.

FICHTE; er ist nur der in seinen Temperamenten ausgeglichenste und allseitigste Exponent einer Bewegung, die ursprünglich gleich groß war, wie die der Naturwissenschaft. Neben den schon an anderer Stelle genannten Denkern wie TROXLER, AUGUSTIN SMETANA oder AUGUST CIESZKOWSKI muß für Frankreich VICTOR COUSIN, aber wohl auch in gleichem Maße wie für Deutschland, wo er wirkte, der Hugenottenabkömmling MORIZ CARRIERE als repräsentativ gelten; dieser hatte viele Beziehungen zu Frankreich und besaß den französischen ésprit noch in großem Maße. Der spekulative Theismus war eine Weltbewegung, die nur nicht zur Geltung kam wegen der raschen naturwissenschaftlichtechnischen Erfolge. Es hat sich inzwischen furchtbar gerächt, daß die Naturwissenschaft glaubte, ohne Philosophie auskommen zu können und nur im Nächstliegenden verharren zu brauchen, die ergänzende und erfüllende Seite aber nicht sah und auch nicht sehen wollte.

Einseitigkeiten lagen dem spekulativen Theismus fern. Er wußte um die kommenden Gefahren und warnte eindringlich immer wieder davor. Bei ihm gibt es kein Objekt, das nicht zugleich physisch, seelisch und geistig, keine Astronomie, die nur Geometrie wäre, keine Trennung von Kunst, Wissenschaft und Religion, kein Zerfallen der Betrachtung nach Denken, Fühlen oder Wollen, keine Zerstückelung der Wissenschaft in Einzelwissenschaften; alles war gebändigt durch eine Erkenntnislehre, welche die Entwicklung des Kosmos und des Menschen in ihrer Totalität erfaßte. Er stellte uns in seiner «Architektonik aller Wissenschaften» ein erhabenes Bild der leiblich aufsteigenden, der seelisch absteigenden Linie im Menschen dar. Die «Architektonik der Wissenschaften» beschreibt die Einheit von Kosmologie, Geologie, Anthropologie, Psychologie, Pneumatologie und Geschichte.

I. H. Fichte: Hymnus über den Frieden in der Natur und in der Geisterwelt

«Siehe die Natur in ihrer ewig beweglichen Ruhe, in schrankenlos unendlicher Einheit; wie all ihre Kräfte gewaltig sich ergießen und durcheinander dringen, wie jedes Geschöpf kühn sich behauptet in eigener Natur und Kraft, und wie doch nichts der tiefsten Eintracht entweicht, wie alles klar geordnet und gemessen daliegt vor dem ewigen Auge.

Eben also würdest auch Du in der Geisterwelt den Frieden erblicken, wenn es Dir selbst nur gelingen könnte, hervorzutreten aus den eigenen Schranken, die Dich beengend umgeben. Jedem Geist ist ein Funken verliehen aus dem ewigen Urquell des Lichts, aber schon dieser Eine entzündet ihn mit Lust und Begeisterung.

Umfasse nun die einzelnen Strahlen, und zu noch höherer Begeisterung wird sich in ihnen, wie im Abbilde, das ewige Licht selbst Dir spiegeln, und in der Geisterwelt, wie in der Natur, wirst Du die ewige, unendliche Harmonie erkennen, die Mutter aller Seligkeit und Schönheit.»

I. H. Fichte:
Schriften zum spekulativen Theismus

Bericht über meine philosophische Selbstbildung

Persönliche Vorstudien und Anregungen

Soll jedoch die Geschichte meiner philosophischen Selbstbildung* eine vollständige und aufrichtige sein, so können auch die persönlichen Antriebe nicht unerwähnt bleiben, für welche ich in der Spekulation Befriedigung suchte. Durch vortreffliche Lehrer, unter denen ich besonders meinen unvergeßlichen väterlichen Freund A. F. Bernhardi, später Heindorf, Buttmann, Böckh, selbst F. A. Wolf mit tiefer Dankbarkeit nenne, hatte ich schon ziemlich früh für das Studium der Alten, besonders der Griechen, große Neigung gefaßt. Das Versenken in diese sprachlichen und sachlichen Probleme, die eigentlich «philologische» Beschäftigung genügte mir völlig. Philosophisches Bedürfnis empfand ich auf keinerlei Art; die Platonische Dialektik, die Beweise im Phädon ergötzten mich als scharfsinnige Geistesspiele. Den tiefen Ernst derselben zu ahnen lag mir fern. Denn die Bedeutung dieser hohen Fragen kann erst dann empfunden werden, wenn der Ernst des Lebens selbst in tiefgreifenden Gemütserschütterungen an uns herantritt. Daher es so schädlich, ja grundverderblich ist, nach gewöhnlicher Studienweise gleichsam auf Vorrat allerlei Philosophisches in sich aufhäufen zu wollen, welches, da es eigentlich unverstanden bleibt, gleicherweise das später etwa auftretende Bedürfnis wie die Aneignungskraft dafür, vorzeitig in uns abstumpft. Philosophische Studien sollten die allerspätesten sein; sie sollten dann, einer fortgesetzten *theoretischen* Andachtsübung vergleichbar, dauernd unser Leben begleiten.

Jene entscheidende Katastrophe blieb auch mir nicht aus. Durch einen plötzlichen und frühzeitigen Tod wurde der hochverehrte Vater mir entrissen, gerade als sein Einfluß sich tiefer mir zuzuwenden begann; meiner Mutter der Gatte, mit welchem sie durch innigstes einverstanden-

* aus: I. H. Fichte: Vermischte Schriften Bd. 1, Leipzig 1869. Kapitel 1, 4. Abschnitt.

stes Geistesleben verbunden war.* Sie wandte ihre Sorge, ihre geistige Pflege ganz nun mir zu; und ihrem Einfluß bin ich alles schuldig geworden, was von höherer Regung, von unerschütterlichen Grundüberzeugungen, wenn zunächst auch noch nicht philosophisch gedeutet, noch weniger philosophisch begriffen, mein ganzes Leben hindurch mir treu geblieben ist. Aber der Trieb, das unauslöschliche Bedürfnis war dadurch in mich gelegt, jenes ethisch Religiöse auch durch den Begriff mir zum Verständnis gebracht, gerechtfertigt zu sehen.

Dabei nämlich sei noch einer andern großen Wohltat meiner Erziehung gedacht, deren Bedeutung nicht genug erwogen werden kann: ich war durchaus religiös erzogen; aber die eigentlich dogmatischen Glaubenslehren mit ihren «Geheimnissen» und Unbegreiflichkeiten blieben mir fern. Diese heilsame Verschonung mit ganz Überflüssigem bewahrte mich vor dem gefährlichen Konflikt, bei dem Eintritt reiferer Bildung mit der «Glaubensautorität» brechen zu müssen. Dafür blieb das Ewige, allgemein Menschliche des Glaubens immer mir getreu. Seine äußere, historische Umrahmung konnte getrost der sichtenden Kritik überlassen werden.

Aber ebenso forderte meine ganze, auf Einheit dringende Erziehung die völlige Eintracht zwischen dem Geglaubten und Erkannten, die Harmonie geistigen Daseins, so daß mir nicht das unselige Los beschieden wäre, daß ich, nach einem durch sein Charakteristisches berühmt gewordenen Worte *Fr. H. Jacobi's*, «durchaus ein Heide mit dem Verstande, mit dem ganzen Gemüt ein Christ, zwischen zwei Wassern zu schwimmen hätte, die sich mir nicht vereinigen wollen, so daß sie gemeinschaftlich mich trügen»; und daß ich sagen müßte mit Jacobi: «sowie das eine mich unaufhörlich hebt, so *versenkt* auch unaufhörlich mich das andere!» Denn mit gleich inniger Zuversicht blieb mir die Gewißheit zunächst als *Forderung* stehen, daß jener Zwiespalt ausgeglichen werden *müsse*, sonach auch, daß er es *könne*! Und eben dies, nichts anderes, keine lediglich theoretische Wißbegier, wie sie die reinen Forschergeister, die spezifischen Verstandesmenschen auszeichnet, war es, was mich zum Philosophieren trieb, nachdem einmal der Stachel jener Probleme in mir erweckt war.

---

* Man lese die einfach schönen Worte, die er der Gattin zu ihrem Geburtstag widmete. Sie sind das beste Zeugnis und Denkmal für den Geist ihres Ehebundes. (J. G. Fichte's Werke, VIII, 464).

Aber was bei mir eigentlich nur jene glücklich leitende Geistespflege meiner Erziehung bewirkte, das ist doch erweislich bei allen echten Philosophen der tiefste, innerlichste, bewußt oder unbewußt wirksamste Antrieb ihrer Forschungen gewesen. Der Philosoph ist, völlig gleich dem Dichter, vor allen Dingen Mensch, nur mit besonderer Intensität derselben geistigen Bedürfnisse bewußt, welche das Menschengeschlecht vom Anbeginn seiner Geschichte her bewegt haben. Je reicher, treuer und tiefer er dieselben empfindet, auch darin dem Dichter verwandt, desto sicherer ist er zum Philosophieren befähigt; und wohl ihm, wenn er durch die Rückwirkung seines Forscherberufes um jenes Vollgefühl des Menschlichen nicht verkürzt wird, wenn er es nicht sich verkümmern oder beschwichtigen läßt durch theoretische Einseitigkeiten oder durch oberflächliche Surrogate der Wahrheit! Die «religiösen» Philosophen daher sind von jeher die tiefsinnigsten, an glücklichen Entdeckungen reichsten gewesen. Ganz natürlich; weil sie am vollständigsten und kräftigsten Menschen waren und es blieben.

Aber eben hier, in dieser Wahlverwandtschaft zu gewissen Lehren, in der Abneigung gegen andere, spricht das Persönliche der Gemütsstimmung, der Lebenslage, der individuellen Vorbildung unwillkürlich, und je unbewußter desto stärker, mit hinein. Auch der Philosoph, gerade indem er die objektive Wahrheit zu suchen sich bewußt ist, kann doch einer persönlichen Auffassung und Aneignung derselben um so weniger sich entschlagen, je inniger und überzeugter, selbsterlebter, diese Aneignung geworden ist. Alles philosophische «Selbstdenken» (und ein anderes gibt es in Wahrheit nicht) kann nur ein versuchtes Sichhineinverständigen in die objektive Wahrheit sein, und darum wird es den individuellen Charakter abstreifen weder können noch sollen; denn in diesem wurzelt gerade der Lebenspunkt aller Überzeugung. So allein erklärt es sich vollständig, wie jeder wirklich philosophisch Überzeugte, trotz des Widerspruchs der andern, aufrichtig von sich behaupten kann, wie Spinoza von sich bezeugt: er *wisse*, daß er im Besitze (eigentlicher wäre zu sagen: im *Mitbesitze*) der wahren Philosophie sei. Der *bloße* Widerspruch der andern kann ihn verstimmen, umstimmen aber nicht; denn als wirklich Überzeugter weiß er, was er sich damit errungen; und nur die psychologisch natürliche, wie zugleich moralisch gebotene Anerkennung, daß es mit den andern ganz ebenso sich verhalten könne, wird ihn bewegen, versuchsweise in ihre Auffassung sich hineinzudenken, und

151

womöglich aus ihr eigene Erweiterung zu gewinnen. Dies setzt aber nicht allein guten Willen, sondern auch Talent und Übung, eine Beweglichkeit des Denkens voraus, welches alles jedoch seine bestimmte Grenze hat, welches nie dazu fortgehen kann, seine eigene, zur Persönlichkeit gewordene Überzeugung in der fremden ohne Vorbehalt aufgehen zu lassen. Diametral entgegengesetzte Auffassungen werden darum sich nie verständigen, niemals gleiche Berechtigung sich zugestehen können: zwischen sensualistisch-empirischer und ethisch-religiöser Lebensauffassung ist ein unversöhnbarer Zwiespalt aufgerichtet. Und er soll sogar bestehen; es ist der ewige Gegensatz zwischen exoterischer und esoterischer Weltbetrachtung.

Die persönlichen Veranlassungen nun, die mich zur Philosophie trieben, lagen ganz in meiner individuellen Stellung, ich kann sagen: als Sohn dieses Vaters, als Sohn und Zögling dieser Mutter. Ich darf nicht leugnen, daß dies meine ganze Richtung bestimmte und daß dieselbe mir eigen geblieben ist mein Leben hindurch, so daß sie mir eine *Schranke* wurde, oder auch, in Betreff dessen, wie ich mich selbst darin fühlte, die Ursache maßvollen Strebens und einer wirklich erlangten Befriedigung. Denn wohlgemerkt waren es doch nur psychologische Probleme, Fragen von menschlichem Interesse, die zunächst mich beschäftigten, nicht allgemein metaphysische Probleme. Im Vater trat mir die unbezwingliche Kraft theoretischer Überzeugung, in der Mutter die Macht und Wirkung eines religiösen Lebens als *gegenwärtige Tatsache* vor Augen.* Wie kommt es doch, so fragte ich mich unaufhörlich, daß jener (der Motive dafür war ich durch das Studium seines Nachlasses ziemlich deutlich bewußt geworden; wiewohl die Einsicht in die tieferen Gründe mir erst später aufging; ich verstand den Geist meines Vaters erst ganz und mit billigendem Einverständnis, als ich selbständig geworden, seiner Philosophie als solcher entwachsen war) – wie kommt es doch, daß er, dem fast allgemeinen Widerspruch seiner Zeitgenossen zum Trotz, seine Philosophie und die Kantische nicht nur für die wahre, sondern für die einzig und ausschließlich wahre, jede andere aber für ebenso unbedingt falsch erklären könne? Wie kann überhaupt so entschieden Widersprechendes mit gleicher Evidenz, mit gleich aufrichtiger Überzeugung behauptet

* Über dies alles möge gestattet sein, an die «persönlichen Konfessionen» in der *Seelenfrage* (Leipzig 1859), S. 185 f., zu verweisen.

werden? Auch in den philologischen Studien, welche ich bisher getrieben, waren mir stürmische Konflikte gleicher Art begegnet, und Fr. A. Wolfs ehemalige Schüler befehdeten gerade damals ihren Meister aufs heftigste. Die persönlichen Beziehungen, in denen ich zu diesen in ihrer Art verdienstvollen Männern stand, enthüllten mir zum Teil die Veranlassungen dazu. Und so blieben die Gründe des Angriffs mir erklärlich, ohne daß mir dadurch die geistig überragende Größe Wolfs herabgezogen worden wäre.

Anders war es im gegenwärtigen Falle. Wiewohl noch nicht im Stande, aller innern Gründe jener philosophischen Kontroverse mir bewußt zu werden, oder die Gesamtheit ihrer Folgen deutlich zu überschauen, so empfand ich doch, daß, wohin ich mich wandte, welche Partei ich ergriff, dies von der einschneidendsten Wirkung für mein ganzes inneres Leben werden müßte.

Mit der philosophischen Streitliteratur der vergangenen Jahre hatte ich mich aus der Bibliothek des Vaters hinreichend bekanntgemacht, mit unerfreulichem, aber gerade dadurch lehrreichem Eindruck für mich! Schellings und Hegels Polemik im «Philosophischen Journal» stieß mich ab durch ihren an geschmacklosen Hohn streifenden Zynismus, besonders gegen eine so würdige Forschergestalt, wie *C. E. Reinhold* mir erscheinen mußte.* Ja sie erfüllte mich mit entschiedenem Mißtrauen gegen den Wert einer also geführten Sache. Schellings spätere Streitschrift gegen Fichte («Darlegung des wahren Verhältnisses der Naturphilosophie zu der verbesserten Fichte'schen Lehre», 1806) kannte ich nicht. Ich verschaffte sie mir endlich, und ihre Wirkung auf mich war eine gewaltige, ja entscheidende; wie ich noch immer jene Gelegenheitsschrift Schellings für eine seiner besten und für die geeignetste halte, um in den Grundgedanken seiner Lehre einzuführen.

Hier verstand ich zum ersten Mal die ganze Tiefe des Konflikts, die zwischen beiden Denkweisen lag. Für Fichte war der Geist, die Geisterwelt, das einzig Reale, die Natur lediglich «Sinnenwelt», die unmittelbar gegebene, durchaus nur phänomenale Form seines Bewußtseins, ohne

* Daher das Ehrengedächtnis, welches ich ihm in meinen «Beiträgen zur Charakteristik der neuern Philosophie» (nur in *erster* Auflage, 1829, S. 257) widmete, zugleich ein nachträglicher Protest gegen solches schmachvolles Verfahren sein sollte!

eigene Realität und Bedeutung. Aber auch der Geist selbst in seiner Unmittelbarkeit, als «sinnliches Ich», bleibt noch der phänomenalen Welt, der «Naturnotwendigkeit» verhaftet. Erst indem er durch eigene Tat sich losreißt von diesem toten, unveränderlich gegebenen *Sein*, und in die Welt des Neuschöpferischen, des unablässigen *Werdens*, der Ideen, sich erhebt, gewinnt er durch die Freiheit auch eigene Realität. Dies ist zugleich eine neue Geburt, der Durchbruch vom Scheine zum Sein, vom (geistigen) Tode zum einzig wahren Leben. Wer dies in sich erlebt hat (denn nur durch Erleben kann es erworben werden, nicht bloß im Begriffe beschrieben oder durch Beschreibung angeeignet), der ist darin auch des *ewigen* Lebens und der Seligkeit gewiß geworden; denn die Quelle jener idealen Offenbarungen, einmal geöffnet im Geiste, versiegt ihm nimmer. Daher ist Realität nur in der *Freiheit*, ist Leben im Geiste, in den *Ideen*, dies Leben aber ist zugleich *Seligkeit*.

Man durchdringe sich mit der begeisterungsvollen Macht dieser Weltanschauung, die doch so gar nicht mystisch, unbegreiflich, transzendent erschien, die an ein Gegenwärtiges, Erlebbares verwies und in den Heroen der Geisterwelt sich als ein wirklich Gelebtes darstellte; und es muß einleuchten, daß man sie nicht mehr aufgeben konnte, wenn der Geist auch nur annäherungsweise einmal von ihr ergriffen war. Dazu hatte mir das Studium des väterlichen Nachlasses verholfen. Die Hauptquellen dafür waren, neben den Vorlesungen über die «Tatsachen des Bewußtseins», sein Vortrag über das «System der Sittenlehre» (1812, in den «Nachgelassenen Werken», Bd. 3, abgedruckt, eine auch jetzt noch viel zu wenig benutzte Haupturkunde über Fichtes Lehre) und seine «Anweisung zum seligen Leben», welche, was in den Vorlesungen als Sittlichkeit und als Leben in den Ideen bezeichnet wurde, mit dem Lichte der Religion verklärte und als die echte Religiosität aufwies. Die Mutter ließ dies Buch nicht von sich; es verband sie immer wieder mit dem Geiste ihres vorangegangenen Gatten. Sie schrieb in ihrer schlichten Weise darüber an ihre Freundin Charlotte von *Schiller*: «Diese Vorlesungen sind meine Lieblinge; denn sie sagen mir ganz, wonach wir eigentlich ringen müssen, und ich freue mich, daß es einmal so deutlich ausgesprochen wurde, was die wahren Resultate seiner Philosophie und seiner Forschungen sind, daß sie ganz mit dem wirklichen Christentum (nicht wie es gewöhnlich unter den Menschen kursiert) übereinstimmen.»* Dieser festgegründeten, alles andere streng ausschließenden und keinen Kompromiß mit ihm gestattenden sittlich-religiösen Weltanschauung, welche den Menschen und seine Freiheit zum Mittelpunkt macht, und in der ich soeben zu wurzeln begann, trat nun Schellings gleich mächtiges und überzeugendes Wort entgegen von der Göttlichkeit und Herrlichkeit der Natur, von der Gegenwart Gottes im All, von der stillen Ruhe und streitlosen Gelassenheit, welche sich über das Gemüt ausbreitet, wenn es, dem subjektiven Eigenwillen und Eigendenken entsagend, dem Geiste des All und seiner *Notwendigkeit* nachforscht. Es gibt keine höhere Offenbarung weder in Wissenschaft noch in Religion und Kunst, als die der Göttlichkeit des All; ja von dieser Offenbarung fangen jene erst an und haben Bedeutung nur durch sie. Wo nur immer, auch bloß vorübergehend, jene Offenbarung geschehen ist: da war Begeisterung, Abwerfen endlicher Formen, Aufhören allen Widerstreits, Einigkeit und wunderbare Übereinstimmung, bei der größten Eigentümlichkeit der Geister, allgemeines Bündnis der Künste und Wissenschaften, ihre Frucht.**

Solche Stellen wahrer und aus sicherer Tiefe geschöpfter Begeisterung, neben der großen spekulativen Klarheit des dargelegten Prinzips, waren für mich von entscheidender Wirkung. Ich selbst war ein überwiegend sinnender, durch meine Anlagen, die durchaus nicht den väterlichen glichen, der Naturforschung zugewandter Mensch; diese ganze Weltanschauung, zugleich der antiken verwandt und an sich selbst poetisch, mußte eine gewaltige Anziehungskraft auf mich üben. Und dennoch konnte ich an sie nicht hingeben, was ich, wenigstens ahnungsweise, schon als festen Besitz meines Denkens und Willens betrachtete. Es stritten sich, sozusagen, zwei Begeisterungen in mir, welche mir unversöhnbar schienen. Die eine behauptete, daß die wahre Welt erst zu schaffen sei durch freie Taten des Geistes; die andere lehrte, daß das Wahre, Vollkommenste schon vorhanden sei, daß es ewig und allgegenwärtig uns umgebe. Nur darauf komme es an, in der Wissenschaft wie im Leben, durch reine Hingebung an dasselbe es zu verstehen. Ich strebte

* J. G. Fichtes Leben und literarischer Briefwechsel (2. Aufl., Leipzig 1862), II, 406.
** So Schelling in den «Aphorismen zur Einleitung in die Naturphilosophie»: *Jahrbücher der Medizin*, 1805, Kap. 1, S. 3.

nach Ausgleichung dieses Grundgegensatzes aller Bildung, und natürlich war es, daß ich sie in der Vergangenheit, im Studium der Geschichte der Philosophie suchte, wo ja ähnliche Konflikte, nur in anderer Gestalt, schon vorgekommen sein mußten. Damit war zugleich aber auch meine überwiegend kritische, vermittelnde Richtung, das Streben nach Ausgleichung der Gegensätze für immer entschieden. Selbst das Beispiel der starren Abgeschlossenheit des Vaters trug dazu bei, mich auf den entgegengesetzten Weg zu leiten. Wie er indes die Nachteile seiner Denkweise, so habe auch ich das Mißliche der meinigen, nur auf andere Art, zu empfinden gehabt, durch allerlei abschätzige Bezeichnungen meines Standpunktes, welche mich nur belehrten, wie selten es sei, daß ein unverdrossen Strebender im Ganzen seines Strebens und seiner dadurch bedingten wissenschaftlichen Neigungen und Bedürfnisse beurteilt werde, nicht bloß rhapsodisch und nach ihm fremden Maßstäben des Urteils.

Hier aber ist noch eine Betrachtung allgemeiner Art einzuschalten, welche bei solchen «Konfessionen» nicht unbeachtet bleiben darf. Goethe hat gewissenhaft und weise seine Lebenserinnerungen als *Dichtung* und Wahrheit bezeichnet: ersteres darum, weil, wie er selbst es bezeugt, seine längst überwundene geistige Vergangenheit nur dadurch ihm wieder lebendig zu werden vermochte, daß er sie mit gereifterer Einsicht von neuem durchlebte, um so, was verworren und absatzweise in ihm vorgegangen war, nun klar und in konzentrierter Einheit wiedergeben zu können. Es gewährt dies ein treues, wenn auch nicht eigentlich historisches Bild geistiger Entwicklung. Einen andern Bericht wüßte auch ich nicht zu geben; man kann dem etwa zwanzigjährigen Jüngling, als jene Kämpfe in ihm begannen, nicht zutrauen, daß er sich klar gewesen wäre, weder über die Tiefe der Prinzipien, noch über den Umfang der Konsequenzen, welche jede der beiden entgegengesetzten Weltanschauungen in sich verbarg. Was er empfand, war nur das Gefühl des tiefen Wertes von beiden, und der Wunsch, zwischen ihnen eine Versöhnung zu finden. Tatsache ist, daß der Ausgleich, den ich tastend, aber unablässig suchte, der erste Antrieb zu selbständiger philosophischer Forschung geworden ist, und daß dies zugleich die Richtung derselben bestimmte, welche eben deshalb vorzugsweise dem Menschen und seiner Bestimmung, wie seinem Verhältnis zur Wahrheit, d. h. erkenntnis-theoretischen und psychologisch-ethischen Untersuchungen sich zuwenden mußte, und vor allen Dingen einer kritischen Erforschung der Geschichte der Philosophie.

In letzterer ging ich zunächst nur bis auf den Ausgangspunkt der neuern spekulativen Entwicklung, auf Descartes, zurück, um von da aus zum vollen Verständnis der Gegenwart zu gelangen. Durch meine philologische Vorbildung gewöhnt, mich an das Studium der Quellen zu halten, begann ich durch die Hauptwerke von Descartes, Malebranche, Spinoza, Leibniz, der großen englischen Philosophen mich durchzuarbeiten.

Was die wissenschaftlichen Ergebnisse waren, davon lohnt es sich nicht, hier zu sprechen; dieselben sind direkt oder indirekt in meinen philosophischen Werken niedergelegt. Belehrend ist es dagegen, der sittlich didaktischen Wirkung zu gedenken, welche diese Quellenstudien auf meinen Geist übten. Ihnen eigentlich bin ich meine ganze wissenschaftliche Denkweise, die volle Selbständigkeit meines Geistes und Urteils, die Emanzipation von der herrschenden Zeitphilosophie schuldig geworden. Ich war nicht mehr Anhänger einer bestimmten Schule; ich verlor aber damit auch den sehr bedeutenden Vorteil, welcher literarisch in solcher Stellung liegt. Ich hatte geraume Zeit, ja fast immer «wider den Strom zu schwimmen».

Durch solche genaue und lebendig anregende Studien wurden mir nämlich nicht bloß jene mageren, oft paradox klingenden sogenannten «Hauptsätze» der Systeme überliefert, wie sie die damals gewöhnlichen Werke über Geschichte der Philosophie aufzählten; ich lernte die Philosophen selber kennen, nicht als abstrakte Denker, sondern als vollmenschliche Persönlichkeiten; ich wurde in ihren ganzen geistigen Horizont, in ihre Ausgangspunkte und Ziele, kurz in den Geist und Stil ihres Philosophierens eingeführt, meist zu meiner großen Freude, Überraschung und Erbauung. Aber ich mußte in meinen ersten Veröffentlichungen mit dem Ausdruck dieser Begeisterung sehr zurückhaltend sein, um nicht damals (ich rede von der Epoche 1816–1830) mich geradezu lächerlich zu machen, wenn ich mit dem Bekenntnis hervorträte, daß Leibniz und Kant meine wissenschaftlichen Vorbilder seien, nicht die damals hochgefeierten *Vollender* der absoluten Philosophie.* Die, welche

---

* Hatte doch noch im Jahre 1838 ein entschlossener Verteidiger des absoluten Hegeltums mich bei dem Publikum als einen für die Spekulation verlorenen

157

ich so verehren gelernt, genossen dazumal sehr geringer Achtung, noch weniger irgendwelcher Beachtung. Locke und sein Empirismus galten, namentlich in Hegelschen Kreisen, fast als Schimpfbezeichnung; ich hatte in seinem Werke einen der besonnensten, behutsamsten, folgerichtigsten Denker, dabei von musterhafter Klarheit und Präzision der Darstellung, kennengelernt. Von Berkeleys Idealismus wurde, schon seit Kant und Fichte, eine entstellende Überlieferung umhergeboten; bei ihm selbst fand ich die Lehre ganz anders, höchst geistvoll und in ihrer Art wohlbegründet. Er hat die durchgeführteste und schlagendste Kritik des verworrenen Begriffs der «Materie» gegeben; in seiner Lehre ist die erste und gründlichste Widerlegung jeder Form des Materialismus enthalten; und nur nach diesem kritischen Ergebnis ist der Wert derselben zu beurteilen. Kants Vorwurf, daß seine Lehre doch nur Empirismus sei, ist zwar begründet; aber er trifft nicht und schmälert ebensowenig die Bedeutung seiner eigentlichen Leistung.

Hume endlich, im Ganzen seiner Denkweise betrachtet und besonders nach seinem ersten und bedeutendsten Werke: «A treatise on human nature» beurteilt (seine späteren «Essays» sind lediglich ein popularisierter und abgekürzter Auszug desselben), erscheint auf Lockes Voraussetzungen fortbauend als der konsequentere, subtilere und gründlichere Denker. Er war das für die englische Philosophie, was Kant für die deutsche geworden; und die Verwandtschaft seines *Geistes* mit dem Kantischen ist kaum zu verkennen. Nach dem Lockeschen Prinzip, daß alles im Bewußtsein aus Impressionen stamme, folgerte er sehr konse-

Menschen denunziert, weil ich in meinen Vorlesungen in Berlin 1820–1821, denen er beiwohnte, selbst meinem Vater gegenüber mich als «eingefleischt in Kantianismus» hatte ertappen lassen! (K. L. Michelet, Geschichte der letzten Systeme in Deutschland [Berlin 1838], II, 630.) Umgekehrt: den spekulativen Dunst, der damals die Köpfe benebelte, niedergeschlagen zu haben durch Kantische Zucht und Nüchternheit, wenigstens mittätig dabei gewesen zu sein, halte ich noch jetzt für ein Verdienst, um so mehr, als einiger Mut dazu gehörte. Sich gegen die damals herrschenden, besonders durch die Berliner «Jahrbücher für wissenschaftliche Kritik» vertretenen Autoritäten aufzulehnen, wurde fast als persönliche Gefahr beurteilt. Ich erhielt zu jener Zeit wohlwollend warnende Briefe aus Berlin, welche mich dringend mahnten, von diesen Wegen abzulassen, wenn ich mein persönliches Gedeihen nicht empfindlich gefährden wolle!

quent die Nichtobjektivität des Substanzbegriffes und des Kausalitätsgesetzes, und zerstört damit jede Möglichkeit, auf dem Wege der Reflexion das substantielle *Wesen* der Dinge und die wahren *Ursachen* ihrer Veränderung zu ergründen. Aber eine eigentlich skeptische Denkweise, eine Zerstörung der höheren Überzeugungen des Menschen, liegt am allerwenigsten in seinem Sinne; er verweist um so stärker auf den «natürlichen Glauben» und lehrt überhaupt und überall die Aussprüche des unreflektierten Menschenbewußtseins beachten. Er ist überwiegend Psychologe und sein Talent merkwürdig feiner und scharfsinniger psychologischer Analyse macht auch jetzt noch sein Studium für jeden Psychologen fast unentbehrlich, während seine klare, gleichmäßig fortschreitende, ohne pedantische Langweiligkeit kein Mittelglied überspringende Darstellung ihn zu einem der wenigen klassischen philosophischen Schriftsteller erhebt. *Reid* und die schottische Schule entgingen damals meiner Aufmerksamkeit; ich lernte sie erst viel später kennen.

In allen diesen Werken nun, ebenso wie bei Leibniz und Kant, fand ich eine Reihenfolge genau bestimmter, menschlicher Forschung zugänglicher Probleme in klarer Ordnung behandelt und nach den verschiedensten Gesichtspunkten untersucht. Ich konnte immer lernen und prüfen, weil ich über das Tatsächliche orientiert blieb und den erklärenden Begriff mit dem Gegenstande zu vergleichen vermochte. Durch dies lernende Prüfen fand ich mich sichtlich gefördert. Jenes Generalisieren der Probleme, jenes «Ableiten» in Bausch und Bogen, jenes Hypostasieren bloßer Abstraktionen, jenes Hinweggleiten über die allerverwickeltsten Fragen mit den Siebenmeilenstiefeln des «absoluten Begriffs», kurz die ganze Manier unserer modernen Scholastik fand sich hier nirgends, ja sie mußte solchen einfachen klaren, besonnenen Verfahren gegenüber, gleichviel welche bestimmte Resultate dasselbe darbot, formell betrachtet im Nachteil erscheinen.

Man muß sich den Gesamteindruck der bezeichneten Werke und ihrer Vortragsweise genau vergegenwärtigen, um erklärlich zu finden, wie, in Vergleich zu denselben, der Eindruck zunächst von Spinozas «Ethik», dann auch von den in analogem Geist entworfenen Schriften seiner Nachfolger, durchaus kein vorteilhafter, am allerwenigsten ein imponierender für mich war.

Ich nahte Spinozas Ethik zunächst mit größter Lernbegierde, mit entschiedenster Verehrung. Hatte doch Fr. H. *Jacobi* ihr das Zeugnis streng logischer Konsequenz und unwiderleglicher Beweiskraft gegeben. *Schelling* hatte sie sogar als methodisches Muster nachgebildet in der eigenen «Darstellung seines Systems der Philosophie» (1801). Ich fand wieder jene großartige Anschauung von der Ausgleichung aller Gegensätze in der harmonischen Einheit des Universums, jene quietistische Hingebung an die Notwendigkeit alles Daseins und Geschehens, jene Erhebung über die gemein menschlichen Nützlichkeits- und Zweckvorstellungen, welche mir schon in Schelling entgegengetreten waren, aber ohne die geistvoll sachliche Erfüllung, die Schelling in seinen naturphilosophischen Konstruktionen gegeben hatte. Bei Spinoza war alles viel zu abstrakt und universalistisch unbestimmt gehalten, um in Betreff der Einzelprobleme bis zu der bestimmten Einsicht vorzudringen, wie er sie gelöst wissen wolle, was seine eigentliche Meinung sei. Das Ganze gleicht weit mehr einer logisch-schematischen Einreihung der empirischen Tatsachen unter gewisse abstrakte Kategorien (res extensa – res cogitans), als einer wirklichen Ableitung oder Erklärung derselben; und die äußerste Dürftigkeit seiner naturphilosophischen und psychologischen Grundbestimmungen (motus und quies – cogitatio und voluntas), unter welche dennoch das ganze reiche Leben der Natur und des Geistes eingezwängt werden soll, steigert im Fortlaufe des Werks nur noch den Eindruck dieser Ungenüge. Daher ist das eigentliche Verständnis desselben im Ganzen wie im Einzelnen so ungemein schwierig; seine Sätze und Definitionen in ihrer rätselhaften Kürze lassen die vielfachste Deutung zu. Sie haben daher, fast vergleichbar denen Herakleitos des «Dunkeln», die Anziehungskraft alles Unbestimmten und eben damit Geheimnisvollen, sich an ihrer Lösung zu versuchen.

Man fing an, gerade ihrer Unbestimmtheit und Unklarheit wegen sie für besonders tiefsinnig oder wertvoll zu halten. Ein Beispiel von schlimmster Wirkung für die Nachfolger Spinozas und für die Anhänger seiner Denkweise, welche sich gewöhnten, in Dunkelheit Tiefsinn, in unvergorenen Gedankenrhapsodien, eigenen und fremden, überschwenglichen Wahrheitsgehalt zu erblicken. Es wird nicht geleugnet werden können, daß eine ganze, auch jetzt noch nicht völlig ausgestorbene philosophische Literaturepoche in Deutschland mit jenem Kennzeichen behaftet sei. Daß ich selbst mich zu solchen Erzeugnissen deutscher Spekulation nur ablehnend und mißtrauisch verhalten konnte, erklärt sich aus dem Vorhergehenden hinlänglich und mag manche schroffe polemische Äußerung in meinen früheren kritischen Schriften entschuldigen.

Groß dagegen und tiefbeherzigenswert erschien mir bei Spinoza der ethische Schluß des Ganzen, die Lehre, wie man sich durch *adäquates Erkennen* aus der «servitus» (dem *Gebundensein* an unwahre Vorstellungen der «imaginatio», welche falsche cupiditates erzeugt) zur «libertas», zur befreienden *Einsicht* erheben könne, wie dies alles in uns gleich notwendig und eben deshalb gleich wertlos und lediglich ein vorübergehendes Ereignis für uns sei, das gleichgültige Schauspiel unserer Betrachtung. Das *Verständnis* unserer Affekte, die *Einsicht* über ihre Entstehung, wurde mir auf überzeugendste Weise als zugleich die Befreiung von ihren Banden dargetan, weil es uns in die Ruhe affektloser Betrachtung erhebt. Ich mußte die Größe, den Adel dieser Gesinnung verehren; aber ich gestand mir, daß eine bloß negative Ruhe mich nicht befriedige. Ich konnte mir damals noch nicht klar genug aussprechen, was ich erst bei weiter fortschreitender Lebens- und Verstandesbildung einsah, daß jene affektlos resignierende Lebensweisheit, jene Befreiung von niederen Antrieben und Strebungen nur die beiläufige Nebenbedingung, eigentlicher noch der Nebenerfolg eines wahrhaft sittlichen Lebens, nicht der Gipfel desselben sei, welcher vielmehr in positiven Freiheitstaten, in idealen Leistungen bestehe, vor deren begeisternder Befriedigung (die allerdings auch «Affekt», still fortwirkender «Enthusiasmus» ist, «heroische Liebe» nach der betreffenden Bezeichnung *G. Brunos*) man die niederen Affekte und Lebensstrebungen von selbst vergißt, weil man nicht Zeit hat oder Neigung, sich ihnen hinzugeben, bei den höheren Interessen, welche vollständig unser Leben erfüllen.

Dennoch beschäftigte Spinozas Lehre anfänglich mich lange Zeit. Die Zweifel und Kämpfe, die dadurch in mir hervorgerufen wurden, entzweiten mich mit dem, was mir bisher als eigentlich heilig und erstrebenswert gegolten hatte. Daß ich dadurch mich tief unglücklich fühlte, ist erklärlich; ebenso aber auch, daß die formellen Bedenken, die ich gegen Spinozas Darstellungsweise zu hegen begann, mich nicht unempfänglich machten für die Größe und Wahrheit seiner Grundanschauung; denn diese war wirklich in mich eingedrungen. Was mich jedoch zuerst ermutigte, meinem Gefühle der Unbefriedigung einigen Wert beizulegen, war das Studium Leibnizens, dessen hohe Bedeutung Spinoza gegenüber damals von den philosophischen Koryphäen tief herabgedrückt wurde, während ich bei der Beschäftigung mit seinen Werken mehr und mehr das umgekehrte Verhältnis sachlich begründet fand. Ihm bin ich viel, ja das Entscheidende schuldig geworden: er gewährte mir die Ergänzung, deren ich bedurfte.

Bei ihm fand ich dieselbe hohe Idee von der Einheit, Vollkommenheit und innern Harmonie des Universums, wie bei Spinoza, aber gesteigert und vertieft. Was bei diesem bloße *Assertion* blieb, die gefangen unter dem Banne eines abstrakten Begriffsschematismus und einer fatalistischen, jeden Zweckbegriff ausschließenden Notwendigkeitslehre, keine eigentliche Überzeugungskraft gewinnen konnte, das war von Leibniz durch seine dynamische Fassung des Substanzbegriffes belebt, durch den Zweckbegriff vergeistigt, durch Hervorhebung des «Gesetzes der Stetigkeit» («lex continui») der Erfahrung und damit zugleich der Begreiflichkeit angenähert worden. Besonders die Entdeckung oder sage ich besser: die *Auffindung* des letztgenannten Gesetzes schien mir eine der glücklichsten, wichtigsten, folgereichsten, weil es in der Erfahrung seine durchgängige Bestätigung findet, und weil es zugleich doch uns einladet, diese Bestätigung in noch unbekannten Erfahrungsgebieten aufzusuchen. Es enthält Wahrheit und wird doch zugleich heuristisches Prinzip, um neue Wahrheiten und Bestätigungen aufzusuchen. Und wenn der gegenwärtige Standpunkt naturwissenschaftlicher Bildung darauf gerichtet ist, überall die Mittelglieder und die Übergänge aufzusuchen, nichts unvorbereitet und sprungweise entstehen zu lassen, so hat Leibniz schon längst das allgemeine Gesetz dafür ausgesprochen.

Gleicherweise fand ich in ihm, wie bei Spinoza, dieselbe Anerkennung des Prinzips der Notwendigkeit, strengen Determinismus mit Ausschluß alles bloß Zufälligen, Ungeordneten, Chaotischen in der Schöpfung. Aber diese Notwendigkeit ist nicht bloß die «metaphysische» der ewigen Wahrheiten, sondern die gesamte Anordnung der Welt, und jegliches Besondere, was in ihr geschieht, zeigt sich als das Werk «moralischer», nach dem Begriffe der Zweckmäßigkeit bedingter Notwendigkeit.

Dieser Begriff *«moralischer Notwendigkeit»* in seiner großartigen Einfachheit und Klarheit wurde mir eine der folgenreichsten, erfreulichsten Überzeugungen; und noch jetzt halte ich ihn für eine der wichtigsten Entdeckungen der neueren Philosophie, ganz dazu geeignet, der Metaphysik eine völlig neue Wendung zu geben, was zum Teil schon geschehen, nach allen Seiten hin aber noch nicht geschehen ist. Mir im Besondern, der ich in den Banden eines spinozistischen Determinismus zu verschmachten in Gefahr stand, wurde er eine segensvolle Befreiung, eine Evidenz von durchschlagender Wirkung, wie ich sie nur noch ein paarmal sonst empfunden habe; so bei der Entdeckung der nicht minder großartigen Lehre Kants vom «homo noumenon», von dem «außer der Zeit stehenden, *intelligiblen Charakter*» des Menschen, während er zugleich zeitlich und räumlich bedingtes «*Sinnenwesen*» («homo phaenomenon») sei. Darf ich neben so großen Entdeckungen von meinen eigenen Bestrebungen reden, so lassen sich dieselben dahin zusammenfassen, daß ich jene beiden Wahrheiten, jede in ihrem Bereich, nach ihren Konsequenzen weiter auszuführen und zu vollständiger Begreiflichkeit zu erheben beflissen war.

Aber auch sonst erschien mir die Leibnizsche Lehre wie ein begeisterter Hymnus auf die Schönheit und weisheitsvolle Vollkommenheit des Weltganzen, nicht jedoch in überschwenglich phantastischer Weise, in willkürlichen Fiktionen, sondern getragen und begründet durch den tiefeindringenden Blick des Forschers für das Charakteristische der Welttatsachen, worin gerade die Genialität des Leibnizschen Geistes, neben Artistoteles und Kant, die ihm darin glichen, fast so einzig sich bewährt. J. G. Fichte hat einmal von Leibniz gesagt: er sei, falls er sich ganz verstanden, vielleicht der einzig wahrhaft überzeugte Philosoph gewesen; – und warum sollte er sich nicht verstanden haben? setzt er hinzu. Dies meinen und sagen wir auch. Hat er nicht fast immer Recht in seinen, wenn auch nur gelegentlich hingeworfenen einzelnen Apercus? Zeigt er nicht in diesen, wie in den ebenso kurzen und treffenden kritischen Winken eine merkwürdige Überlegenheit des Urteils und Scharfsinns über die große Mehrzahl seiner philosophischen Zeitgenossen? Hat er überhaupt nicht weit in die Zukunft hinausgeblickt, da die meisten seiner Grundanschauungen sich bestätigt haben, da namentlich sein Begriff von der Seele als die einzig richtige Grundlage für Umbildung der Psychologie entweder schon anerkannt ist oder fürder erkannt werden wird? Und wie behauptet werden darf, daß Leibniz damals gekommen war, um seine Zeit von dem Joche eines düstern spinozistischen Pantheismus zu befreien, so darf hinzugefügt werden, daß auch jetzt noch sein Geist, die Grundanschauungen seiner Philosophie, stark genug gewesen seien, das Joch des neuen Pantheismus zu durchbrechen. Welchergestalt dies geschehen, ist selbst schon der Geschichte der neuern Philosophie einverleibt: aber ich darf es für nicht unverdienstlich halten, daß ich zuerst oder doch am entschiedensten auf die hohe Bedeutung Leibnizens in diesem Betreff zurückgewiesen habe.

So war mir die nächste, aber erfolgreichste Frucht dieses freilich mühevollen und umständlichen Studienganges, daß ich mich völlig zu emanzipieren begann von der Autorität der zunächst mir überlieferten Urteile und Ansichten über die philosophische Vergangenheit. Ich mußte sie gerade in den wesentlichsten Punkten aus faktischen Gründen für oberflächlich und irreführend erklären. Ich überzeugte mich, wie auch in der Geschichte der Philosophie gar vieles eine fable convenue sei, die den kritisch belehrenden Wert ihres Studiums geradezu aufhebt und zerstört. Ich faßte den doppelten Vorsatz: selber zuzusehen, aber zugleich mein eigenes Philosophieren nur historisch zu treiben, möglichst genau erforschend und benutzend, was die Vergangenheit mir an belehrenden Anknüpfungspunkten gewähren könne. Daß hierbei nicht die streng historische Zeitfolge der Systeme, am wenigsten ein angeblich in ihnen sich darstellender dialektischer Prozeß mich leitete, überhaupt nicht die formelle Konsequenz der Denksysteme mir maßgebend sein konnte, sondern völlig ebenso, und oft weit mehr noch, einzelne Winke, tiefschauende Blicke, weitreichende, aber vielleicht noch unentwickelte Apercus, mir von entscheidender Belehrung waren, dies ergibt sich von selbst nach meinen allgemein erlangten Überzeugungen.

Überhaupt beachtete und verehrte ich am meisten den gesunden, richtig treffenden, durch keinerlei Vorurteil, sei es der gemeinen Tradition, sei es einer bloß formellen Konsequenz, getrübten oder beirrten Blick der Denker für die *Eigentümlichkeit* der Tatsachen. In diesem angeborenen, nicht anzulernenden, aber durch Übung zu steigernden Talente fand ich gerade die spezifisch philosophische Anlage, und in dem Reichtum und der Vielseitigkeit dieses Aneignungsvermögens für das Charakteristische und Ursprüngliche der Dinge sah ich die eigentliche Quelle philosophischer Produktivität. Und nach diesem Maßstabe konnte ich, soweit ich um mich schaute im ganzen Verlaufe der Geschichte der Philosophie, in ihr doch nur vier solcher Genien erster Ordnung entdecken, «qui nil moliuntur inepte» [die sich mit nichts Ungeeignetem beschäftigen], produktive Geister in jenem höchsten Sinne, deren eindringenden Blicke der ganze Reichtum des Universums offen lag, die immer richtig darin lasen und das Gefundene zutreffend bezeichneten, in denen daher eine noch unbenutzte Fülle anregender Keime ruht. Es sind Platon und Aristoteles, Leibniz und Kant; die übrigen philosophischen Größen, wie ausgezeichnet auch manche durch Scharfsinn und Denkstrenge, weichen gegen sie zurück. Denn konsequente Denksysteme zu entwerfen, irgendeinen Gedanken, ein Prinzip darin bis zur Erschöpfung seines Wahrheitsgehaltes auszuspinnen, ist nur für eine philosophische Tätigkeit zweiter Ordnung zu halten. Es ist wertvoll zu zeigen, wie weit die Berechtigung eines philosophischen Prinzips reiche, was mit einer bestimmten Hypothese auszurichten sei. Und einen falschen Weg, einen Irrtum für immer abzuschneiden, werde dies nun mit bewußtem kritischem Vorsatz vollbracht, oder geschehe es unwillkürlich, ja wider Willen, indem man selbst die Konsequenzen eines Irrtums hervorzuarbeiten getrieben wird: auch dies ist als ein belehrender Erfolg anzuschlagen. Aber es sind insgesamt doch nur philosophische Taten von vorübergehend förderndem Werte, Übergänge und Zwischenstufen bezeichnend, welche unentbehrlich sind, um die stete Selbsterneuerung der Wissenschaft nicht ruhen zu lassen. Das Ewige, Unvergängliche und eben darum Klassische in der Philosophie dagegen besteht darin, einen unveränderlich wahren Gedanken, ein weithinreichendes, immer von neuem bestätigtes Gedankenprinzip zum ersten Mal in die Erkenntnis einzuführen. Die Schöpfungen solcher Geister (wir reden nicht allein von der Philosophie) sind daher selbst auch von ewigem «klassischem» Werte; sie sind «Wetzsteine des Denkens», wie Schelling einmal mit Recht die Werke des Aristoteles bezeichnet, weil sie allgemein bildend, krafterweckend wirken, so gewiß der mächtigere Genius den schwächeren, aber erregbaren kräftigend an sich zieht. Dies ist, beispielsweise, um näherliegenden Parallelen auszuweichen, die Grundverschiedenheit zwischen Spinoza und Leibniz, der ebenso verschiedene Eindruck, welchen die Werke beider hinterlassen: die des Spinoza, den Trieb der kritischen Bedenken erregend, um die vorliegenden Dunkelheiten und Paradoxien aufzuklären; während die von Leibniz den Trieb eigener Produktivität hervorrufen, indem man sich durch sie fast immer dem Einfluß eines überlegenen Geistes hingegeben fühlt, dessen treffende Gedankenblitze und originale Anregungen zur Selbsttätigkeit befeuern. Er darf darum, nicht minder wie Kant, uns noch immer zum «Wetzstein unseres Denkens» empfohlen sein.

Verwundern kann es nun nicht, daß, als ich, mit diesen Vorstudien ausgestattet, der Hegelschen Lehre mich zuwandte, der einzigen, welche damals als geschlossenes System, in der wohlgerüsteten Form streng logischer Durchführung mir dargeboten wurde, ich dennoch einen minder imponierenden Eindruck von ihr empfing, als wie die meisten der jüngeren Mitstrebenden ihn empfanden. Ich rede nicht von der späteren, ausführlichen Kritik, welche ich ihr in meinen «Beiträgen zur Charakterisitik der neuern Philosophie» (zweite Auflage 1841, S. 782–1032) widmete, welche das langerwogene Ergebnis eines reiferen Studiums derselben war. Dieser Kritik wird man schon nach ihrer historischen Stellung zugestehen müssen, daß sie die erste gewesen sei, welche das System in allen seinen Teilen von Innen her geprüft, nach seinen eigenen Prämissen gewürdigt hat. Auch ist das Gesamtresultat derselben so sehr vom allgemeinen Urteil der später Prüfenden bestätigt worden, daß sein Eindruck bei den Zeitgenossen ein bleibender, in seinen Wirkungen unwiderruflicher geworden ist.

Hiervon rede ich nun nicht, sondern von dem, was ich bei dem frühesten Studium Hegels diesem abgewann, was mir Quelle der Belehrung und Befriedigung in ihm wurde, was mich dagegen als Grundbedenken von ihm entfernte, ja auf fast ebenso abstoßende Weise, wie bei Spinoza, auf mich wirkte. Ich muß bekennen, daß der unwillkürliche Protest dagegen, aber zugleich der Wunsch, diese Polemik meines Gemüts zu einer wissenschaftlich berechtigten zu erheben, endlich der Vorsatz, den dadurch entstandenen neuen Anforderungen auf spekulativem Wege genugzutun, seit jener Zeit der eigentlich antreibende Sporn meines Philosophierens geworden sind. Und dies begründet, nach richtiger Schätzung, gewiß kein kleines Anrecht auf Dankbarkeit, welche ich dem mächtigen Geiste Hegels schulde.

Zuerst mußte ich mir eingestehen, wenn auch den gewöhnlichen Gegnern Hegels dies ein allzu großes Zugeständnis scheinen mag, daß mit seiner Methode ein völlig neuer Stil, eine vollkommenere Behandlungsweise der philosophischen Probleme in die Spekulation eingeführt sei, sowohl in Betreff der Kritik, als in Hinsicht auf ihre selbständige Weiterentwicklung.

Er lehrte nachdrücklich – was man nachher wieder so oft vergessen hat – daß die philosophische Kritik, wenn sie Erfolg haben solle, sich in den Mittelpunkt der beurteilten Systeme zu stellen habe, von innen her und nach seiner eigenen Konsequenz das Prinzip derselben prüfend, in seiner

begrenzten Berechtigung es aufweisend und dadurch über sich hinaus-
führend, daß somit alles echte Widerlegen zugleich die teilweise Anerkennung des Früheren, seine «Aufbewahrung» in einem höheren Ganzen
in sich schließe. Ich sah hier, was Leibniz in seinen Kritiken schon
tatsächlich und praktisch geübt hatte, mit Bewußtsein ausgesprochen und
zur allgemeinen Maxime erhoben. Was mich abstieß, was mir zugleich
aus jener richtigen Maxime nicht zu folgen schien, war der darauf
gegründete Versuch Hegels, die ganze Geschichte der Philosophie hiernach in einen durchaus unpersönlichen dialektischen Prozeß zu verwandeln, in dem die Subjekte nur die äußerlich erscheinenden Träger einer
innern, an ihnen sich vollziehenden Notwendigkeit des «Begriffs» sind;
ein Widerwille, dessen Motiv ich auch jetzt noch für vollkommen
begründet erachte, bei dem ich nur damals in jugendlicher Unreife des
Urteils die Entschuldigung übersah, daß, wenn ein neuer Gedanke zum
ersten Mal mit voller Energie ausgesprochen wird, dies ohne eine gewisse
Übertreibung, ohne Einseitigkeit, fast nicht möglich ist.* Dem Proteste
gegen diese Einseitigkeit machte ich in meiner ersten kritischen Schrift
(«Beiträge zur Charakteristik der neuern Philosophie», erste Auflage,
geschrieben 1826–27, erschienen erst 1829) in der «Einleitung», nachdrücklich Luft, wo das Recht der Individualität, der Anteil, den die
Eigentümlichkeit der wissenschaftlichen Genien gerade an der Förderung der Philosophie nimmt, in seiner Unentbehrlichkeit aufgewiesen
wird, wo zugleich am Beispiel der neueren Philosophie gezeigt werden
soll, daß ihre Geschichte weder ein mit Notwendigkeit verlaufender
dialektischer Prozeß, noch eben darum eine bloß einfache «Reihenfolge»
hintereinander sich abwickelnder Systeme sei. Von dieser Grunddiffe-
renz der Auffassung wird übrigens später noch ausführlicher zu handeln
sein.

* Wie hart und jeden Kompromiß ausschließend sich diese Ansicht bei Hegel
ausspricht, kann man beispielsweise aus der Schlußerklärung seiner «Geschichte
der Philosophie» ersehen, in welcher aufs entschiedenste das Doppelte behauptet
wird: einesteils, daß die äußere Reihe der philosophischen Systeme eine innerlich
notwendige Stufenfolge dieser Wissenschaft darstelle; andererseits, daß diese
Vielheit, diese Aufeinanderfolge an sich doch nur «das Sichselbsterkennen des
einen absoluten Geistes» sei, welcher «diesen langen Zug von Geistern zu den
einzelnen Pulsschlägen seines Lebens verwendet» (Hegels Werke, XV, 690. 691.)

Zugleich aber war durch das Studium Hegels mir klargeworden, daß nur ein ganzes System das andere widerlegen könne, indem diesem weder durch einzelne Einwendungen beizukommen sei, noch durch einzelne, ihm eingeschaltete (oder selbst inokulierte) Verbesserungen aufgeholfen werden könne. (Diesen letzteren Versuch schienen mir nämlich einige Nachbesserer Hegels aus dem Kreise seiner eigenen Schule in der Tat vollbringen zu wollen!) In allen seinen Teilen müsse es gleichmäßig gesteigert, erweitert, berichtigt werden durch die alldurchdringende Wirkung des neuen Prinzips, welches auch methodologisch eine Umbildung des ganzen Systems begründen müsse. Was mir dies neue Prinzip dem Hegelschen gegenüber war, brauche ich kaum zu sagen; es ist soeben in Kürze schon bezeichnet worden, und alle meine Schriften geben dafür ein direktes und indirektes Zeugnis.

Dagegen war mir der große Grundgedanke Hegels: «daß alles Wirkliche vernünftig sei», daß jedes aber auch in seiner eigentümlichen Vernünftigkeit aufgewiesen werden müsse, und daß eben darin die eigentliche und einzige Aufgabe der Philosophie bestehe, ebenso überzeugend, als mir dieser Gedanke zugleich doch eine unendliche Aufgabe in sich zu schließen schien; denn dies «Hineinverständigen» des Einzelgeistes in die «Vernunft» des Weltganzen nach seiner unendlich reichen Eigentümlichkeit könne nach dem Maße seines inneren Talents und seiner äußeren Leistungsfähigkeit immer doch nur ein partikuläres sein, die Färbung seiner persönlichen Auffassung nicht abstreifen, überhaupt die Grenzen seiner Individualität nicht überschreiten. Es bildete sich mir die Überzeugung, die mich bei meinen kritischen und wissenschaftlichen Bestrebungen stets geleitet hat und die auch vielen meiner äußeren Unternehmungen zur Erklärung dient: daß nur durch freies Zusammenwirken mehrerer im Prinzip einverstandener Denker die Philosophie, wie jede sonstige Wissenschaft, wahrhaft gefördert werden könne, daß auch hier eine «Teilung der Arbeit» unerläßlich sei.

Dies durch Instinkt und Einsicht erzeugte wissenschaftliche Geselligkeitsgefühl schrieb auch meiner Polemik ihre bestimmte Grenze vor. Ich darf mich auf die Tatsache berufen, daß ich niemals der Angreifende war. Das Schauspiel literarischer Klopffechtereien, öffentlicher Halsgerichte und kritischer Hinrichtungen, unter Verschärfung derselben durch raffinierten Hohn und Beleidigung, waren mir äußerst widerwärtig. Lessings treffendes Wort fiel mir jedesmal dabei ein: «es sei ein gar ekler Anblick, eine Spinne die andere fressen zu sehen». Hatte ich doch dergleichen Beispiele in der kurz vorher abgelaufenen philosophischen Periode zahlreich kennengelernt. Auch die Hegelsche Schule schien einige Zeit einen ähnlichen Terrorismus üben zu wollen und wandte auch gegen mich ein paarmal solche Waffen. Ich glaubte in deren Erwiderungen zeigen zu müssen, wie wenig ich mich dadurch erschrecken ließe. Man wurde nachher höflicher, aber kaum gründlicher in seinen Kritiken. Das Gesamtergebnis aller dieser fremden und eigenen Erfahrungen war für mich eine geringe Meinung von dem Werte der gewöhnlichen Kritik, selbst von ihrem Einfluß auf die öffentliche Meinung, und der Vorsatz, meinerseits einen anderen Ton anzuschlagen, statt der bloßen Kritik Verständigung zu versuchen und auch in der prinzipiell entgegengesetzten Ansicht das Element aufzufinden, was mir zur eigenen Weiterbildung, zur schärferen Begründung der eigenen Überzeugung dienen könnte. Nur diejenigen Lehren direkt zu bekämpfen habe ich für Pflicht erachtet, welche ich in ihren Resultaten als bildungsfeindlich, zerstörend für die höheren Güter der Menschheit erachten mußte, während ich den anderen abweichenden Bestrebungen neben mir völlig unbestrittenen Raum zu gönnen bereit war. Dies alles darf ich ohne den falschen Schein des Eigenlobes bekennen; denn von seinen *Vorsätzen* und von *Tatsachen* kann man ohne Selbstüberhebung reden. Jene gehen aus dem Willen hervor, und diese sind einer unbestreitbaren Kontrolle der anderen unterworfen. Anders verhält es sich mit der Frage, ob diesen Vorsätzen die Ausführung stets entsprochen habe, ob Talent und gewissenhafte Treue im einzelnen dazu genügend waren? Hierüber geziemt sich kein eigenes Urteil.

Alle diese sympathischen und antipathischen Regungen, diese frühesten Vorsätze der Forschung und noch unausgebildeten Entwürfe zu ihrer Ausführung sind nun in meiner ersten philosophischen Schrift. *Sätze zur Vorschule der Theologie* niedergelegt (geschrieben 1823, verspätet in ihrem Erscheinen bis 1826). Sie enthält sozusagen das Programm meiner philosophischen Zukunft, den Kampf gegen den damals herrschenden Pantheismus, die Ankündigung und versuchte Begründung dessen, was ich späterhin als «konkreten Theismus» bezeichnete, alles nicht ohne Lebhaftigkeit und ohne das Gefühl tiefer Überzeugung vorgetragen, was eben der Schrift bei ihrem Erscheinen ein gewisses Interesse und Freunde erwarb. Außer den öffentlichen Beurteilungen empfing ich von Johann Friedrich von *Meyer* aus Frankfurt (vom 10. März 1824), und was mir noch wichtiger, von *Daub* in Heidelberg* aufmunternd beistimmende Urteile (welche, neben anderen Briefen, künftig einmal aus meinem Nachlaß veröffentlicht werden sollen). *Schelling*, dem ich das im Druck erschienene Werk um Urteil und Belehrung bittend übersendete, antwortete mir aufs freundlichste, verwies mich aber letztere betreffend auf seine soeben «im Druck begriffenen» Vorlesungen über die Mythologie. *Hegel*, dem ich eine gleiche Ansprache und Bitte gewidmet hatte, ließ diesselbe unerwidert. *Herbart* würdigte mich einer freundlichen, zugleich aber warnend belehrenden Beurteilung in der «Halleschen Literaturzeitung», deren Winke ich aber nicht für mich zu verwerten vermochte, teils weil ich den Urheber derselben nicht erriet, teils weil mir Herbarts Werke damals noch fern lagen.

Allen jenen Überzeugungen nach ihrem wesentlichen Gehalte bin ich nun bis zum gegenwärtigen Augenblicke treu geblieben, weil sie mit meinen persönlichen Gesinnungen, meinem geistigen Bedürfnis innigst verwachsen waren. Gleich *Jacobi*, der es ebenfalls ausdrücklich von sich bekennt und dessen Beispiel mich in meinem Vorsatze kräftigst bestätigte, konnte ich nur diejenige Weltansicht für die wahre halten, welche zugleich meinem Gemüte die volle Befriedigung bot. Ich bin «Persönlichkeitsphilosoph» geblieben, mag mir dies zur Ehre oder zur Unehre gereichen; zur treuen Rechenschaftsablegung dient das Bekenntnis jedenfalls. Für mich hat deshalb die jetzt vergessene Jugendschrift keinen anderen Wert mehr, als für jenes Treugebliebensein einen Beleg zu geben.

Doch erachte ich mit jenem Bekenntnis weder etwas Abschätziges noch etwas der Entschuldigung Bedürfendes von meinem Philosophieren behauptet zu haben. Die Spekulation ist mitnichten bloß ein scharfsinniges Gewebe logischer Begriffe oder interesseloser Hypothesen. In erster und höchster Instanz soll sie zur *Weisheit* erziehen; sie hat den *Menschen* über sich zu verständigen, das Rätsel seiner Bestimmung ihm zu deuten. Dies ist weder möglich noch zulässig, ohne seinem ethisch-religiösen Bedürfnis das volle Verständnis gewährt zu haben; und auch nach ihrem

---

* Beiden verehrten Männern hatte ich das Manuskript zur Empfehlung an einen Verleger mitgeteilt. Es irrte lange in der Welt umher, und einige Zeit hielt ich es für verloren.

äußerlich bleibenden Erfolge entscheidet sich das Schicksal einer Philosophie und daran, wie sie jenem rein menschlichen Bedürfnis zu genügen vermochte. Und dies geschieht von Rechts wegen und nach innerer Notwendigkeit.

Aber es stellte sich mir damals alsbald die weitere Aufgabe, meinen Kampf mit dem herrschenden Pantheismus, wie er thetisch in der «Vorschule» geführt war, nun auch kritisch zu rechtfertigen und auf die dadurch nötig werdende völlige Umbildung des Systems der Philosophie auch in seinen *erkenntnistheoretischen* Ausgangspunkten hinzuweisen; denn hier, mußte ich finden, liege das πρῶτον ψεῦδοδ [der erste Irrtum] der ganzen von mir bekämpften Weltansicht. Dies sollten die schon erwähnten *Beiträge zur Charakteristik der neueren Philosophie* leisten, deren erste Ausgabe nur diesen kritisch-polemischen Zweck verfolgt. (Die zweite, gänzlich umgearbeitete und erweiterte Ausgabe vom Jahre 1841 steckte sich dagegen das weitere Ziel, eine völlig objektiv gehaltene, «kritische Geschichte der Philosophie von Descartes bis Hegel» zu geben.) Jener erste Zweck blieb nicht unerreicht. Trotz des starken, ja gehässigen Angriffs, den die Schrift in den Berliner «Jahrbüchern für wissenschaftliche Kritik» zu erfahren hatte, gewann sie mir dennoch selbst in Hegelschen Kreisen Anerkennung. Manche, wie *Göschel*, später auch *Gabler*, noch später sogar der vorzüglichste von allen, *K. Rosenkranz*, sprachen ihre Beistimmung in der Sache aus, aber sie wollten den gleichen Sinn in Hegel selbst entdecken. Viel wichtiger war es, daß ich dadurch die Freundschaft *Weisses*, *Senglers*, *Chalybäus*, *Fr. Hoffmanns*, *K. Ph. Fischers* und eines ganzen Kreises jüngerer Denker (unter diesen besonders *H. Ulricis* und *J. U. Wirths*) mir erwarb, welche mich in den Stand setzten, bald darauf durch Gründung der «Zeitschrift für Philosophie und spekulative Theologie» (seit 1837) der Polemik gegen die Hegelsche Richtung und dem Wiederaufbau der Philosophie auf dem Boden des Theismus einen gemeinschaftlichen Mittelpunkt darzubieten.

Damit komme ich zur Berichterstattung über die Epoche, in der ich direkten und anerkannten Anteil nahm an der Weiterbildung deutscher Philosophie und so eigentlich erst ins öffentliche Leben trat. Sie beginnt mit dem Jahre 1830.

Zur Seelenfrage

Allgemeine Rück- und Umschau

Wenn alles Bisherige insofern den Charakter der «Konfession»*an sich trug, als nirgends verleugnet wurde, daß ich die hier vorgetragenen Ansichten keineswegs schon bis zu völlig gesicherten, keiner Berichtigung oder Erweiterung bedürftigen Resultaten abgeklärt zu haben meine, sondern darin nur den *Anfang* sehe zu einer Fülle neuer Gesichtspunkte und weitreichender Untersuchungen, die auch jenem Anfange erst das volle Gepräge der Gewißheit verleihen können: so erhält von hier an jener Ausdruck einen noch prägnanteren Sinn. Ich wünsche in diesem Abschnitte über manches meiner persönlichen Bildungsgeschichte Bekenntnisse abzulegen, was alles zwar mit den hier verhandelten Fragen aufs innigste zusammenhängt, nicht weniger darum aber über die Grenze der rein sachlichen Verhandlung hinausreicht. Dennoch hoffe ich davon auch für die Sache selbst die ersprießlichste Förderung.

Erwünschte Veranlassung zu dieser persönlicheren Wendung gibt mir die schon früher angeführte eindringende Besprechung meiner «Anthropologie» von Herrn Professor Weisse.** Dieser hat erinnert, daß von den zwei Hauptbegriffen, welche die religiös-ethische Spekulation gegen alle sensualistische und materialistische Philosophie zu vertreten gewohnt sei, dem Schöpfungsbegriffe nämlich und dem Begriffe persönlicher Unsterblichkeit, in meiner «Anthropologie» sowohl wie in allen meinen früheren Schriften weit mehr dem letzteren, als dem ersteren Aufmerksamkeit geschenkt werde, während das Interesse der Sache verlange,

---

* aus: I. H. Fichte: Zur Seelenfrage. Eine philosophische Konfession. Leipzig 1859. 7. Abschnitt.
** Weisse, «Der Kampf des Glaubens gegen den Materialismus», dritter Artikel; in der «Protestantischen Kirchenzeitung für das evangelische Deutschland» (Berlin 1857), Nr. 23, 24.

beiden gleichmäßige Beachtung und Ausführung zuteil werden zu lassen. Die Wahrheit der letzten Behauptung an sich völlig anerkennend – in welchem Maße und unter welchen Einschränkungen übrigens, davon wird sogleich die Rede sein –, muß ich allgemein doch zugeben, daß hierin Weisse aufs treffendste eine Eigentümlichkeit, nenne man es auch die *Schranke* meines Untersuchungsgebiets, bezeichnet hat. Aber sie beruht, soweit ich mich kenne, mitnichten auf bloß persönlichen Neigungen oder Abneigungen, sondern auf streng wissenschaftlicher Erwägung und steht im innigsten Zusammenhange mit meinen erkenntnistheoretisch-methodologischen Grundsätzen.

Keine Wissenschaft, am wenigsten die Philosophie, kann den Augpunkt *menschlicher* Auffassung überschreiten. Vom Menschen aus und seiner gründlichen Selbsterkenntnis tritt auch alles übrige Erkennbare erst in deutsamer Klarheit hervor. Über den Gesichtskreis seiner *Erfahrung* hinaus ist überhaupt nichts mehr sicher erreichbar für sein Bewußtsein. Und so behaupte ich eben, daß der «Schöpfungsbegriff» nur auf sehr mittelbare Weise Gegenstand spekulativer Erforschung werden könne.

Er bezeichnet lediglich, dem pantheistischen und atheistischen Standpunkte gegenüber, das *theistische* Verhältnis des Endlichen zum Absoluten; niemals aber kann es die Aufgabe besonnen theistischer Spekulation werden, das Endliche aus dem Absoluten «abzuleiten», oder die Art und Weise seines «Entstehens» aus ihm aufzuzeigen. Dies alles kann nur Sinn behalten unter konsequent pantheistischen Voraussetzungen, mit welchen jeder eigentliche Schöpfungsbegriff unverträglich ist. Vom Standpunkte des Theismus aus wäre es ein sich selbst mißverstehender Rückfall in das alte Prinzip der «Identität des Endlichen und Unendlichen».

Auch sind dies meinerseits weder neue noch unerwartete Behauptungen. Habe ich doch vom ersten Hervortreten an, als ich das Panier des Theismus erhob, immer zugleich erklärt, daß zur wahren wissenschaftlichen Begründung desselben die Spekulation von der absolutistischen Überstürzung auf den «ehrlichen Weg Kants» zurückzuleiten sei.

Kant aber hat die große Lehre von der Immanenz der allgemeinen Vernunft und der Ideen im menschlichen Bewußtsein nicht aufgehoben, sondern neu und für immer befestigt. So gewiß er aber schärfer als bisher (Vorläufer hatte er schon an Fr. Baco und, richtig verstanden, auch an Leibniz) die alte Verwechslung von reinem Denken und realem Erkennen aufdeckte, hat er ihr erst den rechten Wert besonnener Erforschung gegeben und sie im echten Sinne fruchtbar gemacht.

Von Gott, nicht als rein apriorischem «Vernunftideale» (dies zeigt sich zwar als ein notwendig im Denken zu entwerfender, dabei völlig widerspruchsfreier, aber lediglich subjektiver Begriff, von dem daher ungewiß bleibt, ob ihm ein objektiver Gegenstand entspreche; – so Kants «Kritik der reinen Vernunft»), sondern von Gott als *realem* Wesen vermögen wir nur Zeugnis zu empfangen auf indirektem Wege, mittels der Erfahrung; nicht aber aus der bloßen Erfahrung einer Zweckverknüpfung in der Natur, sondern an den moralischen Tatsachen unseres Innern und an dem tief merkwürdigen Charakter, den sie tragen. Unsere moralische Natur, das Höchste und zugleich das *Gewisseste* für uns, treibt uns zu dem eben darum «moralischen Glauben» an ein höchstes, heiliges Wesen. So Kant im ganzen; wir erinnern an seinen «kategorischen Imperativ», an den bedeutungsvollen Begriff eines «homo noumenon», vor allem aber an die denkwürdige Entwicklung am Schlusse seiner «Kritik der Urteilskraft», wo er die *Physikotheologie* als für sich ungenügend in der *Ethikotheologie* sich vollenden läßt. Wenn nicht mehr und Höheres, so hat er wenigstens den wichtigen Ausgangspunkt bezeichnet, von welchem allein fortan in letzter Instanz die theologischen Probleme ihre spekulative Erledigung erhalten können.

Und so kommt es vor allem darauf an, wie tief das Wesen des Geistes zu enthüllen uns gelingt, in dessen Innerem die höchsten Fragen sich regen und darum auch lösbar sein müssen für ihn. Hier aber genügt nicht ein verblaßter, konventionell überlieferter Schulbegriff vom Menschen, sondern eigenes Geisteserlebnis und die daran entzündete Evidenz, um dem Denken, der freien Forschung, einmal für immer ihre Richtung zu geben. Darüber seien mir nun einige Worte des Bekenntnisses gestattet, welche erst erklären können, was mich ursprünglich zum Philosophieren trieb und seine Richtung für immer mir vorzeichnete.

Schon in sehr frühen Jahren, an der Schwelle des Jünglingsalters, ward mir das hohe Glück zuteil, an den Gegenständen meiner höchsten Verehrung, meinen Eltern, dem Vater sowohl als der Mutter, eine Erfahrung vor Augen zu haben, welche für meine ganze Folgezeit entscheidend wurde. Die *Tatsache* eines Lebens in der übersinnlichen Welt, mit höheren weltüberwindenden Kräften von dort her, die im irdischen Wirken unbesiegbaren Mut, im Abscheiden aus ihm höchste Freudigkeit verliehen, trat mir in ihnen höchst imponierend entgegen, begeisternd zugleich und mein weiteres Nachsinnen unablässig anregend. Jenes Bild eines «Lebens in Gott», an welchem von ferne teilzunehmen ich gewürdigt wurde, hat mich nie verlassen; es war mir der Gipfel und die befreiende Höhe des Daseins, in welche hinauf sich zu retten jedem gegönnt ist, der da ernsthaft will; aber noch mehr wurde es mir der Schlüssel zum Verständnisse der Philosophie, nicht bloß nach ihrer eigentlichen Aufgabe, sondern nach dem tieferen Sinne ihrer Systeme. In des eigenen Vaters «Wissenschaftslehre», in seiner «Anweisung zum seligen Leben», in den Vorlesungen von 1812 über die «Sittenlehre» (später von mir bekannt gemacht in den «Nachgelassenen Werken», 1835, Bd. 3, einem, wie ich beiläufig bemerke, zur Charakteristik seiner damaligen philosophischen Denkweise höchst wichtigen, bisher noch nicht gehörig gewürdigten Aktenstücke) trat mir mit höchster Kraft die wissenschaftliche Verwertung jener großen Tatsache entgegen. Auch Kants Lehre vom *homo noumenon* wirkte darum so unvergeßlich auf mich, weil selbst der nüchternste aller Denker dadurch bezeugte, der Macht jener gistigen Tatsache sich nicht entziehen zu können, durch welche, wie er selbst ausdrücklich es bezeichnet, der Mensch einer «überempirischen» Welt eingereiht wird. Meine früheren halbphilosophischen Studien Plotins und des Neuplatonismus nach seinem Ursprunge und späteren Verlaufe brachten mich mit der Theosophie in Verbindung; die Beschäftigung meiner Mutter mit den christlichen Mystikern ließ mich in diese reiche Welt von Erfahrungen hineinschauen.

Und so war ich durch jene unwillkürlich mir angeeignete geistige Errungenschaft (was ich als ein unverdientes providentielles Glück hoch zu preisen nicht umhin kam) gleich anfangs sachlich oder faktisch (wenn auch nicht spekulativ) ebenso dem *bloß* pantheistischen Gottesbegriffe entwachsen, wie über die bloße Jacobische Sehnsüchtigkeit nach einem persönlichen Gotte hinausgestellt. Er gab mir seine Wirkungen in einer beseligenden Tatsache kund, die zugleich doch als durchaus universale, die ganze Menschheit umfassende sich erweist. Die spekulative Aufgabe blieb nur, sie in allen ihren Bedingungen und Folgen zu erforschen und darauf eine ganze Weltansicht zu gründen.

Hier muß ich noch daran erinnern, daß damals, in der Mitte und gegen das Ende des zweiten Jahrzehnts dieses Jahrhunderts, in der theologischen Welt vorzugsweise der gefühlsgläubige Theismus Jacobis galt, wie ihn Fries mit Kantschen Elementen vermittelt hatte, während unter der übrigen Jugend Okens Naturphilosophie keinen geringen Einfluß übte, seitdem er in seiner «Isis» zugleich einen kühneren politischen Ton angeschlagen hatte. Er galt als Hauptvertreter der damals herrschenden Naturphilosophie. Ihr Urheber Schelling schwieg, Hegel wurde kaum genannt, Schleiermacher und Steffens wirkten in kleineren Kreisen. Und zu leugnen war nicht, daß der selbständige Trotz seiner Urteile, die kühne Schärfe seiner philosophischen Aussprüche dem Geiste damaliger Jugend zu imponieren im Stande war. Mochte auch manches seiner politischen Schlagworte zu jauchzendem Beifall hinreißen: seine Philoso-phumena machten mir einen ebenso abstoßenden als dabei fast komi-schen Eindruck wegen der unendlichen Anmaßung bei solcher Leerheit und Dürftigkeit. Seinen Begriffen von Gott, als dem Nichts, aus welchem alles Endliche entstehe und in dessen Abgrund es wieder zurück müsse, von der Natur, als der ewigen Gebärerin ohne Anfang und Ende, konnte man einen gewissen Anschein oberflächlicher Konsequenzen zugestehen; doch war es ein hohles Gerüste, ein dürftiges Schema, um die Tiefe der hier unterdrückten Probleme gewaltsam zu überdecken, wofür die glän-zenden Aperçus seiner Naturphilosophie im einzelnen nicht zu entschä-digen vermochten. Wir wollen nicht die Geister alter Polemik heraufbe-schwören; indes kann es auch jetzt noch zweckmäßig sein, gelegentlich daran zu erinnern, mit wie dünner philosophischer Armenkost von der einen wie von der anderen Seite die lernbegierige Jugend damals genährt wurde, und schon darum bleibe Hegel in unvergänglichen Ehren, weil er wenigstens solcher Dürftigkeit ein Ende machte.

Aber auch indem ich auf den originalen Urheber jener ganzen Denk-weise, auf Spinoza, zurückging, blieb hier im Hauptpunkte die gleiche Lücke. Dem Begriffe deterministischer Notwendigkeit, welche nach die-sem Systeme blind verkettend alles endliche Dasein beherrscht, um alle Zweckmäßigkeit und alle Freiheit aufzuzehren, trat Leibniz' leuchtender Gedanke siegreich entgegen, daß der Beschaffenheit der wirklichen Welt, welche das Gepräge eines Zweckzusammenhanges nach dem Gesetze der Vernunft und der Wohlordnung faktisch an sich trägt, *jener* Begriff keineswegs entspreche, daß ihm einzig nur der andere einer relativen, «moralischen», auf die Entscheidung einer Intelligenz zurück-deutenden Notwendigkeit angemessen sei. Was Leibniz Reichhaltiges und Schönes aus jenem einfach überzeugenden Gedanken entwickelt habe, ist bekannt; ich ergab mich der Verehrung und dem eifrigen Studium dieses damals fast vergessenen oder nur mit Tadel erwähnten großen Denkers.

Doch auch in Spinozas Lehre schien mir sein tiefgeschöpfter Begriff eines *amor intellectualis dei*, der Schluß- und Lichtpunkt des ganzen merkwürdigen Gebäudes, seinen Anfang eher Lügen zu strafen als zu bestätigen, indem er die starre Vorstellung von der Unpersönlichkeit Gottes und der Nichtsubstantialität des menschlichen Geistes von hinten her aufzulösen droht. Im Begriffe selbst fand ich jene große ethisch-religiöse Tatsache wieder und ohne Zweifel in den reinsten, glücklichsten Ausdruck gefaßt; aber sie zerstört das Gefäß, in welches sie aufgenommen war, von innen her. «Liebe» ist ein so reiches, so die Fülle vollendeter Persönlichkeit voraussetzendes Gefühl, daß es zur unverständlichsten Paradoxie werden muß, eine abstrakt unendliche, selbstlose Substanz damit zu belegen und vollends zu behaupten, daß die substanzlosen «endlichen Modi eines unendlichen Denkens» (denn ein Mehreres sind dem Systeme ja die menschlichen Geister nicht) Träger jenes Gefühls werden könnten, ja daß Gott selber «in ihrer Liebe zu ihm Sich liebe auf unendliche Weise», während doch nach *spekulativer* Wahrheit auch jenen allerreichsten und tiefsten Geistesvorgängen nichts Höheres zu Grunde liegen soll, als eine unpersönliche, ins Unendliche hin in endlichen Körpern und Seelen sich modifizierende Substanz. Dergleichen Karikaturen einer gewaltsamen Abstraktion kann man wohl behaupten, ja behaupten müssen, wenn man genötigt ist, eine Fülle reichen Lebens in die Schranken dürftiger Prinzipien einzuklemmen; aber man kann sie nicht in wirklichem Denken vollziehen, ebensowenig dem einfachen lernbegierigen Sinne als erschöpfende Erklärung der Tatsache bieten. Vor dem hergebrachten Vorurteile aber, in so nebulistischen Sätzen besondere Tiefe und eine unerschwingliche Weisheit ahnungsvoll zu bewundern, hatte mich meine auf gesunde Klarheit hinwirkende Erziehung schon früh bewahrt. Ich ließ solchen verdächtigen Tiefsinn eben dahingestellt und habe mich bei dieser Maxime auch später, im Studium Schellings und Hegels, wohl befunden.

Noch immer aber fragte sich, wo der entscheidende Mittelbegriff, das *Realprinzip* zu finden sei, um über diesen ganzen Umkreis von Lehren wissenschaftlich hinauszugelangen. Hier muß ich aufs dankbarste anerkennen, welche Anregungen ich H. Steffens schuldig geworden bin. In ihm fand ich dieselben Gründe der Ungenüge mit der bisherigen Philosophie, einen verwandten Gemütsdrang, jenes Joch abstrakter Begriffe abzuschütteln, aus dem Volleben der Natur, aus dem Walten der Geschichte das Rätsel der Welt, wie des eigenen Innern zu lösen. Ihm bin ich viel, ja nach Kant, Fichte, Leibniz, das Entscheidende schuldig geworden, daß er meine Aufmerksamkeit auf den rechten und vollständigen Erfahrungsbegriff des Menschen lenkte. Ich verweise darüber, besonders auf seine «Anthropologie», welche man als sein Hauptwerk zu betrachten hat. Der Mensch ist nach ihm ein, innerhalb der Natur, dennoch *übernatürliches*, zugleich aber durchaus *individuelles* Wesen, eben weil das Individuelle in ihm nicht in bloß organisch-seelischen Unterschieden, sondern in der geistig-ethischen Natur des Menschen, welche faktisch sehr verschieden nuanciert sich zeigt, seine letzte Wurzel findet. Die Lehre vom «Genius» mit einem Worte hatte Steffens angebahnt, und zuerst mit Entschiedenheit es ausgesprochen, daß sie die maßgebende für die ganze Geistesphilosophie werden müsse. In Schellings Abhandlung von der Freiheit mochte sie latitieren, aber ohne mit vollständiger Klarheit und Schärfe von ihrem Gegenteile sich abzuheben. In Hegels Lehre wurde sie zurückgedrängt, ja in ihrer entscheidenden Bedeutung für Umbildung der Geistesphilosophie geradezu verleugnet, indem er das Genialisierende aus der Sphäre des Menschen hinweg und in die Region des absoluten (allgemeinen) Geistes emporhob.

Um diesen Kardinalpunkt nun dreht sich noch bis zur Stunde die ganze gegenwärtige Philosophie; von seiner richtigen Erledigung hängt nicht weniger denn alles, nicht bloß die vielbegehrte Versöhnung von Glauben und Wissen, sondern selbst die Lösung der sozialen Frage ab, die große Aufgabe unserer Zukunft.

Unbestritten stehen wir mit unserer geistig-ethischen Gesamtbildung auf dem Boden des Christentums; seine Geistesmacht, seine Wirkungen haben unser Bewußtsein unwiderruflich erweitert. Die gewaltige geistige Tatsache einer «Wiedergeburt», einer überwältigenden Umschaffung unserer eigensüchtigen, eben damit aber die Wahrhaftigkeit der Individuation beweisenden Selbstheit, – alles dies ist keinem von uns wohl völlig fremd geblieben; denn in schwächeren oder stärkeren Regungen hat gewiß jeder in das Gesamtbewußtsein der christlichen Gemeinde Aufgenommene solche Anklänge durch seine Brust ziehen lassen. Aber auch jenes gewaltige, den Keim einer neuen Weltepoche und Weltansicht in sich bergende und doch so eindringend klare Zeugnis Christi, daß in ihm die Gottheit dem Menschen *gegenwärtig*, «*sichtbar*» geworden und daß er uns den *Zugang* verschafft habe zum Vater, – dies Wort ist gewiß jedem von uns zu Ohren gekommen, und wenn er auch weit davon entfernt war, psychologisch und spekulativ es vollständig sich deuten zu können, als ein in seinen Wirkungen seitdem unaufhörlich bestätigtes, *wahrhaftes* Zeugnis einerseits, als ein in seiner innern weitreichenden Bedeutung nicht zu umgehendes, der tiefsten Geistesarbeit würdiges Problem andererseits muß es ihm entgegentreten.

Und da stehen wir am Punkte, auf den es ankommt. Nur diejenige Philosophie, zunächst die psychologische Wissenschaft darf sich als ebenbürtig bezeichnen dem gegenwärtigen christlichen Weltzustande, welche der Erklärung jener höchsten geistigen Tatsachen *völlig* gewachsen ist, die bis in ihre ersten Prinzipien und Anfänge hinein sie wissenschaftlich zu unterbauen und konsequent zu begründen vermag. Und dies ist keine überspannte Anmutung; denn nur wer der *höchsten* Tatsache eines Erkenntnisgebiets genügt, hat auch das *Ganze* desselben begriffen.

Nun aber ergibt sich der höchst merkwürdige, noch nicht gehörig gewürdigte Umstand, daß die Anerkennung und Deutung jener ethisch-religiösen Tatsachen die Schranken der bisher herrschenden philosophischen Durchschnittsbildung völlig durchbricht und ebenso wohl dem spekulativ-religiösen Subjektivismus, wie der pantheistischen Identifizierung des Göttlichen und Menschlichen ein gründliches und vollständiges Ende macht. Jenes subjektive Gottsuchen und Gottersehnen in dunkler Ahnung ist dürftig und leer; ja es kann historisch reaktionär und alttestamentlich genannt werden; denn Gott hat sich wirklich offenbart und bewährt sich allgegenwärtig fort als ein wirksam objektiver, in der weltgeschichtlichen Macht der Kirche, als heiligender Geist in unserem Gemüte.

Aber nicht minder ist dadurch (und diese Betrachtung bleibt bei der gegenwärtigen herrschenden philosophischen Denkweise die ungleich wichtigere) die hinreichend bekannte Theorie von der Identität des Göttlichen und Menschlichen durchaus unhaltbar geworden, und die substantielle *Eigenheit* des endlichen Geistes wird unabweisbare Konsequenz. Wäre das menschliche Individuum ein lediglich vorübergehender Moment im unendlichen Prozesse des allgemeinen (göttlichen) Geistes: so sänke die Grundtatsache unseres sittlich-religiösen Bewußtseins zur völligen Lüge und psychischen Täuschung herab. Indem wir uns vom Geiste Gottes erfaßt, begeistert und geheiligt fühlen, empfinden wir damit das eigene Wesen und seinen selbstischen Willen ebenso entschieden, als einen stets zu überwindenden, so nach höchst realen und von Gott unterschiedenen. Wir vermögen dies nicht nur infolge etwa beliebiger Reflexion; wir können gar nicht umhin zufolge psychischer Nötigung; denn unaufhörlich spricht jenes Selbstische in uns mit. Der ganze mühsam dem Menschen abgerungene Entselbstungs- und Heilungsprozeß bliebe daher ohne Ernst und ohne Wert, eine bloß täuschende Phantasmagorie, wenn jene pantheistische, das Individuelle aufzehrende Identität Wahrheit hätte.

Doch bedarf es nicht mehr dies alles weiter auseinanderzusetzen; es ist früher, teils kritisch, teils in selbständigen Ausführungen vollgenügend geschehen und wie ich bezeugen darf, nicht ohne Frucht für die Wissenschaft. Wohl aber muß ich erklären, daß nur aus diesen Zielen und Gesichtspunkten meine eigenen Bestrebungen zu beurteilen sind. Eine neue spekulative Weltansicht auf dies Prinzip zu gründen, ist die Intention meiner drei Hauptwerke, und nur daraus können sie verständlich werden. Die «*spekulative Theologie*» verteidigt einen *ethischen* Theismus, indem sie in jener höchsten ethisch-religiösen Tatsache auch die entscheidende Prämisse nachweist, um von ihr aus das Wesen Gottes, des Menschen und der Welt gründlich zu erkennen. Die «*Ethik*» tritt ihr zur Seite, indem sie jede selbstgemachte, bloß menschliche Sittlichkeit als etwas durchaus Halbes und Ungenügendes aufzeigt, für die Praxis nicht minder, wie für die betrachtende Wissenschaft, und somit Sittlichkeit und Religion in ein unablösliches Verhältnis stellt. Die «*Anthropologie*» endlich, als somatisch-physiologische Begründung der Lehre vom «Genius», kann freilich erst im zweiten «psychologischen» Teile an ihr Ziel gelangen; aber ihre Untersuchungen sind doch insofern die grundlegenden und selbst für die theistischen und ethischen Lehren fundamentierend, als sie den Haupt- und Ausgangspunkt aller besonnenen Spekulation, die *Selbsterkenntnis des menschlichen Geistes*, richtig einzuleiten bestimmt sind.

Aus allem Bisherigen ergibt sich nun aufs vollständigste, warum mir der Schöpfungsbegriff lediglich in zweiter Ordnung der Erwägungen stehen könne, ja aus welchen Gründen jede theologisierende Kosmogonie überhaupt nur einen sehr zweideutigen Wert in meinen Augen besitze. Zu lange geschult vom Geiste der Kantschen Lehre, bin ich tief durchdrungen von der Erwägung, die freilich den Hochmut spekulativen Erkennens herabzustimmen geeignet wäre: daß wir über alle jene Fragen *a priori* und aus innerer *Vernunftsnotwendigkeit* schlechthin nichts wissen können, daß wir damit auf den bescheideneren Weg einer von der allein uns bekannten Beschaffenheit der Welttatsachen auf das Wesen ihres Grundes und seiner Wirkungen zurückschließenden *Hypothese* angewiesen sind. Mit Recht wird aber, gleichfalls im Sinn der Kantschen Lehre, unter jenen Welttatsachen der Menschengeist mit seinen inneren Erlebnissen die höchste und bedeutungsvollste Stelle einnehmen. Über dies ganze Verhältnis jedoch zur Besonnenheit und zur *Konsequenz* der Klarheit zu mahnen, ist noch immer vonnöten. Die Forderung oder die Behauptung, vom theozentrischen Standpunkte des «Absoluten» aus, welchen wir nicht besitzen, den theogonisch-kosmogonischen Prozeß nachkonstruieren zu können, ist rein illusorisch; und nichts, durchaus nichts, was mit solchen Voraussetzungen zusammenhängt oder aus solchen Prämissen abgeleitet worden, ist Resultat echter Philosophie, sondern eine trübe, täuschende Gnose, die von je an selbst die Mutter sehr verderblicher Irrtümer, weil eines bloßen Scheinwissens, geworden. Und wie auch jemals die philosophische Forschung sich vertiefe oder sich erweitere: *diese* notwendige Grenze und das Bewußtsein dieser Grenze wird sie nie aus dem Auge verlieren dürfen.

Auch ist niemals ein gesichertes Fortschreiten, ein erstes, für immer errungenes Ergebnis auf dieser Bahn zu gewinnen, eben weil sie der sicheren Unterlage eines Objektiven entbehrt. Die Willkür liebgewordener Phantasiegebilde, der Reiz poetischen Auffluges verdrängt die besonnene Einsicht in den Grad der überhaupt hier zu erreichenden Gewißheit und gibt das für eine evidente Errungenschaft der Wahrheit aus, was höchstens als eine sehr bestreitbare Hypothese gelten müßte, selbst wenn es seinen tatsächlichen Unterbau hätte. Wir wollen in diesem Betreff nicht berühren, was in nächster oder in weiterer Vergangenheit von Beispielen dieser Art zurückliegt; die unmittelbare Gegenwart ist gleichfalls nicht arm an Belegen, wie die edelsten, tiefsinnigsten Geister von jenem schimmernden Ziele dämonisch angelockt in den Abgrund stürzten, der um die Grenzen des menschlichen Forschens gelagert ist. Den letzten Grund der bedenklichen, jedenfalls wissenschaftlich ungenügenden Wendung, welche Schellings Philosophie in ihrer jüngsten Gestalt uns vor Augen legt, mußten wir gerade in jener hartnäckigen Besinnungs-losigkeit, im Überspringen der erkenntnistheoretischen Schranken fin-den.*

Aber auch die kürzlich erschienenen Schriften eines ausgezeichneten, selbst für die Spekulation mit seltener Begabung ausgestatteten Geistes (des Verfassers [gemeint ist wohl Melchior Meyr. Anm. H. E.] der »Kritik des Gottesbegriffs in den gegenwärtigen Weltansichten« und des Werkes: «Gott und seine Schöpfung», Nördlingen 1855 und 1857) bie-ten ein höchst charakteristisches, für uns aber betrübendes Beispiel sol-cher besinnungsfeindlichen Überspannung, durch welches der sonst so begabte Mann den eigenen bedeutungsvollen Anfang nachher in das längst ausgetretene Gleis hergebrachter Vorstellungen verlaufen ließ. Denn schwerlich wird man sich überreden wollen, in der Erneuerung der bekannten (Schellingschen) Lehre von der Zweiheit eines ewigen Grun-des in Gott und einer Selbsterhebung daraus, indem er aus jenem Urgrunde stets und immer vollkommener zum Geiste und zur Persön-lichkeit sich fortentwickelt, kurz mit dem Begriffe einer unendlich *per-fektiblen* Gottheit, die rechte Radikalreform unseres religiösen Zeitbe-wußtseins ausgefunden zu haben. Nicht solcher theogonischer Konstruk-tionen bedarf es, wenn auch mit geringerem Vorschlagen des pantheisti-schen Elements als früher, und mit entschiedenerem Eingehen in die Idee des Geistes und der Persönlichkeit, sondern der bewußten Erhe-bung zur *ethischen* Idee Gottes, wenn von der Wissenschaft aus das religiöse Leben, einerseits über den erstorbenen Satzungsglauben, ande-rerseits über die fade Ärmlichkeit der Aufklärungsreligion bleibend erho-ben werden soll. Der Ausgangspunkt von dem allen aber ist die entschei-dende Einsicht – entscheidend darum, weil sie die Wurzeln des Pan-theismus und der Gnosis gleichmäßig abschneidet –, daß wir Gottes

* Den Erweis dieser allerdings hier schroff hingestellten Behauptung hat meine kritische Schrift zu übernehmen: «Über den Unterschied zwischen ethischem und naturalistischem Theismus in bezug auf Schelling» usw. (Halle 1857). Daß dagegen das Ziel und die Aufgabe, welche Schellings positive Philosophie sich setzt, eine der entscheidensten Wendungen der gegenwärtigen Spekulation, ja eine wahrhafte Erweiterung derselben in sich schließe, erkennt eben dieselbe Kritik aufs bereitwilligste an, und dies wird auch im folgenden noch bestimmter erhellen.

Wesen niemals auf direkte Weise, sondern nur durch das Mittel der endlichen Welt erforschen können, hier aber mit voller Gewißheit im Inhalte desjenigen, was sich als Ewiges, Urgewisses und Unwandelbares im menschlichen Geiste ankündigt, ein Zeugnis göttlicher Wesensoffenbarung vor uns haben.

Weiter aber bleibt der Philosophe unbenommen, welche sich zu solchem Standpunkte bekennt, ja es ist erst die konsequente Durchführung dieses Standpunktes und seines Erkenntniskanons, die Gesamtheit der Welttatsachen zum Ausgangspunkte eines Zurückschlusses auf das Wesen Gottes zu machen. Vielleicht darf ich hier mich darauf berufen, daß ich dies als Aufgabe der (sogenannten) Metaphysik bezeichnet und also sie auszuführen versucht habe. Nach solchem Begriffe entworfen ist diese Wissenschaft, von seiten der Weltgegebenheit, welche ihr festbegrenzter, unverrückbarer Ausgangspunkt bleibt, Lehre vom Weltganzen, vom «Universum»; von seiten des absoluten Prinzips wird sie «spekulative Theologie», indem sie von jeder Universaltatsache aus in ihren Grund sich erhebend eine immer tiefere und adäquatere Definition des göttlichen Wesens gewinnt. Die *höchste* Welttatsache aber weist sie im religiösen Bewußtsein des Menschen, zu allerhöchst in dessen reinstem Ausdruck, in der *Gottesliebe* nach, um von hier aus gleichfalls, wie die höchste, so auch die tiefste und wahrste Definition Gottes zu gewinnen, welche, einmal zur Gewißheit erhoben, nun auch nach rückwärts gewendet die letzten Reste des Zweifels über das höchste Ziel der Schöpfung in beruhigte Überzeugung auflöst.

Auf die Bürgschaft *dieser* Tatsache ist nun Gott uns nicht bloß ein kosmisches Prinzip, nicht nur Geist und Persönlichkeit überhaupt, sondern wesentlicher noch ein die höchsten Gemütseigenschaften des Geistes offenbarendes, heiliges zugleich und gnadenvolles Wesen; und selbst die nüchternste Erwägung kann darin keinerlei bloß *anthropomorphische* Übertragung argwöhnen, indem sie umgekehrt sich sagen muß, daß gerade darin das *Theomorphische* des Menschen, die göttliche *Wirkung* in ihm gefunden wird, daß er einen Funken jenes heiligen Gefühls in seiner Brust bewahrt, vor welchem die Härte seiner Eigenheit dahinschmilzt, wodurch sich jene Macht recht eigentlich als das Übermenschliche im Menschen verrät.

In diesen sehr vermittelten Zusammenhang eingereiht, erscheint nun auch der «Schöpfungsbegriff» in einem neuen Lichte. Er ist kein einzel-

nes und besonderes Problem mehr neben andern, sondern die ganze
«spekulative Theologie» führt, sozusagen, diesen Beweis und läuft aus
allen ihren Teilen in die überwältigende Überzeugung vom Dasein einer
höchsten, gegen die endliche Welt freien Persönlichkeit zusammen,
indem sie am *allgemeinen* Zweckzusammenhange der Welt die Notwendigkeit, überhaupt intelligente Kräfte im Urgrunde anzuerkennen, vom
Menschen aus die Notwendigkeit erweist, in der endlichen Welt die
höchste Liebeserweisung Gottes zu erblicken. Wenn auf diesem, durch
besonnene Forschung gereinigten Standpunkte alle theo- oder kosmogo-
nischen Überschwenglichkeiten, wie unreife Vorspiele der wahren Got-
tes- und Weltbetrachtung, gleich von vornherein abgeschnitten sind, so
leuchtet um so heller das eigentliche Ziel hervor, um welches jene Bemühungen nur unsicher sich bewegten: der Begriff eines «Schöpfers» und
«Geschöpfes» in wahrhaftem, verständlichem Sinne, und eines wahrhaft
freien Verhältnisses zwischen ihnen ist gewonnen worden, weil er nicht
mehr in ungewiß transzendenten Hypothesen, sondern in der Tiefe des
menschlichen Bewußtseins, mitten im erlebbaren Wechselverhältnisse
des göttlichen Geistes mit dem menschlichen, aufgesucht und erkannt
wird. Auch trifft die Widerlegung aller atheistischen und pantheistischen
Weltansichten von hier aus um so schlagender, als jene Schöpfungslehre
sich nicht einfallen läßt, den letzteren in irgendeiner Art es nachzutun
und auf gut pantheistische Weise den Schöpfungsakt «konstruieren»,
denkend noch einmal nachmachen zu wollen, sondern mit dem Erreich-
baren und Sichern sich begnügt, daß er geschehen, in der Beschaffenheit
der Welttatsache aufzuweisen.

Wenn dieser streng festgehaltene methodologische und metaphysische
Standpunkt augenscheinlich eine Reihe von dogmatisch-theologischen
Fragen aus dem Kreise eigentlicher Spekulationen herausweist und so
nach einer gewissen Seite hin eine Beschränkung des philosophischen
Untersuchungsgebiets in sich schließt, so liegt es im innersten Geiste
desselben, nach einer anderen, für unser Urteil ungleich wichtigeren
Seite hin den Umfang des letzteren zu erweitern. Eben weil wir einzig
nur auf dem Gebiete des Logischen und Ontologischen, in Untersuchung der apriorischen Formen alles Denkbaren und Seienden, die «dialektische Methode», die Aufweisung des streng Notwendigen, Nichtan-
dersseinkönnenden, für sachgemäß und zulässig erachten können, im
Gebiete der konkreten Dinge und der eigentlichen Erfahrung aber das

Geschäft der Philosophie nur dadurch von dem der empirisch begründeten Einzelwissenschaften verschieden finden, daß, während keine der letzteren das ihr zuständige gesonderte Gebiet überschreitet, die erstere bestrebt sein muß, in möglichst *umfassender* Weise die Gesamttatsachen der Erfahrung zu kombinieren und auf möglichst *gemeinsame* Erklärungsgründe zurückzuführen: so ist gerade durch dies Verhältnis der Spekulation der Spielraum vielseitigster Erwägungen und freiester Benutzung des Tatsächlichen zur unablässigen Erweiterung ihrer Ergebnisse eröffnet. Aber auch ihre methodische Form muß in diesem Teile eine völlig andere werden, als man bisher, wenigstens nach den Prätentionen der letzten herrschenden Systeme, sie ihr anmutete. Wenn in Betracht der erstgenannten Aufgabe strenge Geschlossenheit und innerlich vollendete dialektische Gliederung des «Systems» angestrebt werden muß – denn die reinen Vernunftwahrheiten sind objektiv oder innerlich selbst ein System, sind untrennbare Glieder eines einzigen ewigen Grundgedankens –, so wäre bei Erforschung der unendlich reichen und eigentümlichen Empirie das Aufdrängen irgendeines aprioristischen Schemas, das Abschließenwollen zu einem «Systeme» gerade vom Übel und ein offenbares Mißverstehen der wahren Grenzen des abstrakt Notwendigen und der ihm entsprechenden Methode. In letzterem Betrachte kann das Geschäft der Philosophie augenscheinlich gar kein anderes sein – und es ist volle Veranlassung vorhanden, dies mit klarster Entschiedenheit anzusprechen –, als «Teilung der Arbeit» und Sonderung der Aufgaben in verschiedene philosophische Wissenschaftsgebiete nach Maßgabe der Verschiedenheit, durch welche nicht nur die beiden großen Gegensätze einer Natur und einer Geisterwelt einander gegenübergestellt werden müssen, sondern innerhalb jeder derselben wieder Gliederungen und Unterabteilungen sich erkennen lassen. Hier ist nun zunächst jedes voreilige Durchführen einer geschlossenen systematischen Gliederung, jedes unzeitige Parallelisieren und Schematisieren gerade abzuhalten, wie geistreich und einladend auch solche Kombinationen sich gestalten – wenigstens ist die bescheidene Betrachtung, daß dergleichen höchstens eine Hypothese, noch lange kein Philosophem erzeuge, nie aus dem Auge zu lassen. Die *nächste* Aufgabe kann auch philosophisch nur darin bestehen, die Eigentümlichkeit des vorliegenden Tatsachengebiets scharf aufzufassen, durch erschöpfende Induktion seinen Tatbestand zu ermitteln und so *Wesen* und *Grund* der Erscheinung zu entdecken. Erst in zweiter, höherer Instanz können diese Resultate kombiniert und von ihnen aus zu höheren Erklärungsgründen aufgestiegen werden, bis so allmählich immer umfassendere Abschnitte der großen Welttatsache begrifflich durchgearbeitet vor uns liegen.

Aus demselben Grunde darf die Philophie des Bekenntnisses sich nicht schämen, vielmehr dient es zur klaren Orientierung über die Berechtigung dieses ihres Tuns, daß sie in *dieser* Sphäre auf strenge Gewißheit, auf den Beweis des *Nichtandersseinkönnens* keinen Anspruch mache, gerade weil der hier erforschte Inhalt die lediglich *formale* Begriffsnotwendigkeit überschreitet und ein spezifisches Mehr enthält, welches in seiner Faktizität nur empirisch erforscht, nach seinen inneren Ursachen nur hypothetisch erklärt zu werden vermag. Die Spekulation kann hier, ganz wie die empirischen Wissenschaften, auch nur im Gebiete der *Wahrscheinlichkeitsschlüsse* sich bewegen und auf dem Wege der Induktion und der Analogie *Hypothesen* begründen, bei denen sie des inneren Grades dieser Wahrscheinlichkeit genau bewußt bleiben muß, methodologisch nur dadurch die anderen Wissenschaften übertreffend oder ihnen zum Muster dienend, daß sie strenger, als diese es gewohnt sind, die Abstufungen der Wahrscheinlichkeit feststellt, welche sie ihren Erklärungen zu verleihen vermag. Wenn sodann ihre Aufgabe in jener ersten Hinsicht, nach Inhalt wie nach Form, eine streng begrenzte, zum vollendeten Abschluß zu bringende ist, so hat sie dagegen dem unendlich Konkreten gegenüber eine ebenso unbegrenzbare Aufgabe. Sie zerfällt, wie gesagt, in eine Reihe von Einzeluntersuchungen, die im langsamen Verlaufe einer gründlichen Durchbildung dieses Einzelnen allmählich und immer mehr auf ein Gesamtergebnis hinstreben, die daher die Geltendmachung eines einigen Prinzips, eines zuhöchst leitenden Grundgedankens nicht ausschließen, sondern gerade einschließen, die aber zu keinem gegebenen Zeitpunkte ihre Aufgabe für abgeschlossen halten dürfen, eben weil sie einen unendlichen Stoff zu bewältigen haben. Die Philosophie als *Universalwissenschaft* kann sich nie vollenden; als logisch ontologische Lehre von den subjekt-objektiven Weltformen ist sie zum Abschluß zu bringen, wiewohl zur Zeit dazu erst Vorarbeiten geliefert sind. Als «*Metaphysik*», in dem oben (hier S. 183/4) von uns bezeichneten doppelten Sinne, hat sie nach Verhältnis vielleicht die vollständige Ausbildung erreicht, weil das befeuernde Interesse ihrer Aufgabe seit dem Beginne alles Philosophierens dazu antrieb, die verschiedenen Standpunkte, von der Weltgegebenheit aus das Wesen des Urgrundes zu bestimmen, oder die innerlich sich ergänzende Reihe der «Beweise für das Dasein Gottes» mit nie rastendem Eifer auszubilden.

Kaum brauche ich endlich zu sagen, wie die Spekulation durch solche Entfesselung von falschen methodologischen Vorurteilen einer ganz neuen Zukunft teilhaftig werden müsse, zugleich aber auch zurückkehre zur freien Untersuchungsweise jener großen Forscher, wie Leibniz und Locke, wie Hume und Kant, welche, wie sehr sie auch in den Resultaten Gegner sein mochten, in der Rücksicht doch geistesverwandt erfunden werden, indem sie bei den Einzelfragen nicht von vorausgefaßten aprioristischen Meinungen und Formeln, sondern von Feststellung des *Eigentümlichen* der Tatsache ausgingen und gerade darin die Virtuosität ihres Talents bekundeten.

Unter der Voraussetzung und ausdrücklichen Einschärfung dieser Grundsätze wird es nun möglich sein, ohne Mißverständnisse befahren zu müssen, in einem nicht streng wissenschaftlichen Werke, wie dem gegenwärtigen, Probleme zu besprechen, deren Behandlung noch lange nicht den eigentlichen Philosophemen eingereiht werden kann, während dennoch in dem tiefen, rein menschlichen Interesse, welches sie darbieten, genugsam Veranlassung liegt, sich an ihrer Lösung zu versuchen. Der nächste Grund, dies an gegenwärtiger Stelle zu tun, ist darin zu suchen, daß gewisse psychologische Tatsachen, auf welche wir im Vorhergehenden hinwiesen, mit jenen Problemen in Zusammenhang zu stehen scheinen und möglicherweise einen Schlüssel bieten, um in eins der dunkelsten Rätsel des Menschenlebens einzudringen. Zugleich kann die hier versuchte Behandlung vielleicht zum Beispiel und zur Probe dienen, wie sich psychische Tatsachen für die gesamte Spekulation verwerten lassen.

Von der Konsequenz jeder theistischen Weltansicht unabtrennbar ist der Glaube an eine göttliche *«Vorsehung»*, nicht nur im Sinne der Bewahrung jener *allgemeinen* Vernunftgesetze, welche als das eigentlich Erhaltende der Natur und dem geschichtlichen Leben der Menschheit innerlich eingebildet sind, sondern weit ausdrücklicher noch in der Bedeutung einer auf das *Individuelle* sich erstreckenden gerechten und gnadenvollen Leitung der Schicksale des einzelnen Menschen. Auch ist diese Überzeugung so sehr das eigentliche Ziel des Theismus, die reifste und zugleich die erqickendste Frucht der von ihm gepflegten Denkweise, daß es vergeblich wäre, sie von ihm abzutrennen oder an ihrem *eigentlichen* Bestande das Geringste in Abzug bringen zu wollen.

So kann sie auch mitnichten ausgegeben werden als der bloße Ausdruck eines «kindlichen Glaubens» oder eines unbestimmten Wunsches, welcher die schärfere Prüfung des Denkens keineswegs auszuhalten vermöchte, sondern es ist aufs bestimmteste anzuerkennen, wie befremdlich manchem in den Abstraktionen der gegenwärtigen philosophischen Bildung Auferzogenen dies zunächst auch erscheine, daß sie die konsequente und unabtreibliche Folge jenes *allgemeinen* Begriffs geschichtlicher Vorsehung sei, daß *sie mit diesem stehe oder falle*. «Im Gebiete der Geschichte ist an sich nichts geringfügig oder anderes ihm gegenüber ausschließend groß, sondern nur unsere Neigung, unsere Parteilichkeit macht es dazu. Auch das Große, Universale kann nur dadurch die Einheit des Weltplans darstellen, sofern das Einzelne, in dessen Verwicklungen gerade es eingebettet ist, durchaus ihm entspricht. Wenn es überhaupt daher einen Weltplan gibt, wofür die ganze Welttatsache Garantie bietet, muß auch das Einzelnste in ihn hineingegliedert sein, so gewiß nach Hamanns gründlichem Worte, es nur eine Vorsehung in den *kleinsten Teilen* ist, die auch das *Ganze gut macht*.»

«Äußerlich und empirisch ist die Geschichte nichts anderes als eine Summe kleiner Begebenheiten, in denen sich dennoch das Große, der göttlich-menschliche Inhalt derselben vollbringt, und so müssen auch die kleinsten Fügungen, welche oft genug nur hinauslaufen auf ein unwillkürlich in uns erregtes Handeln oder Unterlassen, geleitet sein von jener universalen, ordnenden Macht, ohne daß wir im einzelnen über die Gegenwart dieser Leitung völlig ins Reine zu kommen vermöchten, noch auch einer so *empirischen* Gewißheit bedürften.»*

Es steht daher fest: Erst muß die Möglichkeit einer *individuellen* Vorsehung in der Geschichte gesichert sein, ehe wir dem Begriffe einer

---

* Worte aus meiner «spekulativen Theologie» («Grundzüge zum System der Philosophie»; dritte Abteilung: Die spekulative Theologie oder allgemeine Religionslehre [Heidelberg 1846], S. 626–628), welche ich in ihrem weiteren Zusammenhange daselbst nachzulesen und nach ihrer Begründung in der ganzen dort vorgetragenen Weltansicht weiter zu erwägen bitte. Auch das zunächst im folgenden Gesagte beruht auf den dort gegebenen allgemeinen Ausführungen, auf welche ich mich daher gleichfalls hier berufen muß.

universalen für dieselbe trauen können, *nicht umgekehrt*; denn gerade ohne jene würde diese sich unwirksam erweisen, abstrakt und universalistisch bleiben, d. h. das Einzelne der Begebenheiten, das worauf es in der Geschichte gerade ankommt, dem Zufall oder der Willkür preisgegeben bleiben. Und eine solche *bloß* universalistische Vorsehung sehen wir wirklich innerhalb der Natur walten, die wir daher eigentliche «Vorsehung» zu nennen Anstand nehmen. Hier finden wir den allgemeinen kosmischen Zusammenhang auf das sicherste geordnet, ebenso alle mitwirkenden Bedingungen aufs bewundernswürdigste ineinander berechnet; aber gerade nur für allgemeine Erfolge: in der Welt des Unorganischen für Bewahrung des Gleichgewichts unter den allgemeinen Weltkräften, in der Welt des Lebendigen für Erhaltung der Gattungen und Arten, während das Individuum hier einem gleichgültigen Zufall überlassen scheint. Wenigstens entdecken wir in den Einrichtungen der bloßen Natur keine Spur irgendeiner Fürsorge für das Einzelne.

Aber eben darum muß es mit dem Menschen und seiner Geschichte sich anders verhalten; denn wie von allen Seiten gezeigt worden, hat in der Welt des Geistes der einzelne gerade dieselbe Bedeutung und Stelle, welche in der Welt des Lebendigen den Arten zukommt. Deshalb ist sein Lebensgesetz auch ein höheres. Er existiert als solcher nur *einmal*, und die Idee, aus welcher er gebildet, wird nicht, wie bei dem Tiere, in gleichgültig ungezählten Exemplaren über die Natur hin ausgeschüttet. Deswegen auch, weil immer *neue* Geister erscheinen, weben diese den Inhalt der Geschichte, die gerade das Neue, über den gleichgültigen Kreislauf der Natur Hinausreichende in diese hineinbringt.

Nach derselben Konsequenz darf daher auch der Menschengeist sich des schlechthin kühnsten und stolzesten, aber auch des heilbringendsten Glaubens getrösten: über ihm waltet eine *individuelle* Vorsehung; *er steht als Individuum vor dem ewigen Auge, ist als Person aufgenommen in das Bewußtsein, welches zugleich ordnend das All umfaßt!*

In diesen Überzeugungen, nicht als überspannten oder illusorischen, sondern als einfach folgerichtigen, wenn man der Analogie der Tatsachen folgt, muß man sich befestigt haben, wenn man jenem großen Probleme näher treten will, ja ohne welche man gar kein Verständnis, wie kein Interesse für dasselbe fassen kann. Alles nämlich schließt sich hier im *Postulate* einer auch das Einzelne umfassenden Vorsehung ab, von welchem übrigens die «spekulative Theologie» zeigte, daß seine Annahme mit dem Begriffe kreatürlicher Wahlfreiheit durchaus nicht unvereinbar sei, eine Frage, die wir hier daher völlig übergehen.

Will man jedoch die Zwischenglieder und Vermittlungen sich näher bringen, in denen jene Vorsehung auch auf die Fügungen des einzelnen sich erstreckt, so wird man gestehen müssen, daß die neuere wissenschaftliche Spekulation dies Untersuchungsgebiet bisher kaum noch betreten, ja kaum gewagt habe, die ganze Frage in ihrer Schärfe und Bestimmtheit ins Auge zu fassen. Überhaupt könnte man geneigt sein, diesen Teil der religiösen Überzeugung einem demütig ahnungsvollen Glauben zu überlassen; man könnte sogar es für Vorwitz halten, den Schleier von jenen geheimsten Wechselbezügen des Ewigen und Menschlichen hinwegheben zu wollen, so gewiß die heillosesten Überspannungen und täuschendsten Illusionen gerade davon ausgegangen sind, mit dem Unerforschlichen einen direkten und ausdrücklichen Verkehr sich anzumaßen. Dennoch wird der nach Klarheit und Ganzheit seiner Überzeugungen Strebende, wird namentlich die gereiftere Spekulation nie des tiefsten Bedürfnisses sich entschlagen können, auch diesem Problem – dem allerfolgenreichsten, weil es mit dem erhebendsten Glauben zusammenhängt, ihn bestätigend oder auch ihn gefährdend – irgendeine Seite der Begreiflichkeit abzugewinnen, wenn man in diesem Betreff auch bloß bei denkbaren oder zulässigen, aber an sich ungewissen Hypothesen stehen bleiben muß. Indeß ist auch hier nicht daran zu zweifeln, daß irgendein Faden der Analogie, glücklich ergriffen, aus dem Gewissen ins Wahrscheinliche uns hinüberleiten und einen Teil jenes Dunkels wenigstens uns erhellen werde; denn Gott zeigt sich in seinen Weltgesetzen immerdar konsequent und sich selbst getreu, in stetiger Folgerichtigkeit eins an das andere schließend und die größten Erfolge aus den unscheinbarsten Wirkungen herleitend. Wenn wir die Fügung der Einzelgeschicke kennenlernen wollen, so haben wir ohne Zweifel zu erforschen, wie sich die großen Weltgeschicke vollbringen.

Das Gesetz und die Form nun, nach welchen die Vorsehung die allgemeinen Geschicke der Geisterwelt leitet, können gar nicht zweifelhaft oder zweideutig sein: sie läßt «Genien», große providentielle Menschen oder auch Völker erscheinen, im rechten Zeitpunkte und am rechten Orte, welche mit einer Kraft, gegen die jede menschliche Auflehnung sich ohnmächtig erweist, die tiefverflochtene Stockung der Geschichte lösen und unerwartet eine völlig neue Gestalt ihr aufdrücken.

Das entschieden *göttliche* Element in der Geschichte sind eben jene Erfindungen und Taten der Freiheit, welche keine bloß menschliche Weisheit ausgeklügelt hätte, sondern die überraschend und überwältigend eintreten, die daher aufs eigentlichste *eingegeben* sind, indem das von keinem Beabsichtigte, menschlich nicht Gewollte, dennoch geschieht, indem die höhere Macht *in* und *durch* die menschliche Freiheit hindurchwirkt und den Sieg behält. Aber dies *Übermenschliche* gibt sich nicht auf thaumatische [wunderartige], seltsame, «übernatürliche» Weise kund, wie die gemeine am Sinnlichen haftende Meinung es fordert; auch dies kleidet sich in die Verkettung gewöhnlicher Begebenheiten und eines äußerlich vermittelten Kausalzusammenhangs.

Denn gerade hier gilt das Gesetz, ja das ist das Gnadenvolle in der Ökonomie der göttlichen Weltregierung, nicht nur, daß er jene Akte von *innen* her leitend mit der menschlichen Freiheit vermittelt, sondern weit mehr noch, daß er ganz in die Gestalt des Menschen sich verbirgt, und ihm, dem Menschen, als *eigenen* Ertrag des inneren Genusses und der Seligkeit gönnt, was in Wahrheit die göttlichen Kräfte in ihm vollbracht haben. Immer sind es Menschen, die an Gottes Statt handeln; sie sind die «Engel» (Boten), die er an uns aussendet und durch die er sein Werk in uns vollbringt, und zwar gerade mittels der einzelnsten Lebensfügungen.

Bis soweit nun liegt alles klar und unzweifelhaft vor uns; denn daß bei solchen inneren Leitungen oder Mahnungen, Erweckungen oder Warnungen, nur eine falsche überspannte Deutung es sei, welche sie in mehr als menschlichem Lichte erscheinen lasse, während auch sie nur ganz alltägliche psychische Vorgänge, unwillkürliche Regungen des «Gewissens» und dergleichen seien, diese Auffassung muß sich als ganz ungenügend erweisen, indem schon bei sehr geringer Aufmerksamkeit das Selbstbewußtsein eines jeden solche tiefeinschneidende, innerlich folgenreiche Erlebnisse vom gewöhnlichen Verlaufe psychischer Regungen, auch denen des «Gewissens», welches bekanntlich nie an die Stelle eigentlicher Vorsehung zu treten, speziell den Menschen zu leiten vermag, genau zu unterscheiden genötigt ist.

Und so wäre nach der einen Seite, nach dem Menschen hin, völlig begreiflich geworden, in welcher Art die göttliche Vorsehung auch den einzelnen umfasse. Wie jeder es erleben kann, wie er täglich es erfährt, ist es teils die unmittelbare Wirkung von Mensch auf Mensch, teils ist es innere Einsprache, welche ihn leitet und lenkt und die bloß den Einwirkungen des Gewissens zuzuschreiben ungenügend bleibt. In beiderlei Gestalt aber geschieht damit dem Menschen nichts Befremdliches oder Übernatürliches; nur in menschlicher Form und Weise, *durch* unsere Freiheit hindurch wirkt auch hierin die Vorsehung auf uns.

Aber nicht ebenso begreiflich, nicht ebenso ausgemacht erscheint es, ob Gott *selber es sei*, der unendlich erhabene, das ganze All umspannende Urgeist, welcher in jenen Einsprachen mit uns, den Erdgeborenen, durch unendlichen Abstand von ihm Unterschiedenen, *unmittelbar* verkehre, *direkt* in Verhältnis mit uns trete. Warum soll nicht, jener göttlichen Ökonomie getreu, die wir soeben als das Gnadenvollste der Weltregierung bezeichnen mußten, auch hier die Form der *Stellvertretung* fortdauern, warum soll jene Leitung und Einsprache nicht Zwischengliedern der Geisterwelt anvertraut sein? Daß fast alle historischen Religionen, mit Einschluß des Christentums, wenigstens in seiner früheren, jetzt freilich durch die abstrakten Begriffe moderner Bildung zurückgedrängten Gestalt, diesen, wie es eben daraus sich ergibt, sehr naheliegenden Ausweg der Erklärung fanden, daß dies der älteste und verbreitetste Glaube der Menschheit war, wird denselben wenigstens nicht schlechter machen; und ganz sagen wir mit einem unserer tiefsten und unbefangendsten Denker bei einer ähnlichen Veranlassung: «Ist diese Hypothese darum so lächerlich, weil sie die älteste ist, weil der menschliche Verstand, *ehe ihn die Sophisterei der Schule zerstreut und geschwächt hatte*, sogleich darauf verfiel?»* Verständigen wir indes uns genau über die Tragweite dieser Vermutung und fassen wir dabei den eigentlichen Sitz des Problems noch schärfer ins Auge, wodurch zugleich uns Gelegenheit wird, die Frage in einen noch allgemeineren Zusammenhang zu bringen.

Wir müssen es offen aussprechen: – die gegenwärtige wissenschaftliche Anschauung vom Universum, durch die erworbene Einsicht von der astronomischen und dynamischen Unendlichkeit des Weltgebäudes, konnte nicht anders als den alten theistischen Glauben, wie das Alte Testament ihn enthält, wie ihn das Christentum aufnahm, aufs tiefste erschüttern, ja völlig in den Hintergrund drängen. Der Gott der Wis-

---

* So Lessing in seiner «Erziehung des Menschengeschlechts» («Sämtliche Schriften», Berlin 1825, V, 243), indem er der Seelenwanderungshypothese einen tieferen ethischen Sinn unterzulegen sucht.

senschaft, auch der Gott der wissenschaftlich-theistischen Überzeugung, ist nicht mehr der Gott Zebaoth des Alten Testaments, dessen Fußschemel die Erde, dessen Thron der Himmel über ihr, der auf dem Sinai einen persönlichen Bund mit dem Volke Israels gestiftet, dessen Bewahrung er mit Eifer und Zorn von ihm fordert. Dennoch war der ethische Erfolg, die Wirkung dieses Glaubens tief und gewaltig. Das stolze Bewußtsein, vor den Augen Gottes zu wandeln, die überschwengliche Zuversicht, von ihm «erwählt», seiner persönlichen Fürsorge gewürdigt zu sein, gab dem Volke jene unbesiegbare Energie, wegen der es im Altertume ebenso berühmt als gehaßt war, die aber die notwendige Folge eines so erhebenden Glaubens wurde. Die Vorstellungen vom Wesen der Gottheit blieben roh, beschränkt, höchst subjektiv; aber die Wirkung der Religion auf das Gemüt erreichte ihr höchstes Ziel. auch das Heidentum, vor allem die griechische Religion war eines ähnlichen Glaubens voll; Homers und Hesiods Gedichte sind erfüllt vom Vertrauen auf hilfreiche Schutzgottheiten; ja dies wurde gerade der Träger für jenen vielgegliederten Polytheismus, mit welchem man sehr mit Recht die Anrufung der Heiligen in der katholischen Kirche in Parallele gebracht hat. Beides zeugt für den unwiderstehlichen Drang des menschlichen Geistes, die Gestalten der göttlichen Hilfe zu vervielfältigen, um sie sich näher zu rücken; und gestehen muß man, daß unser modern gebildetes Bewußtsein, welches alle diese Zwischenglieder als überflüssigen Aberglauben längst von sich geworfen hat, verglichen mit jener altertümlichen Gotteszuversicht, höchst arm dastehe, daß wir eben darum aber auch weit kraftlosere Menschen sind.

Doch Christus erschien, durchbrach für immer die Schranke jener Gottesauffassung und gründete eine neue sittlich-religiöse Welt, indem er in drei unergründlich tiefen Worten ein völlig anderes Gottesbewußtsein aussprach: Gott ist unser *Vater*, Gott ist Vater *aller* Menschen*, und

---

* Gar wohl wissen wir, daß auch schon im Alten Testamente Gott mit dem Vaternamen bezeichnet wird, ausdrücklich sogar Vater Israels heißt (5 Mos. 32, 6); klagt er doch bei den Propheten, daß sie dennoch Bastarde und nicht seiner Art seien. Und im religiösen Bewußtsein der Hellenen, wie Homer es uns schildert und selbst es bilden half, ist Zeus als «Vater der Götter und Menschen», als Inbegriff zugleich aller auf ihn übertragenen menschlich-hellenischen Eigenschaften, der Schluß- und Mittelpunkt dieses Bewußtseins. Dennoch wird gerade

«Wer mich siehet, *der siehet den Vater!*» Hiermit war der Glaube an eine persönliche Vorsehung Gottes noch tiefer und begeisterungsvoller befestigt, als im heidnischen und im jüdischen Altertume; denn es bedarf keiner Opfer mehr, um den Zugang zur Gottheit zu finden, «Christus hat das Opfer für uns alle gebracht», Gott selber hat uns in ihm den Zugang zu sich eröffnet. Dies erzeugte die nicht mehr kämpfende, die duldende Tapferkeit der frühesten Christen. Der erste Blutzeuge, Stephanus, «sah sterbend den Himmel offen und die Herrlichkeit Gottes und Jesum stehen zur Rechten Gottes» (Apostelgesch. 7,55). Auch der neue, reine, hohe, weltumfassende Glaube war felsenfest gegründet, aber die kosmologische Anschauung der Welt blieb die alte; ja in der Epoche der Scholastik wurde sie sogar wissenschaftlich befestigt durch Beihilfe und Autorität des Aristotelischen Systems.

Völlig konsequent und höchst vorausschauend weigerte sich später daher auch die Kirche, die Kopernikanische Weltanschauung in sich aufzunehmen; sie mußte erkennen, daß damit einer der wichtigsten Pfeiler des lebendigen Glaubens erschüttert werde. Die Gottheit wurde dadurch in ein unermeßliches Universum ausgegossen und so dem gläubigen Bewußtsein des Menschen in unendliche Ferne gerückt. Dennoch siegte, wie immer, die Erkenntnis über den Glauben, d. h. nicht über den Glauben in seiner substantiellen Innerlichkeit, sondern über gewisse *theoretisch* irrige Vorstellungen, die sich unwillkürlich ihm angebildet. Und trotzdem, daß bis heute noch sporadische Versuche eines sich kompromittierenden Orthodoxismus vorkommen, die Astronomie selber zur «Umkehr» zu zwingen, so werden dergleichen rückschreitende Bewegungen den festen Stand der Wissenschaft nicht zu erschüttern vermögen. Um so mehr aber soll man allen Veränderungen, die diese erweiterte Weltanschauung für die Vorstellung des Glaubens im Gefolge

an der Vergleichung dieser Gottesanschauungen nach beiden Seiten recht klar, wie der geistig-ethische Begriff und Glaube an Gott als «Vater» in diesem prägnanten Sinne erst durch Christus in die Welt gekommen. Im hellenischen Bewußtsein fehlt der Begriff erhabener *Heiligkeit* Gottes so gut als ganz; für die Juden war er ein «Rex tremendae majestatis», wie das alte Kirchenlied mit unübertrefflicher Prägnanz es bezeichnet. Uns ist er durch Christus und in ihm der Heilige, aber auch die Liebe; der Gerechte, aber auch der Helfende, von dem wir alle Gaben des Geistes empfangen können.

haben muß, fest ins Auge sehen und ihren Konsequenzen keineswegs ausweichen.

Doch bleibe nicht unbemerkt, daß, wenn uns die alte Vorstellung eines bloß für den Menschen und die Erde existierenden Gottes allerdings dabei unwiederbringlich verloren gegangen, wir dafür gerade als Ertrag wissenschaftlicher Forschung einen ungleich erhabeneren und nicht minder gemüterhebenden Begriff der Gottheit eingetauscht haben. Wenn uns die Erfahrung selbst, die geologischen Tatsachen (man vergleiche das Resultat derselben im zweiten «Anhange») zur unwiderstehlichen theistischen Überzeugung hinleiten; zum erhabenen Begriffe eines urvollkommenen, von Ewigkeit zu Ewigkeit seiner selbst und der ganzen Unendlichkeit planvoll bewußten Geistes: so erweitert die Erforschung der Gesetze unserer gegenwärtigen Weltordnung diesen Begriff der göttlichen Weisheit nur immer reicher und tiefer, und durch die Wissenschaft gerade wird uns die Stimmung aufgedrängt, diese unendliche Weisheit und Majestät demütig bewunderungsvoll anzubeten; gerade die Wissenschaft bestätigt daher den Glauben, daß auch da, wo sich noch Lücken und Dunkelheiten uns darbieten, jene Weisheit nicht minder wirksam sein werde.

Aber der bedeutungsvolle Grundzug bleibt: diese Vorsehung erweist sich durchaus als *universalistische*; sie bezieht sich auf die Erhaltung des Allgemeinen, nicht des Individuellen. Und dennoch besteht ihr gegenüber die an Gewißheit grenzende Überzeugung des Menschen von einer individuellen Leitung seiner Schicksale.

Hier eine gewaltige Lücke anzuerkennen ist unerläßlich; aber eine Lücke in unserer Erkenntnis, nicht im objektiven Bestande der Dinge; denn hier am wenigsten kann uns der durch die ganze Welterfahrung bestätigte Glaube an die Stetigkeit und Kontinuität der Weltgesetze verlassen. Sicherlich reicht auch hier eine Stufenfolge gottgeordneter Wirkungen vom Allerumfassendsten der Welterhaltung bis zur individuellen Vorsorge für den Einzelgeist herab. Auch ist der Sitz dieser Einwirkungen die allgemeine Stätte gleichsam, worin die faktische Lösung jenes Problems vor sich geht, gar nicht zu verkennen. Wie die individuelle Vorsehung nur die innere Vollkommenheit der Geister, ihre Erlösung und Seligkeit zum Ziele hat, so können ihre Wirkungen auch nur *innerhalb* der Geisterwelt fallen und ihren Formen und Gesetzen sich anpassen. Dies alles bleibt aber, wie man sieht, lediglich bei allgemeinen

Begriffen stehen; die bestimmte Art und Weise, die *Tatsache* mit einem Worte, durch die uns das Dasein individueller Vorsehung beglaubigt wird, ist und bleibt ungewiß, den schwankendsten Möglichkeiten und ungewissesten Deutungen preisgegeben.

In diese, durch bloße Spekulation und durch Erforschung der allgemeinen Naturgesetze schlechthin unausfüllbare Lücke tritt nun auf höchst überraschende Weise eine historisch-religiöse Tatsache ergänzend ein. Es ist jenes denkwürdige Zeugnis Christi von sich selbst, des größten und tiefsinnigsten Apostels über ihn: «Er sei *Eins* mit dem Vater, und wer ihn sehe, der sehe den, der ihn gesandt habe.» Und weiter Paulus:«Er sei das Bild (εἰκών) des unsichtbaren Gottes, der Erstgeborene aller Kreatur; der Abglanz seiner Herrlichkeit und der faßlich gewordene Abdruck (χαρακτήρ) seines Wesens.» Der eigentliche Sinn dieser und aller analog lautenden tiefbedeutungsvollen Aussagen, der Charakter der ganzen Christologie Neuen Testaments läßt sich nicht verkennen: sie enthält gerade, was im ganzen bisherigen Umkreise der Betrachtung uns fehlte und bringt in einfacher Klarheit den Aufschluß uns entgegen, der uns gebrach.

Wenn das Alte Testament, wenn das Heidentum im engen wohnlichen Umkreise ihrer Weltanschauungen (theoretisch gefaßt) eines Christus nicht bedurften, um naher, persönlicher Kräfte der Gottheit gewiß zu bleiben: wir Modernen bedürfen sein, denen die Gottheit entweder zu eigener trauriger Geistesverödung ein abstraktes Weltgesetz, ein schattenhaft Allgemeines geworden ist, oder denen sie gründlicher und tiefer, aber nicht menschlich vollgenügend zur unendlichen, ein gleichfalls Unendliches durchwirkenden Weisheit sich erweitert hat. Da nun ist eben Christus, d. h. die im Menschen Jesus von Nazareth auf Erden erschienene göttliche Kraft, die uns *faßlich* gewordene Gottheit, die Begreiflichkeit des Unendlichen, das nahe, auf uns ruhende Auge Gottes. Die «individuelle Vorsehung», welche als notwendiges Postulat unserem Denken, wie unserem persönlichen Selbstbewußtsein vorschwebte, ist in ihm uns gewiß und begreiflich; denn sie ist zugleich die menschlich geartete, uns verwandte Persönlichkeit geworden. Gott gedenkt unser in ihm, liebt und erlöst uns *durch ihn;* denn er hat den *Menschen* nicht für zu gering geachtet, in seiner Gestalt und Schranke eingehend, sein Oberhaupt und Erstling zu werden. Wenn daher aus allgemeinen, nicht bloß aus theologisch-dogmatischen Gründen erst im Gebiete des Ethischen die höchsten Attribute Gottes gefunden werden können, so erhalten auch diese ihren Ausgangspunkt und die Grundbedingung ihrer Begreiflichkeit nur in der Voraussetzung dieses *Persönlichwerdens* der Gottheit. Christus, die zweite Person, ist der (sozusagen) *faktische* Grund- und Fundamentalbeweis, daß Gott im höchsten ethischen Sinne die «Liebe», gnadenvolle, individuelle Vorsehung sei; ebenso liegt in ihm der einzig begreifliche Vermittelungspunkt ihrer *einzelnen* Wirkungen für den Menschen.

Damit wird auch völlig begreiflich, mit welchem Rechte das Neue Testament es einschärft, daß nur durch Christus der Zugang und die Verbindung mit dem Vater möglich, daß «Wer den Sohn leugnet, der auch den Vater nicht habe.» Dies gilt gleich sehr in objektiver wie in subjektiver Bedeutung. In objektivem Sinne: denn wirklich kann die aus ihrer Unendlichkeit uns *zugewandte* Gottheit gar keine andere sein und nicht anders Erfaßbarkeit für uns erhalten, denn gerade also, wie sie selbst sich uns verkündet in jenen Zeugnissen, als eine solche, die jener Unendlichkeit sich entschlagend in die menschenähnliche Form der Persönlichkeit sich zusammenfaßt. Und mit tiefer Folgerichtigkeit daher, in welcher nur der blöde Sinn Zufall oder willkürliche Deutelei zu erblicken vermöchte, finden sich Winke im Neuen Testament, daß der Gott des Alten Bundes kein anderer als eben Christus gewesen sei, dieselbe göttliche Persönlichkeit, die nachher in menschlicher Gestalt auf Erden erschien.

Dies gilt aber auch in subjektiver Bedeutung: denn wirklich kann kein Gläubiger unerschütterlich dem Vertrauen auf *individuelle* Vorsehung sich hingeben, kein Denkender konsequent diesen Glauben sich deuten, wenn er nicht in der in Christo offenbarten Gottheit (in Christus vom Anfange bis an das Ende der Tage) und in der von ihm in die Geisterwelt ausgehenden Wirkungen den Mittelpunkt dieser Vorsehung erkennt. Sonst klafft noch immer jene ungeheure Lücke, jene unüberbrückte Kluft zwischen der individuellen Vorsehung und der Unendlichkeit des göttlichen Geistes, an welche zu glauben die Ordnung des Weltalls allerdings uns nötigt, welcher Glaube aber uns völlig zu befriedigen nicht vermag, indem wir in der Macht jenes universalen Wirkens wie unbeachtet und verloren uns erscheinen müssen und höchstens zu jener resignierten Liebe des All und Gottes im All uns herabstimmen können, die *Schleiermacher* in seinen «Reden über die Religion» so begeistert, aber nicht ohne einen halbwehmütigen Gesamteindruck uns geschildert hat.

Und so sehen wir nicht ein, wie die Spekulation, einmal veranlaßt, den

Begriff der «Vorsehung» nach allen in ihm enthaltenen Bestimmungen sich zum Verständnis zu bringen (und welche größere, folgenreichere Aufgabe könnte sie sich stellen, als gerade diese?) – wir sehen nicht ein, wie sie der Anerkenntnis jenes großen Zeugnisses von Christo sich zu entziehen vermöge, da sie erkennen muß, wie eben darin die unter allen Denkbarkeiten einzig konsequente, zugleich die mit den übrigen Weltgesetzen (welche überall das Fortschreiten vom Allgemeinen zum Konkreteren, Individuelleren bezeugen) in Analogie stehende Lösung jenes Problems gewonnen ist. Der vollständig durchdachte spekulative Theismus kann nur in einer Christologie sich abschließen; denn eine solche höchste Gotteserweisung muß er postulieren, sie aufsuchen unter den Tatsachen der Welt. Umgekehrt: die *Tatsache* von Christi historischer Erscheinung, mit all den weltumschaffenden Wirkungen, die von ihr ausgegangen, ist die entscheidendste faktische Überführung von der Wahrheit jener ganzen Grundansicht: was dieselbe bedurfte, um das nach der Natur hin und in den allgemeinen Weltgesetzen ihr bewährte theistische Prinzip absoluter Intelligenz und Vorsehung auch für die Menschengeschichte beglaubigt zu sehen, wird ihr im Gott-Menschen geboten. Auch die *Geschichte* hat nunmehr ihr göttliches Unterpfand, ihre Vorsehung erhalten, und die beiden entlegensten Endpunkte der Erforschung des Wirklichen, der Ausgang von den Weiten des Weltalls her und die Rückkehr zum Einzelnsten, zur Bestimmung des Menschen, treten hier in Übereinstimmung und bestätigen sich wechselweise.

Hiermit beginnt aber für die Spekulation eine neue Reihe von Gesichtspunkten und Untersuchungen. Was man sonst *Religionsphilosophie* nannte, und was in einer Mannigfaltigkeit teils metaphysischer, teils psychologischer und moralischer Begriffe bestand, zum Teil noch verbrämt und erweitert durch einige eklektisch aufgenommene christliche Bestimmungen, wird nunmehr ganz aus diesem verworrenen Gemenge heterogener Bestandteile hinweggehoben und erhält eine andere Aufgabe. Die metaphysischen, die psychologischen und ethischen Fragen müssen vorher schon erledigt sein, jene, um die allgemeine Idee eines lebendigen und persönlich selbstbewußten Gottes aus dem Wesen der Welt zu begründen, diese, um am Wesen des Menschen den allgemeinen Charakter des religiösen Bewußtseins und die Stufenfolge seiner Reinigung und Vertiefung, kurz den *subjektiven* Moment der Religiosität darzulegen, ingleichen im ethischen Prozesse des menschlichen Willens den Bestandteil zu bezeichnen, der ein mehr als menschlicher ist. Die *objektive* Seite der Religion dagegen, die göttliche Erweisung, welche dem religiös-ethischen Bedürfen des Menschen entgegenkommt, kann nur in der *Geschichte* gefunden werden, in den historisch-religiösen Tatsachen oder den *geschichtlichen Religionen* mit einem Worte, wie der gesamte Ablauf der Historie sie uns bietet. In diese sich hineinzuverständigen und aus ihnen jenen Begriff der «inneren Vorsehung» herauszuläutern, den die vorhergehenden Wissenschaften als dringendste Forderung uns übrig gelassen haben, würde daher die vornehmste Aufgabe einer *Philosophie der Geschichte* werden, und nichts weniger als paradox oder befremdlich kann es im gegenwärtigen Zusammenhange erscheinen, wenn als der eigentliche Charakter dieser Aufgabe bezeichnet wird, die verschiedenen Entwicklungsphasen in ihrer *historischen* Gestalt nachzuweisen, durch welche das Bewußtsein der Menschheit, der Völker und der Zeitalter den verborgenen, von innen her in ihr wirkenden Geist Gottes in Christo sich angeeignet habe.

Diese im eigentlichsten Sinne historische Beglaubigung einer göttlichen Vorsehung in der Geschichte kann daher auch dem Begriffe des religiösen Glaubens erst seine Vollständigkeit und Objektivität verleihen. Hier sind seine beiden wesentlichen Seiten, die subjektiv menschliche, wie die objektiv göttliche, vereinigt und in das rechte Verhältnis gestellt. Denn Gott ist nicht nur *Gegenstand* des Glaubens, wie man gemeinhin zu sagen sich begnügt; er wirkt ihn auch in uns und gibt so in der Tatsache desselben uns den lebendigsten Beweis seines Daseins und Fürunsseins. Dieser unabweisliche Begriff eigentlicher *Offenbarung*, auf welchen schon eine gründliche Analyse der religiösen Tatsachen im Selbstbewußtsein führen muß, bleibt hier nicht mehr in die engen Schranken vereinzelter Erweisungen eingeschlossen (in denen immer ein subjektives Element der Willkür, des Inkohärenten und Zufälligen waltet, was eben die Wurzel aller Gnosis und alles trennenden Sektenwesens geworden ist), sondern wir müssen uns zur Anerkenntnis eines zusammenhängenden *welthistorischen* Verlaufs dieser Offenbarung erheben, die in großen Epochen, langsam, aber mit stetiger Konsequenz, in welche sich hineinzudenken uns obliegt, die religiöse Erziehung des Menschengeschlechts vollendet. Wenn Kant einmal, aus Veranlassung seiner Kritik des physikoteleologischen Beweises, in die merkwürdigen und berühmten Worte ausbricht: «daß die Vernunft durch keine Zweifel abgezogener Spekulation so niedergedrückt werden könne, daß sie nicht aus jeder grüblerischen *Unentschlossenheit*, gleich als aus einem Traume, durch einen Blick, den sie auf die Wunder der Natur und auf die Majestät des Weltbaues wirft, gerissen werden sollte, um sich von Größe zu Größe zur allerhöchsten, bis zum obersten und unbedingten Urheber zu erheben»*: So gilt diese treffende Bemerkung weit mehr noch und auf eine für den Menschengeist noch wirksamere, weil ihm ungleich näher liegende Art vom Anblicke der «Wunder» und der «Majestät» der religiösen Tatsachen in der Geschichte. Hier zeigen sich Taten und Begebenheiten, mit welchen schlechterdings gar nichts von menschlichen Leistungen oder Erfolgen in Verhältnis gebracht werden kann, wo das anfangs Unscheinbarste zu unermeßbarer Nachwirkung sich erhebt, und wo an bloß menschliche Kräfte zu denken, ebenso seicht und widersinnig wäre, wie wenn wir dergleichen in jenen gewaltigen, weisheitsvoll geordneten Naturwirkungen vermuten wollten. Solltest du daher auch jetzt noch in «grüblerischer Unentschlossenheit» zweifeln an Gottes Gegenwart, solltest du die Gottheit etwa bloß «hinter den Sternen» suchen, um sie dort gerade «nicht finden zu können», so kann diese nahe, diese dein Gemüt unwiderstehlich ergreifende göttliche Objektivität gründlich dich heilen. Solltest du zagen wegen der Zukunft des Menschengeschlechts, welches jetzt allerdings in unentwirrbarer Selbstverstrickung dem Abgrunde entgegenzueilen scheint, indem es mit dämonischer Geschicklichkeit das Segensreiche und Helfende selber zum Fluche sich verkehrt, so wird die Vergangenheit dich lehren, daß nirgends und zu keiner Zeit Gottes Geist für die Menschen «über Feld gegangen war».

Indes werden auch diese Betrachtungen und Gesichtspunkte mit der psychologischen Forschung in engerem Verbande bleiben, als mit den übrigen philosophischen Disziplinen; und urteilen wir richtig, so wird die Psychologie allein es vermögen, das große Gebäude jener Überzeugungen nach einer wichtigen Seite hin zu vollenden. Es fehlt auch jetzt noch ein Glied zum vollständigen Begriffe der individuellen Vorsehung, welcher bisher uns beschäftigte und dessen eine, allerdings wesentlichste Bestimmung in der Einsicht von uns gewonnen wurde, daß die *Gottheit in Christus* es sei, durch welche allein eine so individuelle Vorsorge für den Menschen begreiflich werde. Im allgemeinen sodann wurde die

* Kants «Kritik der reinen Vernunft» (fünfte Auflage, 1799), S. 652.

Form der Eingebung als diejenige erkannt, durch welche jene Vorsehung wirkt, indem sie durch von ihr erweckte Genien den neuen Geistesgehalt dem Prozesse der Geschichte einverleibt. Aber auch hier bleibt augenscheinlich noch ein Rest des Universalistischen zurück, und immer noch ist die letzte Frage nicht erledigt, wie das *Zusammenstimmende* in allen jenen providentiellen Wirkungen herbeigeführt werde? Nicht allein der Genius, der von Gott Berufene, auch der von Gott Entfremdete, der Sünder, Reuige, Gott Suchende, – sie alle bedürfen einer im verborgenen sie begleitenden, stets ihnen zur Seite stehenden, tatbereiten göttlichen Hilfe; und weil sie ihrer bedürfen, weil zugleich die Zuversicht darauf von der Tatsache ihres religiösen Bewußtseins unabtrennlich ist, eben darum können sie ihrer gewiß sein; sie existiert auch *objektiverweise*. Der wahrhaft lebendige Glaube *kann* «Berge versetzen», d. h. alle Bedingungen des Alten aus dem Grunde verändern. Niemals fehlt ihm der Erfolg und niemals bleiben die mitwirkenden Bedingungen aus, welche er selber nicht herbeiführen kann und deren er doch bedarf. Kein Gläubiger hat je daran gezweifelt und keiner ist je mit dieser Zuversicht zu Schanden geworden. Die Vorsehung wirkt bis ins einzelnste herab; sonst hätte konsequenterweise auch ihre universelle Wirkung keinen letzten Wert.

Aber in welchen Formen und unter welchen Bedingungen betätigt sich hier die göttliche Allmacht? Wie vermag überhaupt die Gottheit aus ihrer Unendlichkeit zugleich herabzusteigen zum individuellsten Bedürfnisse dieses Erdwinkels, dieses Menschenschicksals? Dies ist die letzte, an den Theismus zu richtende Frage, welche durch den wohlbegründeten Glauben an die Gottheit Christi zwar der Verständlichkeit näher gerückt, aber noch nicht vollständig erledigt ist. Denn die bekannte Hypothese der «Ubiquität» des Leibes (und Wirkens) Christi vermag hier nicht auszureichen; sie stürzt uns wieder zurück in jene abstrakt-unbestimmten, nebulistischen Vorstellungen, welche gerade darum ungenügend bleiben, weil sie dem Geist und Sinne der ganzen Schöpfung, der lückenlosen, nichts unentschieden lassenden *Ausführlichkeit* der göttlichen Anordnungen, welchen wir in allem Sichtbaren begegnen, direkt widersprechen. Es versteht sich daher, daß auch bei dieser Frage die Analogie der allgemeinen Weltgesetze uns leiten muß.

Und hier werden wir an die Auskunft erinnert, die schon früher jenes Gesetz der Analogie uns empfahl und welche das letzte hier fehlende Glied im Begriffe individueller Vorsehung einzufügen geeignet wäre.

Warum sollte nicht, so sagten wir schon einmal, jene Einsprache durch Zwischenglieder der Geisterwelt uns zugeleitet werden? Warum sollte, so dürfen wir jetzt hinzufügen, diese allgegenwärtige Leitung unserer individuellen Schicksale nicht der Vorsorge schon vollendeter, vollkommenerer Geister anvertraut sein? Auf beide Fragen hat die strenge Wissenschaft zwar keine peremtorischen und gewissen Antworten zu geben, und alles dies kann, wohlverstanden, nur individuellen Erlebnissen, somit nur persönlichem Glauben überlassen bleiben. Wohl aber kann die Wissenschaft als solche im *allgemeinen* über die Möglichkeit, im *besonderen* über die Wahrscheinlichkeit dieser Auskunft entscheiden. Nun gibt es aber in beiderlei Hinsicht kaum eine natürlichere, näher liegende Erklärung; zugleich, was noch weit mehr bedeutet, keine den Absichten göttlicher Liebe, die wir in allem Geistigen walten sehen, gemäßere Anordnung, als jene, daß wie überhaupt die Menschheit im Diesseits und im Jenseits eine eng verbundene bleibt, so auch der göttliche Schutz und Segen im Diesseits wie im Jenseits durch menschliche Vermittlung an uns gelange.

In Betreff ihrer Möglichkeit bleibt nun die Anthropologie und Psychologie das entscheidende Forum. Wir haben deren Antwort gehört: es kann als erwiesen betrachtet werden, daß unser Geist hinter den Grenzen seines Bewußtseins ein Leben voll verborgener Beziehungen führt, ja daß hier Zeichen sich verraten, welche nur der Einwirkung eines höheren Bewußtseins auf das unserige zugeschrieben werden können. Die unmittelbaren Folgerungen daraus sind deutlich und ihre weiteren Perspektiven zu verfolgen ist hier nicht der Ort. Was sodann die Wahrscheinlichkeit jener Vermutung anbelangt, so darf noch einmal an das große Gesetz der stetigen, lückenlosen Kontinuität erinnert werden, welches wir in der ganzen sichtbaren Schöpfung bewahrt sehen; und so hat die Annahme fürwahr nichts Widersinniges, daß von der untersten Schwelle des Geisterreiches eine heilige Kette auf- und absteigender Wirkungen und Zusammenhänge bis in den unendlichen Geist hineinreiche und so das letzte Rätsel löse, welches dem Glauben an eine «Vorsehung» noch hindernd im Wege stand.

Vielleicht wird der Blick einer künftigen Religionswissenschaft, durch gründlichere anthropologische Studien geschärft, auch für solche Verhältnisse empfänglicher und eindringender werden. Für jetzt kann nicht alles auf einmal gesagt werden, zumal dasjenige nicht, was noch mit

herrschenden Vorurteilen streitet. Dies wäre sogar höchst unweise Überstürzung, da auch im Reiche der Bildung das Gesetz langsamer Zeitigung
waltet. Es genügt dann, die ersten Prämissen und fernsten Umrisse
künftiger kühnerer Wahrheiten gezeigt zu haben, wie dies ohnehin nur
Sache einer «Konfession» sein kann!

Psychologie

Die Lehre vom bewußten Geiste des Menschen,
oder Entwicklungsgeschichte des Bewußtseins,
begründet auf Anthropologie und innerer Erfahrung.

Vorrede

Nach langer, unfreiwilliger Verzögerung biete ich dem wohlwollenden Leser endlich in vorliegendem Buche die Fortsetzung der Untersuchungen, welche in der *Anthropologie** ihren Ausgangspunkt nahmen und erst hier, in der *Psychologie*, ihr Ziel und ihren Abschluß finden sollten. Die Psychologie ist ihrem Entwurfe und ihrer Abfassung nach älter als das anthropologische Werk, welches ursprünglich bloß als «Einleitung» der ersteren vorangestellt werden sollte. Aber die Wichtigkeit der anthropologischen Fragen errang sich ein selbständiges Interesse; der Stoff der Untersuchung erweiterte sich, und so trat die «Anthropologie» als eigenes Werk hervor, wiewohl sie ausdrücklich darauf hinwies, nur als Einleitung für die «Psychologie» betrachtet werden zu wollen. Indes scheint es ihr auch in dieser Absonderung gelungen zu sein, eine gewisse Wirkung sich zu erringen.

Möge es nun dem gegenwärtigen *ersten Teil* der «Psychologie» gleichfalls gelingen, eine ähnliche Beachtung zu finden, auch wenn er nicht sogleich von dem *zweiten Teil* begleitet ans Licht tritt, welcher die Lehre von der «Vernunft» (dem Denken), vom «Gefühle» und vom «Willen» enthalten und somit den Schluß des Ganzen bilden soll. An der Vollendung haben mich bisher zum Teil sehr schmerzliche Ereignisse gehindert; und wenn ich nur mit Überwindung und Scheu öffentlich von

---

* *Anthropologie. Die Lehre von der menschlichen Seele. Neu begründet auf naturwissenschaftlichem Wege für Naturforscher, Seelenärzte und wissenschaftlich Gebildete überhaupt.* Erste Auflage, Leipzig 1856. Zweite, vermehrte und verbesserte Auflage, ebendaselbst 1860.

Persönlichem spreche, so darf ich es hier zu meiner Rechtfertigung doch nicht völlig unterlassen.

Eine Unterbrechung erfreulicher Art bot mir die neue Auflage der biographischen Arbeit über meinen Vater, welche ich seiner hundertjährigen Geburtstagsfeier (19. Mai 1862) entgegenbringen wollte. Gleich darauf entriß mir der Tod meine Gattin, die treue langjährige Genossin meines Lebens und Wirkens. Dies und ein äußerer Unfall stürzten mich in ein Krankheitsleiden, welches fast seit einem Jahr jede anstrengende Beschäftigung mit der Wissenschaft mir versagt hat. Sollte nicht das Erscheinen des Werkes ganz in Frage gestellt werden, so mußte ich mich entschließen, das bisher zum Abschluß Gekommene als «ersten Teil» erscheinen zu lassen. Zum Glück kann derselbe indes nach seinem Inhalte als ein für sich bestehendes Ganzes betrachtet und beurteilt werden. Um jedoch auch dem ersten Teile die möglichste Vollendung und Selbständigkeit zu geben, mußte ich mich entschließen, in einer *allgemeinen Schlußbetrachtung* (§ 367–396) die Hauptresultate des ganzen Werks darzulegen, welche ich besonderer Aufmerksamkeit empfehle, wenn man sich über den Sinn und Geist des Ganzen unterrichten will.

Aus gleichem Grunde kann es nicht überflüssig erscheinen, den Hauptgedanken, der wie ein leitender Faden durch die «Anthropologie» wie die «Psychologie» sich hindurchzieht, hier sogleich auszusprechen und so den stetigen Zusammenhang zwischen beiden Werken herzustellen. Das Ergebnis der ersteren läßt sich auf folgende Sätze zurückführen, welche im zweiten, gegenwärtigen Werke ihre *psychologische* Verwertung erhalten sollen, um dadurch den *Erfahrungsbeweis* ihrer Richtigkeit zu vollenden.

I

Der Menschengeist ist ein *raumzeitliches Realwesen*, gleich allen übrigen Realen, welche den sinnlich-veränderlichen Erscheinungen als beharrliche Elemente zu Grunde liegen.

II

Er steht nicht im *Gegensatze* zu denjenigen Realwesen, welche in den (sogenannten) Naturerscheinungen das Beharrliche bilden; – der ganze vermeintliche *Dualismus* von «Natur» und «Geist», von «Denken» und «Ausdehnung», wie er seit Cartesius unter verschiedenen Formen den unterscheidenden Charakter der neueren Philosophie, ingleichen Seelen-lehre bildete, erweist sich vielmehr bei genauerer Erforschung des Tat-sächlichen als die unbegründete Abstraktion eines voreilig die Untersu-chung abschließenden Denkens:

III

Sondern der *Unterschied* der Geistesmonade von den niederen Weltsub-stanzen beruht *einesteils* in der relativen Höhe und dem Reichtume ursprünglicher Anlagen, welcher der Vollkommenheit der niederen seeli-schen Weltwesen noch neue eigentümliche hinzufügt; *andernteils* in der jener Höhe und Universalität seiner Weltstellung genau entsprechenden höchst vielseitigen *Erregbarkeit*, mit welcher der Menschengeist jeden von außen kommenden Reiz durch eine eigentümliche Umstimmung beantwortet. Darin, in dieser zugleich leichten und energischen Erreg-barkeit des Geistes, wird die Psychologie die erste *Bewußtseinsquelle* desselben nachzuweisen haben. (Wenn *Leibniz* behauptete, *jede* Monade sei ein Spiegel des Universums von ihrem eigentümlichen Standort aus, so gilt dies erfahrungsgemäß in vollem Sinne nur vom Menschengeiste, wie auch nur von ihm aus ein ähnliches Verhältnis für die übrigen Weltwesen per analogiam erschlossen werden konnte.)

IV

Alles dies hat nun die «Anthropologie» in den einfachen Satz zusammen-gefaßt:

Der Menschengeist hat nicht bloß gewisse «apriorische» Bestandteile (Urerkenntnisse, Urgefühle, Urstrebungen) in seinem *Bewußtsein*, wie Kants sorgfältige Analyse des letzteren es lehrte, – sondern er ist nach seinem eigentlichen Bestande selbst ein *vorempirisches* Wesen, aus seinen übersinnlichen Grundanlagen in Wechselwirkung mit dem anderen Realen sich herausgestaltend in die «Sinnenwelt», ebenso daraus sich erzeugend das *Bewußtsein* dieser Welt.

V

Gleicherweise ist diese vorempirische Grundlage des Menschen nicht zu denken als irgendeine unpersönliche «Allgemeinvernunft», als universalistischer «Weltgeist», von welchen Produkten übereilter metaphysischer Abstraktion die besonnene *anthropologische* und *psychologische* Beobachtung nicht das Geringste zu entdecken vermag. Vielmehr zeigt sich der Geist schon in seinen *vorbewußten* Ursprüngen und Wirkungen durchweg als *individualisierter*, als Keim einer Eigenpersönlichkeit, und seine *psychologische* Entwicklungsgeschichte bestätigt dies immer entscheidender, indem durch die Hervorbildung des Bewußtseins die Selbstgewißheit der «Persönlichkeit» nur gesteigert und befestigt wird. Die *höchste* psychologische Tatsache endlich, das Bewußtsein des *Ergriffenseins* vom göttlichen Geiste, kurz dasjenige, was wir «religiöse Erhebung», «religiöse Begeisterung» nennen müssen, zeigt abermals nicht ein Erlöschen oder Kraftloswerden jenes Persönlichkeitsgefühles, sondern umgekehrt, wie schwach oder wie stark auch der *Grad* der religiösen Erhebung sei, sicherlich ist damit eine *Steigerung* jenes Gefühles verbunden, eine unüberwindliche Zuversicht und innere Freudigkeit, bis hinauf zum höchsten weltüberwindenden Heroismus.

Was weiter dabei zu bedenken sei, wie namentlich der Begriff des hierdurch von uns behaupteten *Individualismus* sich verhalte zu dem an seinem Teile nicht minder berechtigten Prinzipe des *Universalismus*, darüber müssen wir auf die nachfolgenden Untersuchungen (im *ersten Buche* der «Psychologie») verweisen, wo gleichfalls nicht nach abstrakt apriorischen Voraussetzungen oder nach einem im voraus fertigen metaphysischen Systeme, sondern durch *Rückschluß aus der Erfahrung* diese entscheidende Frage ihre Erledigung findet.

VI

Mit Fug könnte gefragt werden, ob nicht schon im unmittelbarsten Bewußtsein, in dem von aller wissenschaftlichen Reflexion freien, sich selbst überlassenen Menschenwesen ein deutliches und unverkennbares Zeugnis sich finde von jener behaupteten inneren Ewigkeit und vorzeitlichen Uranlage des Geistes? Die Forderung ist eine vollständig und in allen Fällen berechtigte, daß das Innere auch stets und ungesucht sich äußern, zur universalen Erfahrung werden müsse, und daß, wo dies nicht stattfinde, mit Recht der Verdacht entstehe, statt der einfachen, objektiven Wahrheit möge irgendein absichtlich erdachtes, künstlich ersonnenes Theorem sich eingeschlichen haben. So auch in diesem Falle!

VII

Hier nun brauchen wir fürwahr nach solchem Zeugnisse des Geistes über sich selbst nicht weit zu suchen und nicht bloß auf Vereinzeltes, Zweifelhaftes, Vieldeutiges uns zu berufen. Das Gesamtverhalten wie das Gesamtgefühl des Menschen bekundet auf unwiderstehliche Art, daß er als «Fremdling» sich wisse in dieser Sinneswelt und daß das Hinausstreben über dieselbe der eigentliche Sinn *aller* eigentümlich menschlichen Tätigkeit sei. Daher die rastlose Unruhe und der tiefe Zwiespalt, der sein ganzes Wesen durchzieht, indem er jedes irdisch Erreichte sofort wieder vor sich verneinen muß; die ungestillte Sehnsucht gerade mitten im kräftigsten Lebensgefühle, die jeder höchsten Freude sogleich sich beimischende ernste Wehmut, was ebenso die Quelle höchster Erhebung zu Poesie und Religion dem Menschen wird, als umgekehrt den irdisch Gesinnten in die Verödung eines leeren, ewig unbefriedigten Strebens hinauswirft: – alles dies ist nur das Zeugnis einer unablässigen *Verneinung* seines gegenwärtigen Zustandes; das heißt aber zugleich: seines *substantiellen Hinausseins über denselben.*

Aber dasselbe hat auch einen sehr *positiven,* auf Tieferes deutenden Grund. Es ist zugleich die tatkräftige Wirkung und unwillkürliche Beglaubigung seines wahrhaften, jenseitigen Wesens. Indem der Mensch alles Zeitliche zu einem Ungenügenden herabsetzt, in keinem irdisch erreichten Ziele sich gefangen gibt, verrät er dadurch, eine überzeitliche Macht und eine überzeitliche Bestimmung in sich zu tragen.

VIII

Die Psychologie, behaupten wir, ist unvollständig, denn sie ist außerstande, den Menschengeist in seiner Tiefe und Ganzheit zu erklären, so lange sie nicht jenen seltsamen zwiespältigen Drang, das eigentliche Rätsel seines Daseins, verständlich gedeutet hat. Mit diesem Postulate, was zugleich einer Kritik der bisherigen Psychologie gleichzuachten wäre, treten wir an diese Wissenschaft heran. Aber jenes Rätsel kann nur richtig gedeutet werden durch Hinweisung auf die transzendentale, alles Zeitliche überschreitende Natur des individuellen Menschengeistes. Dies hat unsere nachfolgende Ausführung der Wissenschaft zu zeigen, welche aus diesem Grunde, der bisherigen Psychologie gegenüber, zum ersten Male auf *Vollständigkeit* Anspruch macht.

IX

Aus dem oben Gesagten (IV) folgt zugleich noch weiter, daß der Geist seine *Bewußtseinsquelle in sich selbst trage*, mitnichten erst von außen empfange. Das *Sinnenbewußtsein* somit, als die erste und unmittelbarste Erweckung dieser Quelle, samt allem, was aus ihm sich entwickelt, der ganze Augpunkt unseres irdischen Daseins, ist nur eine der möglichen Bewußtseinsformen, ist nur *Erdgesicht*, verschwindend, wenn die organischen Bedingungen unwirksam werden, mittels deren es entsteht (wozu es keineswegs immer und überall des leiblichen Todes bedarf, sondern was auch bei gewissen ekstatischen Zuständen einzutreten vermag), ohne daß damit die innere *Sehe* des Geistes, seine ursprüngliche Bewußtseinesquelle zerstört oder beeinträchtigt wäre.

Die nach allen Seiten hin folgenreiche Bedeutung dieses, wie wir meinen, streng von uns erwiesenen Satzes brauchen wir hier nicht zu erörtern. Daß aber auch *Kants* Transzendentalphilosophie, wenn man sie konsequent bis zu ihrer Grundprämisse zurückverfolgt, auf derselben Voraussetzung beruhe, wurde ausführlich gezeigt, und möge hier noch beiläufig erwähnt sein, um die «befremdliche Paradoxie» unserer Behauptungen, welche der gegenwärtigen Wissenschaft und gesamten Denkweise noch durchaus nicht eingehen wollen, wenigstens vorläufig unter den Schutz seines Namens zu stellen.

X

Die «Psychologie» daher, wenn sie das ganze Menschenwesen und die Gesamtheit seiner Bewußtseinsmöglichkeiten ergründen will – bisher hat sie nur auf die Betrachtung seines hälftigen Daseins und Bewußtseins, auf sein Sinnenleben sich beschränkt –, muß auch die andere Hälfte, die Anlage zu einer völlig verschiedenen Seins- und Perzeptionsweise ins Auge fassen; und erst dann wird der *Gesamtumfang* des Geistes, damit zugleich der Begriff seiner *Apriorität*, erschöpft sein.

XI

Auch dieser Aufgabe haben wir zu genügen versucht. Wir glauben das *Organ* gefunden zu haben, durch welches eine übersinnliche Welt hineinscheint und hineinwirkt mitten in unser sinnliches Bewußtsein, welcher der Geist als selbst übersinnliches Wesen seiner Substanz nach zwar angehört (I–IV), von welcher er aber durch sein unmittelbares, ins Sinnenleben verflochtenes Bewußtsein aufs eigentlichste abgewendet, aus dem eigenen Innern *heraus*gewendet und ihm *entfremdet* ist. Auch über diese Ansichten und Behauptungen bitten wir den Leser erst dann sich zu entscheiden, wenn er mit unbefangenem Urteil die im nachfolgenden Werke dafür aufgeführten Tatsachen und Gründe der Reihe nach geprüft hat.

XII

Die Entwicklungsgeschichte des menschlichen Geistes umfaßt bekanntlich die drei Stufen: des ersten Bewußt-*Werdens*, des Bewußt-*Seins* und des *Selbst*bewußtseines. Aber diese Entwicklung ist *Selbstentwicklung*, d. h. von allem, was im Geiste er *Selbst* ist, was seines Bewußtseins

Eigentum geworden, hat er nichts von außen bloß *empfangen*, leidend in sich aufgenommen, sondern durch Wechselwirkung mit dem andern selbsttätig sich angebildet. Dies der Fundamentalsatz jeder gründlichen Psychologie, welcher im folgenden Werke durch einen vollständigen Induktionsbeweis an den Tatsachen des Bewußtseins erhärtet wird. Die Außenwelt *bestimmt* den Menschen nur insofern, macht ihn nur in dem Sinne *von sich abhängig*, als sie fördernd oder hemmend, anspornend oder rückhaltend zur Entwicklung seiner inneren Anlagen sich verhält, welche *allein sein Selbst ausmachen* und aus denen *allein* sein *Schicksal sich entscheidet*.

XIII

Diesem ersten Satze stellt sich sogleich ein *zweiter* zur Seite.

Auf allen Stufen jener Selbstentwicklung ist der Geist formal der eine, mit sich Identische, und er weiß sich also («Ich»). Aber er bleibt darin nicht *qualitativ* mit sich identisch, sondern er ist und er weiß sich als ein *veränderter* und stets weiter *veränderbarer*. Wie erklärt sich doch dieser merkwürdige Vorgang, der zwar stets in uns allen und vor aller Augen sich vollzieht, deshalb jedoch um nichts weniger der Begründung bedarf, und die richtige nicht überall gefunden hat?

Es ist eben die *Wunderwirkung*, sozusagen, des Bewußtseins, daß der Geist durch den lediglich *formalen* Akt des Ichwerdens und Ichseins, durch das «Licht, mit dem er seine eigenen inneren Zustände als die seinen erleuchtet» (wie das Bewußtsein dieses «Als» entstehe, wird die Psychologie zu erklären haben), zugleich innerlich sich *umgestaltet*, aus dem Zustande substantieller Einfachheit heraus- und in die Mannigfaltigkeit wechselnder Bewußtseinszustände auseinandertritt. Was in der Einheit seines vorbewußten Wesens als bloße Anlage ungesondert ruhte, tritt durch den Bewußtseinsakt unterschieden und als ein besonders Wirkendes hervor, wird aber damit zugleich in die *bewußte* Macht des Geistes gegeben. Und dieser Prozeß, den wir die «Entwicklungsgeschichte» des Bewußtseins nennen, hat sich zu vollenden, bis alle Anlagen des Geistes in den bewußten Besitz des «Ich» gelangt sind, sein blindes Sichauswirken zur *freibewußten* Selbstbestimmung sich erhoben hat. Es ist der allmähliche Übergang vom *Bewußtsein* ins *Selbstbewußtsein*.

XIV

Dieser ist jedoch abermals nichts von *außen* im Geiste Bewirktes oder Zufälliges, sondern durch die *innere* Beschaffenheit des Bewußtseinsprozesses begründet. Indem das Bewußtsein unserer Mannigfaltigkeit immer mehr sich *ausbreitet*, befestigt und verstärkt sich in gleichem Maße daran das (zentralisierende) Bewußtsein unserer *Einheit* (unseres *Selbst*) in jenen Unterschieden und Gegensätzen. Je mehr, bildlich zu reden, die Gefahr sich steigert, an jenen Zersplitterungen die innere Einheit zu verlieren, desto mehr wächst der *Widerstand* dagegen, indem in ganz gleichem Verhältnis das Bewußtsein der *Einheit*, des *Selbst*, sich verstärken muß, so gewiß die Vorstellung des «Selbst» an jedem Bewußtsein des Unterschiedes sich wiederholt und immer neu vollzieht.

XV

Erst auf der Stufe des *Selbstbewußtseins* daher ist der Geist völlig *bei sich* selbst, hat sein apriorisches Wesen in seine Gewalt bekommen, sein *Für sich* ist seinem *An sich* möglichst adäquat geworden. (Warum nur «möglichst», warum im *endlichen* Geiste immer ein dunkler Rest, ein nicht völlig im Bewußtsein sich auflösender *Hintergrund* seiner Apriorität zurückbleibt, darüber wird die «Psychologie» sehr bestimmte Rechenschaft ablegen.)

Übrigens ist pädagogisch und ethisch nichts bekannter oder populärer, als dieser Gedanke. Theoretisch «Selbstbesinnung», praktisch «Selbstbeherrschung» wird uns unablässig als Ziel der intellektuellen, wie ethischen Bildung hingestellt. Beides ist nichts anderes, als die Möglichkeit einer Erhebung des bloßen Bewußtseins ins Selbstbewußtsein.

XVI

In letzterem ist nun zugleich auch der Begriff der *Persönlichkeit* gefunden. Denn mit diesem Worte bezeichnen alle Sprachen die nur dem Geiste zukommende Eigenschaft: alles ihm Angeeignete und Eingelebte mit *Bewußtsein* zu durchdringen, es als das *Seinige* zusammenzufassen, damit aber auch als von ihm freies *Selbst darüberzustehen.* («Transzendenz» in der «Immanenz».)

Persönlichkeit ist die Grundform des Geistes *als* solchen, daher *als* Form in allen Geistern, im absoluten wie in den endlichen, schlechthin gleich.

(Es ist daher eines der unberechtigsten Vorurteile, eine reine Grille des Pantheismus, zu behaupten, daß Gott als Absolutes, nicht Persönlichkeit sein könne, weil er damit *verendlicht*, anderen Persönlichkeiten *nebengeordnet* werde. Umgekehrt ist zu sagen – und wir haben das Recht, uns dabei auf die ausführliche Beweisführung unserer «Ontologie» zu berufen* –: daß Persönlichkeit die höchste, vollkommenste Existentialform alles Wirklichen, zugleich diejenige Daseinsform sei, in welcher allein die höchste, absolute *Welteinheit* ohne Widerspruch denkbar wird. Die Idee Gottes und die der absoluten Persönlichkeit zeigen sich dergestalt unabtrennbar voneinander, daß jede nur in der anderen ihre Begreiflichkeit und Bewährung findet!)

Unterschieden und abgestuft dagegen sind die (endlichen) Persönlichkeiten lediglich nach der *Fülle* des Geistesgehaltes, wie nach der Klarheit und Intensität des *Bewußtseins*, mit welchem sie jenen Gehalt wissend durchleuchten und ordnend beherrschen. Und als vollmenschliches Dasein wäre nur dasjenige anzusprechen, in welchem Apriorisches und Persönlichkeit völlig sich deckt, wo der Geist mit vollkommen bewußter Sicherheit des Erkennens und Wollens seiner Anlagen Herr geworden wäre.**

XVII

Allein von hier aus, vom Begriffe des «Selbstbewußtseins» oder der «Persönlichkeit», ist nun das Wesen und der Inhalt des Geistes zu begründen, d. h. nur also, *wie er sich vom Gipfel und Höhepunkt seines*

* «Grundzüge zum System der Philosophie: Zweite Abteilung: die Ontologie.» Heidelberg 1836. § 286 f., 296, 297.
** Über den daraus hervorgehenden Begriff des *Urmenschen* vergleiche man vorläufig (bis zur Vollendung des gegenwärtigen Werkes) die «*Anthropologie*», 2. Aufl., S. 573 f.

Bewußtseins aus zeigt, ist sein Begriff auch an seinem Anfang oder Ausgangspunkte zu fassen; nicht von anderswoher (etwa aus einer «Natur», aus «stofflichen» Elementen oder des Etwas) oder aus einem niederen (etwa sensualistischen) Prinzipe kann er erklärt werden. Denn der Erfolg der Untersuchung zeigt, daß der Geist selbst es ist, der aus der eigenen apriorischen Anlage zu jener Höhe emporsteigt, der somit in seinem Anfange schon sein muß, wozu er sich machen soll, ein *transzendentales*, mit vorempirischen Grundanlagen ausgestattetes Wesen, aus denen heraus er sein Bewußtsein, auch die *Form* seines empirischen Bewußtseins sich anbildet.

XVIII

Dies ist der Punkt, um dessen entscheidende Hervorhebung in gegenwärtiger Psychologie es sich handelt, und wobei abermals an *Kant* anzuknüpfen ist.

Die «synthetische Einheit der Apperzeption», welche Kant zum gestaltenden Prinzipe der *theoretischen* Vernunft, des bloßen Erkennens machte, zum *universalen* Prinzip zu erheben, oder auch, um an J. G. Fichtes bestimmtere Fassung der Aufgabe zu erinnern, das «transzendentale Ich» (schärfer und behutsamer ausgedrückt: «das transzendentale *Wesen* des Geistes») zum Fundamentalbegriffe der gesamten Geisteslehre zu machen, das ist es, auf dessen konsequente und erschöpfende Durchführung nach unserer Überzeugung auch jetzt noch alles ankommt.*

* Eben dies ist auch der Punkt, welchen *Sengler* mit großer Energie und Klarheit zur Geltung gebracht hat (teils im ersten Bande seiner «Erkenntnislehre», 1858, teils in sechs besonders wichtigen und lehrreichen Artikeln «über Begriff und Aufgabe der Erkenntnislehre» in der *Zeitschrift für Philosophie und philosophische Kritik*, Bd. 37, 38, 39, 40, 41), ebensowohl für eine gründliche Reform der Erkenntnislehre, als auch dafür, um die gegenwärtige Spekulation von dem noch immer nicht überwundenen Gegensatz eines bloß empiristischen Realismus und eines leer aprioristischen Idealismus dauernd zu befreien. Der Durchdringungspunkt für Ideales und Reales ist ihm eben das «transzendentale Ich», dessen Grundvermögen und Grundbestimmungen ebenso *real* sind – denn

Wir haben soeben schon angedeutet, was bei jener Fassung der Aufgabe zu berichtigen sei. Wir heben dies noch bestimmter hervor, indem unseres Erachtens die Nichtbeachtung dieses scheinbaren Nebenpunktes zu den verhängnisvollsten Irrtümern Veranlassung gegeben. Es ist die sofortige Bezeichnung des Geistes als «Ich», als ob beide Begriffe gleichbedeutend wären und sich deckten. Es ist die daraus hervorgehende irrtümliche Folgerung, als müsse, weil mit Recht erkannt worden, daß alles im Geiste nur aus dem *Wesen* des Geistes herzuleiten sei, nicht von anderswoher, um deswillen alles aus dem *Ich*, der Ichform, *abgeleitet* werden.

XIX

Das «Ich», als solches, als *reines*, *allgemeines*, und mit welchen Prädikaten man es sonst noch auszustatten gedenkt, ist weder ein *Reales*, noch viel weniger *Prinzip* eines Realen, sondern lediglich das *Produkt einer*

in ihnen konzentriert sich die ganze Wirklichkeit, des Geistes *Wesen* ist mikrokosmisch –, als auch *ideal*; denn sie enthalten eben damit zugleich den Möglichkeitsgrund des *Erkennens* der Wirklichkeit; sie sind die *Idealgründe* einer wahrhaft objektiven (realen) Wissenschaft. Aus demselben Grunde ist ihm für jetzt die Psychologie – aber ausdrücklich als «Pneumatologie», als Lehre vom *transzendentalen* Wesen des Geistes gefaßt – die unentbehrliche *Vorwissenschaft*, um die rechten, vollständigen Real- und Idealprinzipien zu gewinnen. «Die Psychologie», sagt er, «soll nicht Zweck, sondern Mittel zu ihm sein» (das reine Wesen des Ich zu erkennen), «wie ja die Seelenvermögen überhaupt nur diese Mittel zum Zweck sind. Aber *dadurch kommen wir weiter*, nämlich durch *psychologische* Begründung der metaphysischen Begriffe». Im Hinblick auf den Inhalt dieses Werkes kann ich mich nur mit allen diesen Bestimmungen einverstanden erklären, und es wäre mir höchst erwünscht und ermutigend, wenn der treffliche Denker in dem nachfolgenden Versuche einer Psychologie zugleich einen Beitrag zur Lösung jener allgemeinen Aufgabe finden wollte, obschon ich, aus sogleich anzuführenden Gründen, einer etwas anderen Terminologie und einer abweichenden Methode mich bediene, nämlich der *Induktion* aus der Erfahrung, welche sicherlich die einzig geeignete ist, um neue Prinzipien zuerst festzustellen und vor Zweifel und Ungewißheit zu sichern.

215

psychologischen Abstraktion, mit welcher die allen Geistern gemeinsame Vorstellung derselben von sich zu einem *Allgemeinbegriff* erhoben und als charakteristisches Prädikat des Geistes als solchen bezeichnet wird.

Wie kritisch die *Anthropologie* erwies, wie psychologisch das nachfolgende Werk zu zeigen hat, ist das Ich die für sich *leere* Form des Selbstbewußtseins, in welcher der Geist seine realen, aber ihm bewußt gewordenen Unterschiede vorstellend zusammenfaßt: *Zeichen* eines Realen, aber selbst nichts Reales (Inhaltliches), aus welchem daher auch nichts Inhaltliches im Bewußtsein *abgeleitet*, das überhaupt nicht in realem Sinne zum *Prinzipe* gemacht werden kann.

XX

Der Ausdruck *transzendentales Ich* endlich, wenn man überhaupt sich dessen bedienen will – uns scheint er teils überflüssig, teils ungenau –, kann nur die Höhe und Tiefe der «Selbsterkenntnis» bezeichnen, mit welcher der Geist in sein eigenes transzendentales, vorempirisches *Wesen* zurückgeht, um *darin* den Grund und die Quelle seines sinnlich-empirischen Bewußtseins zu finden. Die echte, gründliche Psychologie, als *durchdringende* Selbsterkenntnis des Geistes, soll transzendental sein; aber ein «transzendentales Ich» in seiner Unmittelbarkeit und Ausdrücklichkeit wird im Bereiche der psychischen Tatsachen nirgends gefunden, kann nicht gefunden werden, weil im gegebenen, wirklichen *Bewußtsein* oder «Ich» jenes Apriorische, Transzendentale, als innerster Grund und Prinzip dieses Bewußtseins oder Ich, eben darum notwendig ein ihm verdeckter Hintergrund, ein *Un-* oder *Vorbewußtes* bleiben muß.

Eine ganz andere, damit nicht zu verwechselnde Frage ist die, wie die Psychologie ihre eigene Möglichkeit begründen, d. h. erklären könne, welchergestalt es ihr gelinge, bis zu jenem vorbewußten Hintergrunde des gegebenen Bewußtseins erkennend vorzudringen, selbst «transzendental» zu werden? da doch soeben noch behauptet wurde, daß dem faktischen Bewußtsein der eigene Grund desselben notwendig verdeckt bleiben müsse.

Auch darüber wird die Psychologie (im nachfolgenden Werke) genaue Rechenschaft abzulegen wissen. Sie zeigt, daß in der *Form* des Bewußtseins als solcher zugleich die Möglichkeit *unendlicher Reflexibilität* liege, indem jeder an sich schon bewußte Zustand des Geistes, sofern er *unterschieden* wird durch dieses Bewußtsein von einem andern, gleichfalls bewußten, eben damit zum *Objekte* eines noch höheren (zusammenfassenden) Bewußtseins gemacht werden kann. Und so vermag der Geist, stufenweise immer höher sich objektivierend («reflektierend»), durch den Selbsterkenntnisprozeß der psychologischen Reflexion zuletzt auch im transzendentalen Wesen des Geistes die höchste *allgemeine* Bedingung seines Bewußtseins zu entdecken, welche dem wirklichen oder faktischen Bewußtsein notwendig sich verbirgt, gerade weil sie in letzterem auf eine *besondere* Weise wirksam ist. Aber aus eben diesem Grunde wird die Psychologie sich enthalten, diesen höchsten, auf das Transzendentale des Geistes zurückgreifenden Reflexionsakt zum Begriffe eines *transzendentalen Ich* zu hypostasieren, da ein solches Ich im wirklichen Bewußtsein nicht vorkommt, außer eben nur im Reflexionsakte des psychologisierenden Subjekts!

Man wolle übrigens in diesen Bemerkungen nicht eine unfruchtbare Subtilität, eine überflüssige psychologische Silbenstecherei erblicken. Wir sind der festen Überzeugung, daß bevor nicht der lange eingewohnten Verwechslung des «Ich» mit dem «Geiste» vollständig ein Ende gemacht worden, auch der Begriff der *individualen Substantialität* des Geistes nicht fest begründet, der Gefahr nicht gründlich gewehrt sei, die Psychologie von neuem in pantheistischen Universalismus zurückfallen zu sehen oder in die noch schlimmere Verflachung, das Ich sich *zusammensetzen* zu lassen aus einer Vielfachheit «einfacher Elemente». Wir dürfen darüber statt alles weiteren nur auf die Ergebnisse unserer *kritischen Geschichte der Seelenlehre* (im ersten Buche der *Anthropologie*) verweisen.*

---

* Z. B. auf S. 25 und 26 ebendaselbst, 2. Aufl.

Wie schon die alten Dichter, offenbar nur aus dem Zeugnis des eigenen Innern schöpfend, es preisend verkündeten, ist der Menschengeist *göttlichen Geschlechts*, ist göttlicher «Erregung» aufgeschlossen; und zwar, wie die eindringende psychologische Forschung dies erweist, keineswegs als universalistisches Gattungswesen, sondern gerade umgekehrt, sofern in ihm das konkret Persönliche, die Eigentümlichkeit (XII) zum Bewußtsein und zur Geltung kommt, kurz eben das, was wir *Genius* nennen. Dies nun ist die schlechthin höchste, zugleich die begeisterndste Einsicht, welche der Mensch über sich gewinnen kann, das tiefste Ergebnis seines *Selbsterkennens*. Wer dieser inneren Ewigkeit, dieses Anteils am Göttlichen *tatsächlich* innegeworden, dem ist zugleich jenes Rätsel seines Daseins gelöst (VII), der hat der tiefen Sehnsucht genug getan, welche ihn mitten im Sinnenleben, in der «Zeitlichkeit» nie verlassen wollte. Er hat *die Zeit überwunden*, indem er *mitten in der Zeitlichkeit die Quelle des Ewigen in sich erweckt* hat.

Die Psychologie aber, als vollendete «Selbsterkenntnis» des Menschengeistes, würde unvollständig bleiben und ihr Prinzip mangelhaft, wenn sie nicht jene *Tatsache* in den Bereich ihrer Untersuchung zöge, noch eigentlicher, wenn sie nicht ihr gesamtes *Prinzip* auf diese höchste Erweisung im Bewußtsein gründete. Auch dies bitten wir als leitenden Gedanken für die folgende Untersuchung nicht unbeachtet zu lassen.

Offenbar bietet jene Wahrheit (XXII) zwei sehr bestimmt zu unterscheidende Seiten dar, deren Verwechslung, ja auch nur deren Vermischung von verhängnisvollen Folgen begleitet ist, welche aufzudecken auch jetzt noch an der Zeit sein möchte.

Der Menschengeist erweist sich als ein *über*sinnliches, *ewiges* Wesen mitten im Sinnlichen und in der Flucht der Zeitlichkeit. Eben darum vermag er aber auch in ein *direktes Verhältnis* zum höchsten, absoluten Geiste zu treten, und von ihm erfüllt, zum *Organ* seiner Offenbarung zu werden.

Beide Gedanken sind allerdings unabtrennlich voneinander und fak-

tisch niemals getrennt worden, wie schon aus jener universalen kulturge-
schichtlichen Tatsache zu ersehen, daß, wo Unsterblichkeit (innere
Ewigkeit) des Menschengeistes gelehrt wurde, dies in ausdrücklicher
Verbindung mit dem Glauben an eine lebendige Gottheit geschah, ja daß
jene Lehre gerade als die vornehmlichste Offenbarungswahrheit hochge-
halten wurde.

Dennoch sind beide Sätze nicht «identisch», sondern wohl und sorgsam voneinander zu unterscheiden. Denn eine gänzliche Verseichtigung
beider wäre es, ja das Verderbnis eines jeden derselben in seinem eigentlichen Werte, wollte man sie zu jenem wohlbekannten pantheistischen
Begriffe von der «Einheit des göttlichen und menschlichen Geistes»,
vom «Bewußtwerden Gottes im Menschen» u. dgl. einschwinden lassen,
in dessen banal gewordener Trivialität ebenso der erhabene Ernst jener
religiösen Wahrheit rettungslos verflacht, als die unbefangene *psychologische* Forschung nachweislich auf die verderblichsten Irrwege geleitet
worden ist.

Die «Psychologie» wird gerade zu zeigen haben und damit abermals
berichtigend zurückwirken auf eine in Vorurteilen befangene Metaphysik
und danach gemodelte Religionslehre: – wie beide Wahrheiten sich
wechselseitig voraussetzen, keineswegs aber zusammenfallen, indem nur
unter der Bedingung, daß der Menschengeist ein Eigensubstantielles,
selbständig aus sich Anfangendes, mithin von Gottes Geiste Unterschie-
denes sei, auch eine *wahrhafte*, nicht bloß illusorische, eine vom Menschen errungene und durchgekämpfte, darum aber auch zuversichtlich
gewußte und tiefgefühlte *Vereinigung* («Versöhnung») mit dem göttlichen Geiste möglich werde, und wie dieser begrifflichen Unterscheidung
beider auch allein der wirkliche Hergang, die *durchgreifende menschliche
Erfahrung* entspreche.

XXIV

Die letztere Betrachtung hat uns den Weg gebahnt zum höchsten Standpunkte, welcher der Psychologie zu erreichen bleibt. Wir können ihn den
theosophischen nennen; denn nur von ihm aus ist der letzte, gründliche
Aufschluß über die eigentliche Quelle menschlicher Geistesentwicklung
zu gewinnen.

Daß nämlich jede ideale Entwicklung des menschlichen Bewußtseins, jeder eigentliche «Kulturfortschritt», im ganzen Geschlechte sowohl, wie im einzelnen Genius, nur aus jenem inneren Verhältnis zum Geiste Gottes, aus göttlicher «Eingebung» erklärlich werde, daß der wahre Erzeuger neuer Gedanken in uns nur Gott sei, daß namentlich Gott nicht ohne Gott von uns gewußt, nicht gefühlt noch erkannt werden könne, diese große, allein stichhaltende Einsicht verdanken wir vor allem den Lehren der Theosophie, und so darf endlich noch gesagt werden, daß nur vom Standpunkte der Theosophie aus die ganze psychologische Aufgabe gelöst werden könne.*

Diese zerfällt hiernach unter einen doppelten Gesichtspunkt:

Einerseits wird sie nachzuweisen haben, was der Menschengeist aus seinem *eigenen* apriorischen Vermögen, in Wechselwirkung mit dem Objektiven der Außenwelt, in seinem Bewußtsein hervorzubringen vermöge, ebenso was der Grundcharakter und die Grenze dieses Bewußtseins sei. Andererseits wird sie zu zeigen haben, wo dies Erklärungsprinzip nicht mehr ausreiche, sondern wo ein *neues*, aus dem bisherigen Kausalnexus der Vorstellungsverkettung nicht mehr erklärbares Element hineintritt in dies Bewußtsein, von *innenher* (durch «Eingebung») es umgestaltend.

XXV

Hiermit erwächst unserer eigenen psychologischen Theorie noch ein anderes eigentümliches Problem. Denn es ist sogleich ersichtlich, daß nicht in derselben Weise das Verhältnis des absoluten Geistes zum menschlichen Bewußtsein gedacht werden könne, wie das der endlichen objektiven Dinge zu demselben. Gott kann unserem Bewußtsein niemals als ein *bloß Objektives* gegenübertreten, gleich jenen. Damit fiele sein Begriff einer wahrhaften «Verendlichung» zu. Er wäre, gleich anderen endlichen Objekten, ein Ding *außer* und *neben* unserem Geiste. Aber er ist eine Macht *in* ihm und zugleich *über* ihm.

Wir werden sonach ein *doppeltes* Grundverhältnis des Bewußtseins zum Realen zu unterscheiden haben.

---

* Man vergleiche die analoge Beweisführung am Schlusse der *Anthropologie* (S. 608 fg., 2. Aufl.).

Das apriorische Wesen unseres Geistes (IV) entwickelt zunächst seine Grundanlagen an der Wechselwirkung mit dem Andern, Realen, zum *Bewußtsein* dieses Andern und seiner selbst, es wird darin zum *Subjekt* einem *Objekte* gegenüber, und aus den verschiedenen Verhältnissen zwischen Subjekt und Objekt entstehen jene verschiedenen Grundunterschiede bewußter Tätigkeit, welche wir als «Erkennen», «Fühlen», «Wollen» bezeichnen.

XXVI

Nun aber kann eine eindringende psychologische Beobachtung sich nicht verbergen, daß *innerhalb* des Rahmens jener allgemeinen und unaufhebbaren Grundverhältnisse es bestimmte Bewußtseinszustände gibt, welche sich durchaus nicht erklären lassen aus der bloßen *Wechselwirkung* von Subjekt und Objekt, von Geist und Außenwelt, bei denen wir vielmehr ein von *innenher auf den Geist und sein Bewußtsein einwirkendes Prinzip anzunehmen genötigt sind, wenn wir dem Charakteristischen dieser psychischen Tatsachen gerecht werden wollen*; – ein Verhältnis daher, in welchem der Geist nicht mehr als Subjekt einem Objekte *gegenüber* sich befindet, sondern nach welchem ein Höheres *in ihm eingeht, eins* mit ihm wird und *durch ihn* sich offenbart. (Dies eben, die Einsicht, daß Gott niemals *äußeres* Objekt, «Außending», für das menschliche Bewußtsein werden könne, ist das allerdings hochwichtige Ergebnis, der bleibende Rest der Wahrheit, der aus den letzten Systemen seit Fichte sorgsam zu bewahren ist, dort freilich untermischt mit vielen Irrtümern und übereilten, gerade auf jene Prämisse gestützten psychologischen Folgerungen.*

---

* Beiläufig sei bemerkt, daß Fichtes Behauptung, welche ihm den Vorwurf des Atheismus zuzog, eben nur die war, Gott könne nichts *Objektives*, kein in den (sinnlichen) Formen der Objektivität zu denkendes Ding, nach seinem Sprachgebrauche keine «Substanz» sein, in welcher Verneinung und in deren Gründen er unstreitig recht hatte.

221

Auch dies Verhältnis ist am menschlichen Bewußtsein nicht unbemerkt vorübergegangen; und wie konnte es anders sein, da es gerade durch die gewaltigste Erregung im Geiste sich kundgibt, unvergleichbar in ihrer Eigentümlichkeit mit allen anderen Erregungen, welche der Geist von außen empfängt. Man hat diese tiefempfundene Wirkung seit Anbeginn in allen Sprachen mit einem Ausdruck belegt, welcher «Einhauch», «Eingebung», kurz eine von *innenher* den Geist und sein Bewußtsein steigernde Kraft bezeichnet; und alle Großen und Guten, alle wahrhaft Begeisterten haben sich zu solchen Erlebnissen bekannt. Aber die Schulmetaphysik hat diese hochwichtige psychische Tatsache unbeachtet zur Seite gelassen und ebensowenig ist es unseres Wissens der Psychologie unserer Zeit irgendwo in den Sinn gekommen, dies Verhältnis zum Mittelpunkt ihrer Forschung zu machen, so daß, hätte die christliche Theosophie und Mystik nicht unermüdlich daran erinnert, daß ohne den steten Einfluß des *göttlichen* Geistes der menschliche tot und unerweckt, dem Einerlei des sinnlichen Naturkreislaufes verfallen bliebe, der weltlichen Wissenschaft diese gründliche Einsicht wohl ganz abhanden gekommen wäre.*

Es ist die Bestimmung des gegenwärtigen Werkes, auch diese Lücke auszufüllen, oder den theosophischen Standpunkt als den *einzig erschöpfenden für die Psychologie aufzuweisen.*

Dies kann jedoch erst dann gelingen, wenn vollständig ermittelt ist, was der Geist in der immanenten Entwicklungsgeschichte seines Bewußtseins aus sich selbst zu erzeugen vermag, wo dagegen der *mehr als menschliche Faktor*, das *göttliche* Element, in jenen festgegliederten Kontext hineintritt.

---

* Es braucht wohl kaum erinnert zu werden, daß zu unserer Zeit vornehmlich Franz Baader es war, der auf diesen Kardinalpunkt aller Wahrheit mit unermüdlicher Energie und in den verschiedensten Wendungen hingewiesen hat. Und in diesem Betracht darf er mit Recht den ersten Denkern, ja den Neubegründern der Wissenschaft in unserer Zeit beigezählt werden.

Der erste Versuch dieser Art sollte die *Ethik* des Verfassers sein*, eine Monographie über den Willen, welche einen Teil der Aufgabe behandelt, die vollständig und im Ganzen zu lösen dem gegenwärtigen Werke obliegt. Aus Gründen nämlich, welche dort angegeben sind, läßt sich am Bewußtsein des *Willens*, der *Selbst*tätigkeit, deutlicher und unwidersprechlicher zeigen, als an den beiden anderen Tätigkeitsweisen des Geistes, wie weit die Macht dieses *Selbst* reiche, und wo er *innerhalb* dieses «Selbst» von einer noch höheren, ihn *entselbstenden* Macht ergriffen werde und davon zugleich das untrügliche *Bewußtsein* gewinne. Es konnte dort nachgewiesen werden, wie in der stufenweisen Entwicklung des menschlichen Willens deutlich und entschieden der Moment sich abhebt, wo anerkannt werden muß, «daß nicht bloß *menschliche* Freiheit und ein *endliches* Tun im ethischen Prozesse wirkt, sondern *daß es eigentlich ewige, göttliche Kräfte sind, welche die menschliche Freiheit ergreifen, sie begeisternd über die aus dem ursprünglichen Grundtriebe des Geistes stets emporsteigende (natürliche) Selbstsucht erheben und so den ethischen Prozeß zum Abschluß bringen»*; daß hierin aber allein «die Eintracht *zwischen dem Selbstgefühl und dem Willen, die innere Glückseligkeit durch ‹Wiedergeburt› erreicht werde.»***

Am Schlusse der «Güterlehre» aber, oder der allgemeinen «Gesellschaftswissenschaft» ergibt sich***: daß «ohne diesen göttlichen Beistand und fortdauernde Assistenz, *welche die ungeheure Gegenwucht der Selbstsucht in uns allen unablässig überwindet* und an tausend unwillkürlichen Regungen des Menschen dem sinnigen Beobachter sich verrät, die *Gesellschaft im kleinsten Umkreise, wie im größten, in steter Gefahr wäre, zu Trümmern zu gehen. Dies* sei das wahre, greifliche Wunder, das offenbare Mysterium der göttlichen Gegenwart in der Menschheit, welches sich jeden Augenblick vor unsern Augen begibt, die *jedoch oft genug mitten im Lichte nichts erblicken.* Die Religion enthülle uns dies Rätsel, wie die wahre mit sich zu Ende gekommene *Spekulation.* Durch

---

* «System der Ethik, zweiter darstellender Teil; erste, zweite Abteilung.» Leipzig 1851, 1853.
** A. a. O., erste Abteilung, S. 183, 187–190, 194–197.
*** A. a. O., zweite Abteilung, S. 493.

beide werde der Mensch, die Menschheit ihres eigenen Wesens sicher, indem sie sich begreift als im Geiste Gottes gegründet» (diese Einsicht erklärt erst die *Apriorität* ihres Wesens) «und als von seinem Willen *erhalten* in jedem Augenblicke ihrer Existenz» (diese Einsicht ist die höchste *Vollendung* ihres *Wesens* und ihres *Bewußtseins*).

XXIX

Soweit die Ethik an ihrem Teile. Dasselbe hat die Psychologie im *Ganzen*, namentlich auch vom *Erkennen* und vom *Gefühl* aus zu zeigen, indem sie diejenigen Bewußtseinsformen an beiden aufweist, bei welchen es nicht mehr möglich ist, sie aus dem eigenen immanenten Wesen des Geistes zu erklären, wo einerseits eine mehr als bloß *weltliche*, aus dem «Objektiven» stammende, andererseits eine mehr als bloß *menschliche*, selbstverliehene Einsicht oder Gemütserweckung von innenher den Geist ergreift. *Begeisterung*, *Enthusiasmus*, Gefühl der *Erhebung* über die eigenen endlichen Schranken wird das gemeinsame Kriterium dafür sein. Wir verweisen vorläufig darüber, bis wir die Vollendung des ganzen Werkes bieten können, auf den Schluß der gegenwärtigen «ersten Abteilung».

Nachdem wir das Vorstehende (I–XXIX) als die vorausorientierten Gedanken über unser Werk der Beachtung des Lesers empfohlen haben, scheint nur noch eine einzige Frage unerledigt zu sein. Es ist jene, wie wir uns das Verhältnis und die Stellung der Psychologie im Zusammenhange der übrigen philosophischen Wissenschaften denken? Soll sie die erste in der Reihe, überhaupt die fundamentale sein, wie dies nach den bisherigen Erklärungen unsere Meinung scheinen könnte?

Dennoch sind wir nicht dieses Erachtens, bitten aber dabei unterscheiden zu wollen zwischen der *zeitweisen* Bedeutung, welche ein gewisses Untersuchungsgebiet gewinnen kann, und zwischen der *definitiven* oder rein *begriffsmäßigen* Stellung, die es im schon vollendeten Systeme der philosophischen Wissenschaften einzunehmen hat. Wie wir dies in Betreff der Psychologie meinen, kann kaum zweifelhaft sein.

Nach letzterem Gesichtspunkte betrachtet, wird die Psychologie niemals *Anfangswissenschaft* sein können; denn das vollendete System soll ein möglichst treues, möglichst erschöpfendes Nachbild des Weltzusammenhanges und der Stufenfolge der Dinge bieten, durch *Nachdenken* sich annähernd dem Vorbilde, wie es im Denken des Schöpfergeistes entworfen ist. Als die Lehre vom Geiste daher, der innerhalb einer Natur und ihrer Bedingungen sich *über* die Natur erhebt, kann die Psychologie nicht aufhören im allgemeinen Zusammenhange des Systems als zweiter Hauptteil der *Realphilosophie* hinter der Naturphilosophie ihre definitive Stellung zu finden.

Anders wird dies Verhältnis, wenn wir erwägen, daß jenes Universalsystem keineswegs schon vollendet dasteht, daß es vielmehr aus sorgsamer Spezialforschung, aus der Durcharbeitung der einzelnen Teile erst allmählich sich zusammenbilden soll. Und nach diesem Gesichtspunkte beurteilt, haben die psychologischen Untersuchungen eine vorzügliche, ja eine fundamentale Bedeutung für das allgemeine System der Philosophie. Bei ihrer engen und unauflöslichen Verknüpfung mit den erkenntnistheoretischen Problemen dürfen sie besondere Pflege und Beachtung in Anspruch nehmen, so oft die Spekulation der Selbstorientierung bedarf, so oft sie den Boden methodischer Sicherheit verloren hat.

Daß jedoch eben dies der Fall sei im gegenwärtigen Augenblicke, darüber besteht kaum noch ein Zweifel unter den Urteilsfähigen. Alle originellen, dem Fortschreiten der Wissenschaft zugewendeten Denker der Gegenwart sind darüber einverstanden, daß die Philosophie, wenn sie das Recht der Fortexistenz behaupten, noch mehr wenn sie neue Bahnen beschreiten wolle, einer völligen Neugestaltung bedürfe durch besonnenes Wiedereingehen auf die methodologischen Fragen, auf den Grund und die Bedingungen unserer Erkenntnis. Auch ist der schon vor mehr als dreißig Jahren vom Verfasser aufgestellte Kanon: «*daß man dabei auf den ehrlichen Weg Kants zurückkommen müsse*», fast allgemeinem Einverständnis begegnet.

«Auf den ehrlichen Weg Kants»; – so wiederholen wir noch heute mit besonderem Nachdruck. Denn bis zur Stunde hat sich bewährt, daß, um der voreiligen idealistischen Überstürzung Fichtes, der pantheistischen Aufblähung eines absoluten Wissens und den phantastischen Illusionen der späten Schellingschen Epoche gründlich zu entgehen, überhaupt neue, festere Ausgangspunkte der Spekulation zu gewinnen, auf die Kantische Untersuchungsweise zurückzukommen sei. Daß wir auch mit unserer Erforschung des Göttlichen und der objektiven Natur niemals über den *anthropo(kosmo-)zentrischen* Standpunkt uns hinausversetzen können, diese Einsicht sollte nach Kants entscheidender Besinnungstat von der Spekulation niemals vergessen worden sein. Nur auf dem Wege sorgfältig fortschreitender, allmählich sich vertiefender *Selbsterkenntnis* ist für sie ein festgesicherter Einschritt, ebenso ein sicheres, nicht bloß illusorisches Fortschreiten möglich, mag diese Behauptung auch gar manchem an philosophische Gedankenabenteuer Gewöhnten als die geistloseste, borniertteste erscheinen; eben dieser bewiese nur dadurch, wie bedürftig er selbst solcher Zurechtweisung sei.

Und in diesem Sinne darf auch die gegenwärtige «Psychologie», so wenig sie ihre Probleme mit Rücksicht auf methodologische und metaphysische Fragen behandelt hat, dennoch darauf Anspruch machen, ein Beitrag zur Lösung jener allgemeineren Aufgabe zu sein, das *Programm zur Reform der Philosophie* zu enthalten, deren Ausführung der Verfasser in seinen übrigen Schriften versucht hat. Sie begründet auf anthropologischem Wege das Prinzip, welches meiner gesamten philosophischen Weltanschauung zugrunde liegt, das Prinzip des *Individualismus*, der *Persönlichkeit*. Wenn sie als das letzte in der Reihe meiner philosophischen Werke erscheint, während sie das erste, allgemein einleitende hätte sein sollen: so hängt dies mit dem Geschicke der Selbstbildung, mit der inneren Reife und Zeitigung unserer Ansichten zusammen, über deren Verlauf niemand willkürlich zu verfügen vermag. Jetzt am Ende meiner Laufbahn stehend und auf ihren vielverschlungenen Gang zurückblickend, darf ich wohl behaupten, daß jenen einen Grundgedanken immer klarer, entschiedener, vielseitiger ans Licht zu bringen, das einzige Ziel aller meiner Bestrebungen war. Seines Fleißes, sagt Lessing, darf jedermann sich rühmen, und wem dabei zugleich die innere Genugtuung zuteil geworden, eine Weltansicht zu gewinnen, welche seinem Gemüte die tiefste Befriedigung gewährt, der darf auch dies Bekenntnis nicht zurückhalten. Ist es doch der tatkräftige Beweis, daß bei ihm wenigstens die philosophische Selbstbildung ihre höchste Bestimmung erreicht hat, und wir haben Proben, daß dies auch bei andern gelungen sei, um eine freudige Geistesgemeinschaft unter den Einverstandenen zu erzeugen, welche weit hinausreicht über das Band einer Schule oder einer literarischen Verbrüderung.

Im übrigen aber gebe ich wegen der Aufnahme des gegenwärtigen Werks in den herrschenden literarischen Kreisen keinen schmeichelnden Illusionen Raum. Eine Lehre, die mit strenger Konsequenz und ohne auf irgendein Kompromiß mit der Gegenpartei sich einzulassen, die über-sinnliche Apriorität und Idealität des Geistes behauptet, wie könnte sie doch einer Zeit zusagen, in welcher die *Empirie*, und zwar die Empirie des *Handgreiflichen*, des Meß- und Wägbaren, ihre Triumphe feiert? Denn wie der hartnäckige Aberglaube dieser Halbbildung wähnt, geht *Erfahrungswissenschaft* und *exakte Forschung* Hand in Hand, ja sie ist eines und dasselbe mit der Theorie von der Einzigkeit des *Stoffes*; und diese, wie man weiß, hat längst entschieden über die *Nichtexistenz des Geistes*. So ist in den Augen solcher Leute eine Lehre von selbst gerich-tet, welche *so sehr der Erfahrung widerspricht*!

Nun behaupten wir jedoch ausdrücklich das Gegenteil. Gerade der Erfahrung, und nur dieser, folgen wir, aber der *vollständigen und gan-zen*; und wir bieten den Gegnern Trotz, im ganzen Verlaufe unserer Untersuchungen irgendeinen Begriff uns aufzuzeigen, welcher nicht auf Erfahrungsbeweis sich gründete, oder eine Hypothese, die nicht durch die *Eigentümlichkeit* einer gewissen Erfahrung notwendig gemacht würde. Der ganze Streit, wenn es einen gibt, wenn es überhaupt sich verlohnt ihn durchzukämpfen mit der bornierten Verstocktheit in ange-wöhnten Vorurteilen, läßt sich kürzlich auf folgenden Ausdruck zurück-führen:

Den Gegnern ist das Sinnenfällige, Handgreifliche das einzig Reale und Erfahrbare. Wir zeigen ihnen aber, daß dies gerade das bloß Phäno-menale, Nichtreale, darum der Erklärung Bedürftige sei aus dem wahr-haft Realen, welches *insofern gleichfalls mittelbar in die Erfahrung eintritt*. Wie kann nun solchen Gegnern geholfen werden, oder wie ist eine Verständigung mit ihnen möglich? Kann man doch niemand dazu nötigen, daß er aufhöre *seicht* zu sein; daß er auch nur den Trieb in sich empfinde, über das Sinnenfällige hinauszugehen, das scheinbar wie eine feste Schranke ihn umgibt. Denn auch die Forschung, und sie gerade am meisten, entspringt einem tiefen Bedürfnis. Schon nach Platon und Aristoteles ist *Sichzuverwundern* das charakteristische Kennzeichen des philosophischen Kopfes, d. h. da Probleme zu sehen, wo der gemeine Sinn alles sicher und in der Ordnung findet.

Dennoch halten wir das Phänomen der heutigen, bis zum Fanatismus sich erhitzenden Stoffbegeisterung keineswegs bloß für das Erzeugnis unverschuldeter Unwissenheit oder natürlicher Unbildung. Es ist ein charakteristisches Krankheitssymptom unserer Zeit; denn offenbar entsteht es nicht ohne Anteil des Willens, einer höhnenden Abneigung gegen die idealen Regungen des Bewußtseins, die dennoch unvertilgbar im Menschen wirken und unablässig einen stillen Protest erheben. Wissenschaftlich aber ist es noch mehr: es ist ein absichtliches Mißachten des schon Geleisteten, des großen Gesamtergebnisses philosophischer Bildung; denn wie könnte, seit Kants Leistung, auch der nur mäßig Unterrichtete an sensualistischen Vorstellungen noch sein Genügen finden!

Früher hatte sich in Deutschland durch Tradition aus dem Vermächtnis unserer großen Denker ein gewisses intellektuelles Schamgefühl erhalten. Man wußte, was allenfalls zulässig sei, was dagegen zu den schlechthin abgetanen Dingen gehöre. Mit welchem unauslöschlichen Gelächter wären zu Kants, ja noch zu Schellings und Hegels Zeiten solche Ausgeburten materialistischer Phantastik aufgenommen worden, wie die Literatur sie jetzt mit fast fabrikmäßiger Emsigkeit hervorbringt! Sie halten den Gang der Wissenschaft nicht auf, die sich um solche ephemere Nachzügler eines längst beseitigten Aberglaubens nicht kümmert. Aber sie legen ihr doch desto dringender die Verpflichtung auf, immer von neuem und immer energischer Zeugnis abzulegen gegen jene bildungsfeindliche Verseichtigung und Verfälschung des Menschenwesens, was eben am dauerndsten durch die Förderung gründlicherer Einsicht geschieht.

Und so seien auch diese Untersuchungen der Zeit als eine Art von Vermächtnis geboten. Die Mitforscher werden aufnehmen und weiterführen, was daran als fest und probehaltig sich erweist; und die stille, nicht aussterbende Gemeine der tieferen Gemüter, die im Menschen ein Rätsel ahnet, ein Rätsel, welches nach Auflösung ringt, möge an den Aufschlüssen, welche dies Werk darüber zu bieten wagt, eine feste Lebenszuversicht für immer gewinnen!

Psychologie

Vorrede zum zweiten Teil

Auf das wiederholte Andringen der Verlagshandlung und auf den Rat und Wunsch meiner Freunde, welche zugleich sich als Freunde des vorliegenden Werkes erwiesen, versuche ich es, dasselbe von seiner bisherigen fragmentarischen Gestalt zu befreien und es als systematisch geschlossenes, wenn auch nicht gleichmäßig abgerundetes Werk dem Leser darzubieten. Ursprünglich war es meine Absicht, die nachfolgenden neuen sechs Kapitel des Werkes in Form eines «Anhangs» dem ersten Teil einzuverleiben. Die Verlagshandlung hat es vorgezogen, sie abgesondert als zweiten Teil des Werkes erscheinen zu lassen, um den Umfang des ersten nicht allzusehr zu vergrößern. Dadurch möge das äußere Mißverhältnis der beiden Teile zueinander erklärt und entschuldigt werden.

Die Vorrede zum ersten Teil hat berichtet, welche persönlichen Umstände es waren, die damals mich nötigten, das Werk unvollendet erscheinen zu lassen. Ähnliches müßte ich heute erwähnen, um mir Entschuldigung zu erwerben für die Art, wie ich jetzt die Ergänzung versucht habe: ein fast bis zur Erblindung gesteigertes Augenleiden machte es mir unmöglich, die Vorarbeiten und Exzerpte zu benutzen, welche ich zur Fortsetzung der *Psychologie* aufgehäuft hatte, und mein vorgerücktes Lebensalter widerrät es durchaus, das Werk in der ursprünglich angelegten Weise fortzuführen. So blieb nur übrig einen Mittelweg zu versuchen, mit welchem ich mich begnügen muß und der günstige Leser mit mir.

Dieser Mittelweg konnte nur darin bestehen, daß versucht wurde, wenigstens *übersichtlich* die Lücke auszufüllen, welche die *Psychologie* zwischen dem vorläufigen Abschlusse der ausführlichen Darstellung (§ 366) und der angeführten *Allgemeinen Schlußbetrachtung* (§ 367–396) zurückgelassen hat. Dies ist hier geschehen in den neu hinzugefügten ersten vier Kapiteln, die in diesem Sinne wie ein zweiter

Teil betrachtet werden können, indem sie kürzer und übersichtlicher die noch fehlenden Teile vorführen, um das ganze *System* der Psychologie überschauen zu lassen. Daß dies die ausführlichere Darstellung nicht ersetzen kann, fühlt der Verfasser gar wohl; doch ist es jedenfalls ausreichend, um den Grundgedanken, welchen die ganze Psychologie durchführen sollte, von neuen Seiten ins Licht zu stellen und so das Prinzip, welches ihr zu Grunde liegt, im großen und ganzen in seiner Berechtigung zu zeigen. Und eben über diese Berechtigung sei uns hier noch ein Wort verstattet.

Wir sind dessen vollkommen gewärtig, die hier wiederholt und mit verstärktem Nachdruck vertretene Weltansicht werde in den jetzt gerade tonangebenden Kreisen wiederum der tiefsten Abneigung begegnen, die statt der Gründe durch Ignorieren oder durch gehässige Schlagworte sich Luft zu machen pflegt. Man wird sie als bloß «spekulativ» (was neuerdings ein Ekelname geworden!) oder, welches noch schlimmer, man wird sie als «theistisch» bezeichnen, ja was ihnen das Allertörichtste, als einen *ethischen* Theismus behauptend, während doch die einsichtigen Weltweisen eingesehen haben, daß *Theismus* eine kolossale Illusion sei, da sie ja klärlich uns vorzurechnen vermögen, wie es sogar mit der Welt im großen und kleinen auf eine ungeheure *Täuschung* hinauslaufe, in welcher die nie gesättigte Lust zu weit größerer Unlust umschlage, so daß es weit besser wäre, «die Welt existiere überhaupt nicht». Hiernach im Kreise der Wissenschaftlichen noch von einem «immanenten Weltzwecke», von weisheitsvollen Beziehungen der Dinge, kurz von Anklängen an den Theismus zu sprechen, verrate ein so bemitleidenswertes Zurückgebliebensein hinter den großen Erfolgen gegenwärtiger Wissenschaft, daß es genüge, nur die Tatsache solcher Äußerungen zu konstatieren, um den Vertreter derselben zur Beschämung und zum Verstummen zu bringen.

Den minder Kundigen nun, denen diese dreisten Behauptungen wenigstens imponieren, wenn sie auch ihr innerstes Wahrheitsgefühl empören, sei die Versicherung geboten, die wir eben im folgenden wahr zu machen gedenken, daß nur die oberflächlichste Weltauffassung mit so summarischen und einseitigen Ergebnissen sich genugtun kann, ja welch eine *Unschuld der Unwissenheit* dazu gehöre, um wirklich zu glauben, durch dergleichen Proteste in die ruhige Fortentwicklung der Spekulation eingreifen zu können. Denn was das dabei an den Tag gelegte philosophische Wissen und Vermögen anbetrifft, so können wir solchen Weisheitslehrern getrost versichern, falls dies ihrer Weisheit letzter Schluß geblieben, daß sie noch viel zu *lernen* haben, um überhaupt das Recht zu gewinnen, bei jenen tiefsten Problemen mitzureden, über deren eigentliche Bedeutung und Tragweite sie offenbar sich in völliger Unkunde befinden. Hier tut, wie gesagt, Belehrung not!

Dabei haben wir indes nicht sowohl die Meinungsäußerungen der vulgären Materialisten im Auge; denn diesen muß das Vorrecht der Gedankenlosigkeit und Unbelehrbarkeit zugestanden werden. Dagegen rechnen wir zu den allerdings Belehrbaren und besserer Einsicht Zugänglichen die große Anzahl eigentlicher Fachgelehrter, besonders im Kreise der Naturforschung. Auch diese zum Teil haben sich von jenen gleichfalls Unkundigen einreden lassen, es sei notorisch mit der Philosophie vorbei, die in barbarische Sprache, in unverständliche Formeln sich verhülle, gegenstandlosen Transzendenzen nachjage, und darum in ewigen Widersprüchen und in steter Selbstauflösung sich bewege. Diesen ehrenwerten und verdienstvollen Männern ein Wort über die wahre Beschaffenheit der Sache zu sagen, scheint gerade jetzt um so angemessener, als die philosophische Forschung der Gegenwart eben dadurch von ihren Vorgängern sich unterscheidet, daß sie auf das bestimmteste und mit ausdrücklichem Bewußtsein nur auf Erfahrung zu fußen bekennt und durchaus nicht weiter reichen zu können behauptet, als *was durch Schluß aus der Erfahrung erreichbar* ist.

So ist unser und ihr Gebiet ein gemeinsames: die *Erfahrung.* Nur sind die Gegenstände der Erfahrung, welche die Philosophie ihrer Untersuchung unterwirft, die *allgemeinen Formen, Gesetze, aller* Erfahrung und alles Erfahrbaren, dann noch im besonderen die *psychologische* Erfahrung, welche man bis jetzt noch immer als die ausschließliche Domäne der Philosophie betrachtet hat. Für beide Gebiete wird man eigentümli che *Methoden* der Untersuchung nötig finden; ebenso wird eine besondere *Kunstsprache* nicht zu umgehen sein, welche gewisse Grundrichtungen oder Hauptergebnisse langer Untersuchungsreihen, den Kundigen verständlich, kurz zusammenfaßt. Was darin «Barbarisches» oder Unberechtigtes liege, ist kaum abzusehen. Es bleibt daher den Gegnern nur das Verunglimpfen übrig, welches als Beweis ihrer Unwissenheit gerade hier das «Barbarische» ist!

Die Naturforscher nun, welche mit mathematischer Berechnung, mit

Beobachtung und Experiment zu operieren gewohnt sind, können in ihrer abgesonderten Sphäre sich eines bestimmten *Wissens* rühmen, und eines festen, wenn auch beschränkten Besitzes von *Wahrheiten*. Ebenso können sie sicher sein, durch behutsamen Fleiß und durch Anwendung genau eingeübter Verfahrungsweisen diesen Schatz von Wahrheiten zu vermehren. Ihre Arbeit rastet nicht und ihr Erfolg ist stets ein sicherer, wenn auch eng begrenzter. So sind sie im Vorteil gegen die anderen Erforscher umfassenderer Probleme, und diesen Stolz lassen sie uns empfinden. Es ist die Aristokratie eines beschränkten, aber unbestreitbaren Verdienstes, die sicherlich berechtigt ist.

Aber die Gründlicheren unter ihnen – wir nennen statt aller anderen Jetztlebenden nur Hermann *Helmholtz* – erkennen recht wohl, daß jenes sicher von ihnen Erforschte doch nur *Stückwerk* sei, Bruchstücke aus einem größeren Ganzen von Wahrheiten, dessen Erforschung eigentlich doch auch ihr Ziel ist. Denn auch ihnen drängt die Natur sich auf als ein Bild sinnvoller Ordnung, als ein System ineinander wirkender, einem Gesamtzweck dienender Kräfte. Und wie unbestimmt oder lückenhaft dieses Bild auch bleibe: sein Gesamteindruck ist stark genug, um die Fragen nach dem Grunde dieser Natureinheit, nach der höchsten in ihr wirkenden Ursache rege zu erhalten. Es entsteht die Tendenz *philosophischer* Erklärung, sogar der Begriff einer *Naturphilosophie*, welche freilich bisher nur in unvollkommene Versuche auslaufen konnte, weil die empirisch vorarbeitende Forschung noch weit davon entfernt ist, auch nur erfahrungsmäßig den Stoff des Gegebenen durchgearbeitet zu haben. Dennoch bleibt jene Richtung auf das Allgemeine, jene große Frage nach dem unsichtbaren, unveränderlichen Grunde alles Sichtbaren und Wechselnden, in ihrer unverwüstlichen Kraft bestehen. Eine «Metaphysik» als Ergänzung für die «Physik» wird unablässig angestrebt; aber man muß nur über die Bedingungen klar sein, wie weit jene jetzt schon erreichbar ist.

Wenn nun bis noch vor kurzem die «Spekulation» mit freilich ganz unzureichenden Mitteln und sehr übereilt eine «Naturphilosophie» aufstellen zu können meinte, deren ungenügender Erfolg wohl zuständlich am meisten zum gegenwärtigen Verrufe der Philosophie *überhaupt* beigetragen hat: so scheint für jetzt eine ähnliche Neigung auf die Naturforscher übergegangen zu sein, sich in naturphilosophischen Gedankenexperimenten zu versuchen. Sie philosophieren nach *ihren* jeweiligen

Prämissen sofort über die letzten Gründe der Dinge und das Wesen des *Realen*, welches sie sehr voreilig als «Materie» oder als «Stoff und Kraft» bezeichnen, nicht bedenkend, daß Materie oder Stoff, als lediglich durch *sinnliche Empfindung* gegeben, selbst der Sphäre des Phänomenalen angehöre, folglich aus dem Begriffe des Realen erklärt, nicht aber selber für das Reale, vollends nicht für das letzte Reale gehalten werden könne; ebenso daß «Kraft», in dieser Allgemeinheit dem Begriffe des «Stoffes» angeheftet, eine ganz unbestimmte, nebulistische Vorstellung sei, eine leere Abstraktion, in der sehr verschiedene Wirkungsweisen unklar vermischt sind, welche daher der sorgsamsten *metaphysischen* Untersuchung bedarf, um überhaupt für die Wissenschaft brauchbar zu werden. Nicht minder erlauben sie sich die willkürlichsten Gedankensprünge, um die Entstehung des organischen Lebens und der «Seelenerscheinungen» aus Stoffmischung und Stoffwechsel, den Ursprung des Bewußtseins aus bloßen Nervenschwingungen sich und anderen glaublich zu machen.

Daß diese rohen Versuche eines ungebildeten Denkens vor jeder philosophischen Kritik zu Boden sinken, ja daß sie selbst als bloße Hypothesen betrachtet keinerlei Wert in Anspruch nehmen können: dies ist nicht schwer nachzuweisen. Teils zeigen ihre Urheber sich durchaus ungeübt in den eigentlich philosophischen Denk- und Schlußoperationen, die doch ebenso sehr gelernt und geübt sein müssen als die Methoden für physikalisches Experiment und Beobachtung. Teils sind sie unbekannt mit den wirklich schon gewonnenen philosophischen Ergebnissen, welche sich ihnen zur Orientierung darböten, wenn sie Kunde von ihnen hätten. Und so sieht man sie mit Bedauern unbeholfen und vergeblich an Problemen sich abmühen, die philosophischerseits zu den längst erledigten gehören, oder zu absurden Abschlüssen gelangen, die eine nur mäßige philosophische Vorbildung erspart hätte. Besonders unglücklich sind sie aber, wenn sie in die Psychologie hineinpfuschen, oder wenn sie über ethische und religiöse Fragen uns ihre Belehrung zukommen lassen. Ihre Dreistigkeit wie ihre Unbeholfenheit erreichen hier den höchsten Gipfel.

Diesem Mißstande, der doch eigentlich nur sie trifft, nicht die Philosophie, wäre nun gar leicht abgeholfen, wenn die Naturforschung in ihrem berechtigten Stolze es über sich gewinnen könnte, in der philosophischen Forschung einen ergänzenden, durchaus unentbehrlichen Bundesgenossen zu sehen, namentlich eine höchst wirksame Kontrolle für die logische

Korrektheit ihrer eigenen Hypothesen, indem «das Wachsein über die Kategorien», wie Hegel sehr bezeichnend es nennt, die Schärfe und Genauigkeit der Begriffsbestimmungen, recht eigentlich Sache des *metaphysischen* Denkens bleibt. Es ist die einzige Überlegenheit, auf welche die Philosophie Anspruch macht, während sie ihrerseits in jedem Augenblicke die Naturforschung, die Empirie zu befragen hat, um auf den genauen und gesicherten *Tatbestand* der Erfahrung ihre weiterreichenden Schlüsse mit gleicher Sicherheit gründen zu können.

Die *Tatsache* ist unbeugsam, unerbittlich; ihr ist nichts abzudingen. Darum ist sie oft unbequem. Aber jede muß uns «Respekt» einflößen, wie Goethe sagt. Ja, wenn sie als unbestreitbar feststeht, kann sie unendlichen Wert gewinnen, indem vor ihr jede Hypothese sich rechtfertigen muß und unnachsichtlich dahinfällt, wenn sie ihr widerspricht oder sich ihr nicht gewachsen zeigt. Nur das entscheidet, mit welcher Denkschärfe und Konsequenz man sie zu verwerten weiß; denn sicherlich wird dieselbe, je fremdartiger und rätselhafter sie zunächst erscheint, um so mehr auf einen tieferen Zusammenhang deuten, welcher bisher in unbeachteter Verborgenheit geblieben ist, der darum die Forschung anspornen muß, ihm weiter nachzugehen.

Überhaupt aber – und dies ist stets von neuem in Erinnerung zu bringen – können wir nur dadurch von unseren festgewordenen Meinungen – «Theorien», ja «Systeme» genannt – loskommen, seien sie philosophische oder werden sie durch unvollständige Empirie uns aufgedrungen, wenn wir die unbefangene Belehrbarkeit für das Tatsächliche in uns wach erhalten. Nicht nur jeder Fortschritt der Wissenschaft beruht darauf, sondern auch die eigene Frische des Geistes, die gewissenhafte Begeisterung des Forschers bewährt sich gerade daran.

Und eben diese Gesinnung ist es, die wir unseren Lesern wünschen, indem sie den nachfolgenden Untersuchungen prüfend näher treten. Sie enthalten nichts, was nicht der begriffsmäßige Ausdruck von *Tatsachen* wäre; und das Befremdliche, was sie haben, beruht nicht darin, daß fremdartige, willkürlich ersonnene Gesichtspunkte eingemischt würden, sondern daß man im Alten, Wohlbekannten ein Tieferes findet, als was die herrschende Meinung bisher darin zu sehen gewohnt war, daß man aber auch aus demselben Grunde anderes, bisher Unbeachtetes oder geflissentlich zur Seite Geschobenes, mit jenem in Zusammenhang gebracht hat, weil es gerade von dorther in einem anderen beachtenswerten Lichte erscheint. Aber auch hier handelt es sich nur um die Deutung von *Tatsachen*, nicht um den Streit über subjektive Vorstellungsweisen, mögen diese auch durch Alter und unaufhörliche Wiederholung eine Art von Gewohnheitsautorität erhalten haben.

Am allerwenigsten kann man daher die oft gehörte Beschuldigung jetzt noch wiederholen, ohne dadurch die vollständigste Unkenntnis unserer Methode und unseres Prinzips zu verraten, daß wir uns in «transzendente» Regionen verlieren und über «unerforschliche» Dinge allerlei Hypothesen ersinnen. Völlig das Gegenteil: wir bleiben auf dem festen Boden erfahrbarer Wirklichkeit. Die Tatsachen, auf denen wir fußen, entziehen sich zwar dem mathematischen Kalkül und dem anatomischen Messer; statt dessen sind sie aber die gewaltigsten im Menschenbewußtsein; denn sie bezeugen sich als die weltbewegenden Genien der Menschengeschichte, als das innerlich Treibende und Gestaltende derselben.

Das einzige nämlich, dessen wir uns rühmen, ist, daß wir die *höchsten* psychischen Tatsachen, die ästhetischen, ethischen und religiösen, ausdrücklich in *dem* Sinne zum Mittelpunkte der Untersuchung gemacht haben, um von dieser Höhe des *bewußten* Geistes auch auf den *vorbewußten* Ursprung und Anfang eben dieses Geistes zurückzuschließen; – nach der unbestreitbaren logischen Maxime: daß bei einem zu untersuchenden Erfahrungsobjekt erst dann sein *Wesen* und der *Grund* seines Wesens richtig und erschöpfend erforscht sei, wenn man die höchsten Erscheinungsweisen desselben vollständig daraus zu erklären vermag. Unsere ganze psychologische Theorie beruht auf der Durchführung dieses Verfahrens; deshalb reden wir mit Fug von einer *«inneren* Entwicklungsgeschichte» des Geistes. Gegen das methodische Prinzip als solches ist nicht das Geringste einzuwenden. Das einzige Mittel daher, das hier vorliegende Ergebnis desselben zu widerlegen, könnte nur darin bestehen, jene psychischen Tatsachen anders zu begründen, als von uns geschehen ist. Und da eben fragt sich – es ist zugleich eine methodologische Frage von weitreichendster *praktischer* Bedeutung – ob die jetzt zur Mode gewordenen psychologischen Erklärungsweisen daran die Probe bestehen werden? Oder überredet man sich wirklich, jenes ganze Gebiet idealer Eingebungen (wir appellieren darüber an unsere Lehre von der «Phantasie») auf den Mechanismus bloßer Vorstellungsassoziation zurückführen zu können, oder vollends, nach den jetzt beliebt gewordenen Grundsätzen physiologischer Psychologie, die Seelenerhebung religiöser oder künstlerischer Begeisterung für bloße erhöhtere Nervenstimmung, für eine Art spezifischen «Gehirnrausches» auszugeben, wonach man das höchste und reinste Gefühl des Geistes mit der bekannten Exaltation durch Alkohol in glückliche Parallele gebracht hätte! Dergleichen Versuche wollen wir erwarten, hegen vorerst aber die Zuversicht, daß gerade jenen höchsten psychischen Erscheinungen gegenüber der schreckenerregende Abfall von jeder gesunden und unbefangenen Auffassung des Gegebenen, wie er in Deutungen solcher Art sich kundgibt, zur schlagenden Evidenz gelangen werde. Die gänzliche Verkommenheit einer einseitigen wissenschaftlichen Richtung läßt sich nicht unwiderstehlicher beurkunden, als durch den Erweis, daß ein ganzes großes Erfahrungsgebiet ihr unzugänglich bleibe. Hier streitet nicht eine Theorie wider die andere, sondern es ist die Wirklichkeit selbst, die ihren Protest erhebt.

Und eben in diesem Sinne und mit dieser ausdrücklichen Absicht heben wir erneuert hervor, daß bei den gegenwärtigen Untersuchungen es nicht lediglich darum sich handelt, gewissen psychologischen Theorien, alten und neuen, die unsere gegenüberzustellen, – wiewohl wir auch diese für die gründlichere zu halten so keck sind, – sondern weit mehr noch, ein neues, bisher zurückgedrängtes Erfahrungsgebiet der Psychologie zu vindizieren, und was davon unabtrennlich, eine vertieftere und zugleich erweiterte Grundansicht vom Menschenwesen überhaupt dadurch zu gewinnen. Ist es die Tendenz der neueren Forschung, den Menschen möglichst zu erniedrigen, mit faktischen Gründen, die doch nicht in letzter Instanz entscheiden dürften: so scheint es nur billig, um einstweilen das Gleichgewicht herzustellen, auch die Lichtseite an ihm hervorzukehren, welche nicht weniger sicher als jene, aber ungleich gewaltiger der Erfahrung sich bietet. Dann wird aber auch von *hier* aus (*nicht umgekehrt*) die Brücke zwischen den beiden Extremen des Menschendaseins sich finden lassen; und *dieser* Gesichtspunkt ist es, den wir nicht nur von psychologischer, sondern von *anthropologischer* Seite (in der «Anthropologie») zur Geltung zu bringen suchten. Nicht von unten her, in den tiefsten und trübseligsten Regionen seines Daseins, läßt sich das wahrhafte Wesen des Menschen entdecken, sondern von oben her müssen wir nach rückwärts die Stetigkeit seines Wesens bis in seine Entartungen hinein zu entdecken suchen. Und gerade auf diesem Wege kommt die Erfahrung bestätigend entgegen.

Denn offenbar ist es an sich schon widersinnig und zugleich im Widerspruche mit aller Erfahrungsanalogie, zu denken, daß ein und dasselbe, eigentümliche in sich abgeschlossene und von den anderen scharf unterschiedene Naturwesen, der *Mensch*, innerhalb seiner eigenen Existenzweise (als *Menschengeschlecht*) so seltsam geartet sei, um eine ursprüngliche und unaustilgbare Verschiedenheit höherer und niederer Anlagen zu zeigen, welche, richtig verstanden, die bloßen *Rassenunterschiede* zu eigentlichen *Artunterschieden* fixieren würde. Denn wir hätten dann nicht mehr das Recht, von einem Menschen*geschlecht*, sondern von verschiedenen Geschlechtern (*Menschenarten*) zu reden (wie in der Tierwelt etwa, mit deutlicher Unterscheidung von den eigentlichen «Pferderassen», Pferd, Esel, Zebra, Quagga als verwandte «Arten» einer Gattung nebeneinander gestellt werden). Wir sagen nicht, daß das gleiche in bezug auf den Menschen bisher geschehen sei; wir behaupten nur, daß die Konsequenz es fordere, wenn man fortfährt, in den niederen Menschenrassen und den entartetsten Erscheinungen derselben schon den *eigentlichen* und den *ganzen* Menschen finden zu wollen, *statt in ihnen nur den Menschen auf der untersten Stufe einer stetigen, gesetzmäßig zu durchlaufenden Entwicklung zu sehen*, einer Stufe, welche dieselben spezifisch menschlichen, d. h. geistigen Anlagen dunkel, aber erregbar, in ihrem Schoße trägt, die wir in den Kulturvölkern zu bewußter Klarheit und zu voller Ausbildung gelangen sehen, ohne daß selbst hier das Abgestufte, Ungleichartige und der Ergänzung Bedürftige sich verlöschen ließe. Zur beispielsweisen Erläuterung des Gesagten brauchen wir nur an unsere Lehre vom produktiven und rezeptiven Genius zu erinnern, und an den Nachweis, daß alles und jedes, was am Menschen als Kulturfähigkeit oder als erreichte Kultur bezeichnet werden muß, seinen Ursprung und seinen Fortgang lediglich in jenem stets sich erneuernden Wechselverhältnis zwischen mitteilendem und empfangendem Genius finde.

Wie jedoch die «Anthropologie» zeigt, besteht dieses Verhältnis nur zwischen Mensch und Mensch, nie zwischen Mensch und Tier, wo es gleichfalls ein inniges und beiden förderliches, aber spezifisch anderes ist, gebieterisch hinweisend auf die unübersteigbare Kluft, welche die *Natur* zwischen beiden befestigt hat. Bei letzterem bringt der Mensch es nur dahin, durch *Zucht* (Zähmung und Dressur) es für *seine* Zwecke zu unterwerfen, *seinen* Willen in ihm fortzusetzen; und es gelingt ihm zumeist in irgendeinem Grade. Im Menschen, auch dem untersten, schlummert ein unzerstörbarer Funke von *Selbstbestimmung*, von Denk- und Willenskraft, um eine *neue* Reihe des Wirkens zu beginnen, *eigene* Ziele sich zu setzen. Der unterste Mensch steht nicht gerade *über* dem höchsten Tier; dies wäre sogar eine falsche, naturwidrige Auffassung, indem man das eng abgeschlossene, instinktiv-harmonische Dasein des Tieres überhaupt nicht in Parallele setzen kann mit den verworrenen aber höchst vielseitigen Regungen des Menschen in seiner natürlichen Existenz (als bloßes «Naturell»); und die «Anthropologie» bekämpft ausdrücklich die hergebrachten Vorstellungen von den abstrakten «Vorzügen» des Menschen *über* dem Tiere, die ebenso wohl als Nachteile sich erweisen können. Aber er ist ein *anders* beschaffenes, und selbst in seinen Entartungen zeigt er sich als reicher ausgestattetes Wesen. Und eben die *Gesamtheit* dieser Erscheinungen begründet den anthropologischen und kulturhistorischen Erfahrungsbeweis vom spezifischen *Unterschiede*, von der übergangslosen *Trennung* zwischen Menschengeist und Tierbeseelung; und keine *Darwin*schen Hypothesen, die nach anderer Seite ihre Berechtigung haben mögen, können dieses tatsächliche Grundverhältnis erschüttern.

Dies die *eine* Seite der Betrachtung, deren Ergebnis feststeht und durch keine bedingende Einschränkung aufgehoben werden kann. Aber noch einen anderen Gesichtspunkt gibt es, aus welchem das Menschenwesen zu betrachten ist, der ergänzend und weiterführend, nicht aber, nach gewöhnlicher Meinung, widersprechend oder beeinträchtigend zu jenem ersten Ergebnisse sich verhält. Es ist die Frage nach der *allgemeinen Weltstellung* des Menschen innerhalb der Stufenreihe der ihm verwandten oder ihm ferner stehenden Wesen. Hier ist es nicht der Unterschied oder die Trennung, welche wir zu bezeichnen haben, sondern die Zusammengehörigkeit und das Analoge, welches dem Menschen mit den übrigen Weltwesen gemeinsam ist, woran aber gerade der Unterschied desto schärfer sich abhebt. Die *Anthropologie* hat sich in einer vergleichenden Charakteristik der Tier- und Menschenseele mit der anthropologischen Seite dieser Frage beschäftigt, die *Psychologie* hat der ihr zufallenden Aufgabe gemäß die spezifischen Wirkungen des geistigen Prinzips am Menschen hervorgehoben. Hier, wo wir uns auf beide zurückbeziehen können, ist es vielleicht möglich, das Gesamtergebnis kürzer und summarischer darzulegen, als es in jenen oft verwickelten Spezialuntersuchungen möglich war. Der Gedanke, welcher dabei uns leitete, war folgender.

Wenn es eine Erfahrungswahrheit gibt, welche sich immer reicher und ausnahmsloser bestätigt, je tiefer die Naturbeobachtung in das Besondere und Einzelne eindringt, so ist es diejenige, welche man das *Gesetz der Stetigkeit* genannt hat. Sie ist es, welche uns von einer *Geschichte* der (epitellurischen) «Schöpfung» sprechen läßt, im eigentlichen und höchst bedeutungsvollen Sinne.

Kein Sprung oder schroffer Gegensatz zwischen den organischen Wesen, welche durch den gemeinsamen Grundtypus ihrer Organisation in Verwandtschaft zueinander stehen, sondern eine lückenlose Stetigkeit der Übergänge; ja was ebenso unverkennbar, eine allmählich aufsteigende, durch Zwischenglieder feinster, ja ohne diesen tieferen Zusammenhang zu beachten, oft völlig rätselhafter Art vermittelte *Steigerung* vom Niederen ins Höhere, vom Vorbereitenden ins Vollendende, bis in irgendeiner organischen Form die relative Vollkommenheit einer gewissen Entwicklungsreihe gefunden ist.

Dies ist aber nur das erste Ergebnis der hier sich aufdrängenden Betrachtung. Jenes Planmäßige, Wohlberechnete, Absichtsvolle zeigt sich nicht bloß für die jetzt gegebene Lebenswelt der Erde, sondern in der Geschichte der gesamten Erdbildung drängt eine andere höchst bedeutungsvolle Tatsache sich hervor: die Organismen jeder späteren Erdperiode zeigen sich durchweg als die relativ ausgebildeteren, reicher mit Organen ausgestatteten, und darum, wir dürfen diesen Schluß der Analogie getrost wagen, auch *psychisch* als die höher gestellten.

Völlig gleichgültig ist dabei die Frage, welche jetzt die paläontologische Forschung beschäftigt, ob nach der älteren Auffassung, welche von *Cuvier* bis auf *Agassiz* die herrschende war, vollkommen neue Erdperioden mit jedesmaliger neuerer Organisation auteinander gefolgt seien, oder ob, nach *Lyells* Auffassung, welcher jetzt die Schule *Darwins* folgt, in ununterbrochener Kontinuität die jetzlebenden Erdgeschöpfe aus ihren frühesten rudimentären Anfängen ohne Unterbrechung bis zu ihrer gegenwärtigen Vollkommenheit sich entwickelt hätten. Was beiden entgegengesetzten Hypothesen gemeinsam zu Grunde liegt, ist die dreifache, durch die zahlreichsten Einzeluntersuchungen geologischer und morphologischer Forschung bestätigte Tatsache; *zuerst*: daß ein gemeinsamer Grundplan durch die gesamte epitellurische Lebenswelt hindurch-

239

greife, ebensowohl aufeinander beziehend die verschiedenen, *hinter*einander auftretenden Erdperioden, als in *jeder* derselben eine bestimmte Ordnung festhaltend; – *sodann*: daß dieser Grundplan ebenso im Ganzen der Erdgeschichte, wie in jedem besonderen Gebiete der Organisation deutlich und entschieden das *Gesetz des Fortschreitens* vom Niederen zum Höheren, von den bloß rudimentären (embryonalen) Formen zu den ausgebildeteren, vollkommeneren zur Ausführung bringe; – *endlich*: daß diese Steigerung und Vervollkommnung des Späteren durchaus nicht bloß in irgendwelchen äußerlichen Naturursachen (Klima, veränderte Lebensweise, Zucht) ihre vollgenügende Erklärung finde, sondern daß die Anlage, wie das Vermögen dazu, ursprünglich den organischen Wesen selbst eingepflanzt sei und mit instinktivem Drange *aus* ihnen sich entwickele, nur begünstigt oder verzögert durch die äußeren Naturbedingungen. Deshalb könnte man es auch das *Gesetz der von innen her sich entfaltenden Perfektibilität* nennen, welches im Reiche der Organisation ebenso an der unverwüstlichen Zähigkeit des Ursprünglichen und erblich Überlieferten sich zeigt, wie durch den zugleich darin eingeschlossenen Trieb und Instinkt der *Vervollkommnung* jedes gegebenen Zustandes, welcher Trieb in *diesem* Gebiete freilich zunächst und zumeist nur als eingeborener, sicher wirkender *Heilinstinkt* sich offenbart, wie denn überhaupt schon von Aristoteles ausgesprochen worden, daß etwas einer «inneren Vorsehung» (einem «Dämonischen») Vergleichbares jedem organischen Wesen eingebildet sei.

Dieses tiefbedeutungsvolle Weltgesetz – so sagte ich mir seit dem Beginne meiner psychologischen Forschungen – muß nun auch ins Gebiet des Menschengeistes hinüberreichen, ja hier noch bewußter und erkennbarer hervortreten, eben weil es nicht in einem fremden, uns äußerlichen Objekte waltet und wirkt, sondern weil wir selbst es sind, in deren *Bewußtsein* jener Prozeß der Entwicklung verläuft. Und wer hätte nicht schon von einem *Wachsen* des Geistes gesprochen, ganz vergleichbar dem Wachstum des Organismus, mit der oft dazugefügten Bemerkung, daß das Wachstum und die Kraft des Geistes mit der körperlichen Hand in Hand gehe, daß nur «im gesunden Leibe» eine gesunde Seele wohnen könne?

Aber wie festbegründet und unleugbar diese innere Zusammengehörigkeit auch sei: so zeigt doch eine ebenso unbefangene Betrachtung, daß in der geistigen (menschlichen) Entwicklung etwas spezifisch Neues, anderes sich vollziehe, als in der Gesamtheit jener Lebens- und Selbsterhaltungsprozesse, von denen auch der Mensch nach seiner organischen Seite und mit seinen *seelischen* Instinkten teilnimmt. Dies nun, was innerhalb der allgemeinen Naturordnung und ihrer festen, unüberschreitbaren Bedingungen, welche eben dadurch auch dem Menschen auferlegt sind, jenes menschlich Eigentümliche bezeichnet, jene *neue Schöpfung des Menschen über der alten*; – es läßt sich in einem einzigen Worte zusammenfassen: der Mensch ist ein *geschichtebildendes Wesen*, und nur er ist es unter allen sichtbaren Geschöpfen. Dies gerade ist sein *spezifischer* Charakter (differentia specifica); daher ist einleuchtend, daß nur nach *diesem* Gesichtspunkte eine Wissenschaft vom Menschen entworfen werden kann; und allein in diesem Sinne ist unser Versuch zu beurteilen.

Wir dürfen somit die Gesamtaufgabe jener Wissenschaft dahin bezeichnen: daß sie die *inneren Bedingungen* erschöpfend zu erforschen habe, die überhaupt den Menschen zu jener besonderen Weltstellung befähigen und demzufolge auch im engeren Sinne sein Verhältnis bestimmen; teils zur äußeren Natur nach allen ihren Seitenbeziehungen, teils zwischen den Menschenindividuen selbst, deren gemeinsames Werk eben *Geschichte* ist, in welcher erst voll und ganz das «Gesetz» der fortschreitenden Perfektibilität, durch stets gesteigerte Neuschöpfungen des *Geistes*, tatsächlich zur Erscheinung kommen kann.

Jene erste Seite der Aufgabe fällt zuständigerweise der *Anthropologie* anheim; die zweite hat die *Psychologie* zu lösen, mit den besonders ihr zugewandten Wissenschaften der «Ethik», «Ästhetik», der «Religionsphilosophie» und der «Philosophie der Geschichte». Der verbindende Mittelpunkt von allen ist der Begriff des *Genius* und die Lehre von der Apriorität der «Ideen». Mit beiden steht oder fällt auch unsere «Psychologie»; denn diese will nichts anderes sein als die vollständig durchgeführte Begründung beider Begriffe. Wenn diese aber fallen, wenn sie als nichtige Phantome aufgewiesen werden könnten: dann rede uns auch niemand mehr von Kultur und von menschlichem, menschenwürdigem Dasein; denn er hätte die einzigen Quellen derselben verschüttet oder verleugnet. Wir müßten den ungeheuren Erfolg und Inhalt der ganzen bisherigen Geschichte von der Tafel unserer Erinnerung verlöschen und statt dieses «Irrtums» in dem verkümmerten Dasein der niedersten Menschenrassen den wahren Begriff des Menschen und seine Bestimmung wiederfinden wollen; wenn jene totale *Verdiesseitigung* des Menschenwesens, jene Leugnung alles Transzendentalen, Ursprünglichen und Präformierten in ihm, ohne dessen Annahme nicht einmal ein eigentümliches Naturwesen und Naturverhältnis vollgenügend sich erklären läßt, zur anerkannten Wahrheit und unbestrittenen Geltung erhoben würde.

Solche «Umkehr» der Wissenschaft wollen wir getrost erwarten; denn in der Tat wäre sie fast eine *Rückkehr* zu der Barbarei mythologischer Wissenschaftsanfänge vergleichbar, wo man die ersten Tiergestalten aus gärendem Schlamme erwachsen ließ, oder wo gar Deukalion und Pyrrha, die frühesten Materialisten, aus den «*Gebeinen der Mutter-Erde*» (den Steinen) das neue Menschengeschlecht hervorzauberten. Doch im Ernste gesprochen liegt von theoretischer Seite in solcher Umkehr keine große Gefahr; denn falsche oder einseitige Meinungen berichtigen zuletzt sich selbst, und es ist schon bemerkt worden, daß das seichte materialistische Gewässer unserer Literatur zu verlaufen beginne.

Die wahre und zugleich dauernde Gefahr, welcher gründlich und definitiv doch auch nur die Wissenschaft entgegenzutreten vermag, liegt an einer anderen Stelle. Jene mißkennende Entwürdigung des Menschenwesens hat eine praktische Nachwirkung von tiefgreifendstem und dauerndstem Charakter. Es ist nicht bloß ihre unmittelbare entsittlichende Wirkung. Diese liegt am Tage und findet in ihren abschreckenden Folgen ihr Gegengewicht. Es ist die weit tiefere und unheilvollere Wirkung jener Lehren, daß der Mensch überhaupt durch sie seinen *ursprünglichen* idealen Regungen entfremdet, dagegen in der von der Natur aus ihm anhaftenden Trägheit bestätigt und aufs eigentlichste gerechtfertigt wird. Denn eben dasjenige, was ihn erheben, spornen, rastlos mahnen könnte und sollte, wird ihm als abergläubiger Wahn verdächtigt, ja zu den Täuschungen geworfen, durch die man ihn um sein wahres, diesseitiges Lebensziel betrügen wolle.

Dies ist die Gefahr unserer nächsten Zukunft und der Feind, den wir zu besiegen haben; aber mit einer Waffe, die wirklich ihn trifft und ihm sich gewachsen zeigt. Da nun täusche man sich nicht über die Dimensionen des Geisterkampfes, welcher uns bevorsteht, und über die letzte Stelle, an welcher allein er ausgestritten werden kann.

Die *Religion* erweist sich als die einzig nachhaltige Macht, welche jenem aushöhlenden Nihilismus das Gegengewicht zu halten, das Heilmittel zu gewähren vermag. Dies ist oftmals ausgesprochen und stets auch von den Gegnern zugestanden worden, welche darum gerade gegen sie als ihren eigentlichen Feind die Waffen richten. Die Religion verkündet und erweckt unablässig im Menschen das Bewußtsein seiner *ewigen Bestimmung*, seiner *Jenseitigkeit* im Diesseits. Deshalb heißt es dort: «Das Jenseits ist der letzte Feind, der überwunden werden muß.»

Aber was gibt der Religion überhaupt ihre Beglaubigung, und *worin* liegt gerade die unüberwindliche Macht, die wir von ihr behaupten? Hier beginnt das Schwanken der Meinungen, der Widerstreit; ja wir können sagen, die Entäußerung ihres tiefsten, eigentlichsten Wertes und damit auch die Unsicherheit ihrer Wirkung, die sich bis zum Abergläubischen und bis zu falschen Überzeugungsmitteln erniedrigt hat.

Die theoretische Seite der Frage, was Wesen der Religion sei, und was ihr jene innere Wahrheit und Überzeugungskraft verleihe, bleibe hier unerörtert; denn wir müßten wiederholen, was das nachfolgende Werk in vollständiger Begründung dargelegt hat. Hier können wir nur an das praktische Ergebnis erinnern.

Sprechen wir daher immerhin das entscheidende Wort noch einmal aus: die religiöse Wahrheit bedarf keines Zeugnisses aus *zweiter Hand*; und was an ihrem Inhalt dessen bedürfte, gehört darum eben nicht mehr zum Wesen der Religion und ihres Glaubens. Sie bedarf daher überhaupt nicht einer *äußerlichen Autorität*, weder einer persönlichen, in einem «Priesterstande» sich verkörpernden, noch einer historischen, durch Berufung auf gewisse Bücher. Ihr Wert und ihre wahre Beglaubigung wird dadurch vielmehr in eine falsche Richtung abgelenkt, ihr Schwerpunkt an eine falsche Stelle verlegt. Jede äußere Autorität kann angefochten werden, und wird es sicherlich einmal. Daher ist es ein bedauerlicher Irrtum, das Aufsichselbstruhende und ewig Gewisse auf das Vergängliche und Bestreitbare historischer Behauptungen oder äußerer Gründe stützen zu wollen.

Nun hat aber gerade jetzt, im allerbedenklichsten Zeitpunkte, die alte «Kirche», die sichtbare und zugleich verantwortliche Trägerin der religiösen Wahrheit und die Spenderin ihrer Segnungen (wie sie ausschließlich sich nennt), mehr als je mit der Waffe unbedingter Autorität sich zu umkleiden versucht. Sie fordert absolute Unterwerfung nicht bloß der Vernunft, sondern des staatlichen Rechts und der Sitte unter die Gewalt, nicht ihrer Gründe, sondern ihres befehlenden Ansehens. Damit hat sie nun faktisch wie nach innerer Notwendigkeit völlig sich abgelöst vom

Geiste der Gegenwart, dessen großes Prinzip eben ist, jede bloße Unterwerfung, jeden äußeren Gehorsam zum inneren, freien Gehorsam der *Überzeugung* zu erheben. Die «alte», zugleich veraltete Kirche hat dadurch sich unfähig gezeigt, fortan die höchsten ihr anvertrauten Interessen der Menschheit zu wahren. Sie hat, ohne selbst darum zu wissen, abdiziert und es ist Akt davon zu nehmen.

Aber auch die späteren, bisher aus ihr hervorgegangenen «reformatorischen» Bestrebungen der Kirche scheinen bis jetzt noch sehr fern davon, mit Entschiedenheit und mit klarem Bewußtsein zu dem sich zu bekennen, was der eigentliche, der innerlich treibende Geist der Reformation war und worin es jetzt gerade nottut, ihr Werk fortzusetzen. Es spuken auch in ihnen noch allzusehr die Nachwirkungen jenes Autoritätsglaubens, die Elemente der Halbheit und der befangenen Scheu, mit bewußter Konsequenz das große Glaubensprinzip anzuerkennen, welches der *Reformation* anvertraut ist; die nur deshalb auf solchen Namen Anspruch machen darf. Denn was erstrebten die großen Reformatoren doch anderes, als den Glauben von den Äußerlichkeiten gottesdienstlicher Zeremonien und bloßer Werkheiligkeit in das Innere der Gemütsüberzeugung (in «solam fidem») zu verlegen und da die Quelle der Glaubenskraft zu erwecken, welche sich niemals unbezeugt läßt; aber gerade darum keines äußeren Apparats oder Zwanges, überhaupt keiner Nachhilfe einer Autorität bedarf. Auch war, indem man die «Heilige Schrift» als den Kanon der religiösen Wahrheit hinstellte, ursprünglich und nach erweislicher Absicht nicht dies die Meinung, daß man sich an die historische Beglaubigung des Wortes anklammern sollte, sondern weil man gewiß war, der Leser und Forscher werde ergriffen werden von den gewaltigen Wirkungen der Gotteskraft, die in Tat und Wahrheit jene eben darum «heiligen» Urkunden durchweht. Und darin hatte man Recht; denn eben dies hat sich bis zur Stunde an unzähligen Geistern bewährt.

Aber es wäre das größte Mißverständnis, dies Autoritätsglauben nennen zu wollen, den die «Heilige Schrift» für sich in Anspruch nehme, überhaupt auf das Historische und Überlieferte darin den gleichen Wert zu legen. Denn jener große, sich selbst beglaubigende Inhalt bleibt unversehrt von allem, was die historische Kritik, in ihrem eigenen, ebenso unbedingten Rechte, von den Äußerlichkeiten jener Urkunden zu ermitteln weiß. Und wenn sie zu zeigen vermag, daß jeder religiösen Tradition ein Mythisches, Symbolisches, Sagenhaftes sich anbilde nach erweislichen psychologischen Gesetzen (und eben mit diesen beschäftigt sich unsere Lehre von der *Phantasie*): so können diese notwendigen Zugeständnisse an die Wissenschaft nichts anderes bewirken noch zum Zweck haben, als die Unzerstörbarkeit und innere Tiefe der religiösen Grundwahrheit indirekt zu bestätigen.

Dies ist die Fortsetzung der Reformation, deren unsere Zeit dringend bedarf, weil dadurch allein unsere religiöse Bildung gerettet werden kann. Es ist unziemlich und verderblich nach beiden Seiten, wenn der religiöse Glaube sich in Widerspruch befindet mit der wissenschaftlichen Bildung seiner Zeit. Der Glaube wird erschüttert, weil er in ein ihm fremdes Gebiet hinübergreift, welches er besser nie berühren sollte, und ebenso fälschlich glaubt die wissenschaftliche Bildung an ihm einen unversöhnlichen Gegner zu haben. In Wahrheit aber ist der rechte, lebendige Glauben *ursprünglich* gar kein theoretischer Zustand, kein Fürwahrhalten und Annehmen historischer Begebenheiten oder theoretischer Behauptungen, sondern ein durchaus spezifischer Gemüts- und Willenszustand, der in sehr verschiedenen Bildungsstufen des Wissens und Begreifens uns begleitet und in sie eingehen kann, ohne in seiner eigenen Wesenheit dadurch gefährdet zu werden. Die traditionell eingewurzelte Vorstellung eines «Gegensatzes» zwischen Glauben und Wissen aber ist die verderblichste Unklarheit, welche je ein falscher Eifer ersonnen hat; und erst wenn dieser kurzsichtige Wahn mit der Wurzel ausgerottet ist, kann eine dauernde kirchliche Reform beginnen. Der Glaube, der mit dem Wissen stritte, wäre noch gar nicht der reine, zugleich der «lebendige», d. h. innerlichst *erlebte*; ihm wäre noch irgend etwas Fremdes, sei es Unwesentliches, sei es Abergläubisches, beigemischt. Und ein Wissen, welches den Glauben in seiner Eigentlichkeit und Wahrheit nicht zu begreifen, ihn nicht zu bestätigen vermöchte, wäre ein sehr ungründliches, eingeschränktes, in eigenen Vorurteilen befangenes.

Dies alles bedarf hier indes nur angedeutet, eigentlicher noch daran erinnert zu werden; denn die vorliegende «Psychologie» hat nach allen wesentlichen Seiten begründet, was eigentlicher Charakter und Inhalt des Glaubens sei, und an welchen Kriterien der *Gesinnung* er sich untrüglich bewähre. Und wenn etwa behauptet würde (wir erwarten sogar diesen Einwand), daß auf ein solches «unhistorisches» Glaubensprinzip keine Kirche und kirchliche Gemeinschaft sich gründen lasse, indem dasselbe durch Zersplitterung in endlose Subjektivitäten und Sektenbildungen wie im Sande verlaufen würde: so halten wir uns völlig im Stande, diesem oft gehörten, noch öfter über Gebühr gefürchteten Bedenken mit Gründen entgegenzutreten, die eben im Wesen jenes Glaubensprinzips enthalten sind. Ist ja doch überhaupt der Ausgleich zwischen den notwendigen Forderungen kirchlicher Gemeinsamkeit und zwischen den Rechten religiöser Individualität gar eigentlich die Kardinalfrage der gegenwärtigen kirchlichen Bewegung zu nennen.

Über dies alles dürfen wir nun insbesondere auf die *Ethik* verweisen*, welche den Versuch machte, gerade von diesem Glaubensprinzip aus den kirchlichen Organismus nach allen seinen Teilen und inneren Verhältnissen neu zu entwerfen. Man wird dieser Darstellung nicht den Vorwurf machen können, das Historische in seiner Bedeutung verkannt oder zurückgestellt zu haben; aber dieser Wert bestimmt sich nach dem rechten Verhältnis des Historischen zum Ewigen in der Kirche und gleicht sich aus im Begriffe einer fortschreitenden «Perfektibilität» des Kirchensymbols. Täuscht uns indes nicht die Parteilichkeit für persönliche Überzeugungen, so sehen wir darin noch immer Gedanken, welche aufklärend und orientierend einzugreifen vermöchten in die Prinzipienkämpfe der Gegenwart, die eine Reform der Kirche anstreben.

Eine «Vorrede» darf aber das Recht in Anspruch nehmen, auf die Stellung hinzuweisen, welche nach des Verfassers Ansicht sein Werk und die Ergebnisse desselben zu den großen Kulturfragen einnehmen, welche die Gegenwart bewegen. Und wie er jüngsthin bei anderer Veranlassung und in anderen Schriften nicht unbezeugt gelassen hat, was er über die soziale und politische Entwicklung unseres Vaterlandes und über die einzig richtige Förderung unserer Nationalerziehung für Wünsche und Gedanken hege: so möchte er den relativen Wert des gegenwärtigen Werkes besonders auch danach beurteilt sehen, was es dazu beitragen könne, die größte und die wichtigste aller Kulturfragen, die religiöse, zu einem befriedigenderen Abschluß zu bringen, als es bisher gelungen zu sein scheint.

Noch bleibt uns ein Wort zu sagen über die beiden letzten Kapitel, das *fünfte* und das *sechste*, und ihr Verhältnis zum Vorhergehenden. Sie

---

* «System der Ethik» (Leipzig 1853), II, 2. Dritter Abschnitt, Kapitel 2: «Der kirchliche Organismus», § 179–187.

bilden zusammen einen kleineren, für sich bestehenden Abschnitt und sind eigentlich die vielfach verbesserte und stellenweise erweiterte Erneuerung einer älteren Abhandlung [«Seele, Geist, Bewußtsein vom Standpunkt der Psychophysik»], welche zuerst in der «Zeitschrift für Philosophie» (Bd. 55 u. 56, 1869 u. 1870) erschien. Damals wurde der Aufsatz in der darin zugleich ausgesprochenen Absicht geschrieben, alles in das Untersuchungsgebiet der Anthropologie und Psychologie einschlagende Neue von Wichtigkeit, was nach dem Erscheinen meiner beiden Werke (seit 1860 und 1864) zu meiner Kenntnis gekommen ist (wobei indes durchaus nicht auf Vollständigkeit Anspruch gemacht wurde), eingehend zu erwähnen und einer Prüfung zu unterwerfen, um meinerseits nach Kräften mit der fortschreitenden Wissenschaft in ununterbrochener Berührung zu bleiben, andererseits aber auch die relative Haltbarkeit ihrer und meiner Ansichten gegeneinander zu erproben. Nichts erschien mir nun zweckmäßiger, als diese, wie es scheint, ziemlich unbeachtet gebliebene Arbeit dem Leser an gegenwärtiger Stelle von neuem vorzuführen, indem zugleich dadurch der ganze Umkreis von Untersuchungen, mit denen die Anthropologie und Psychologie sich beschäftigten, auf seinen Mittelpunkt und Abschluß zurückgeführt wird. Denn um über diesen Abschluß noch ein Wort zu sagen, so war gerade der Zweck der hier wiedererscheinenden Abhandlung darauf gerichtet, noch einmal und mit möglichster Klarheit den Begriff eines *Realismus* darzulegen, welcher jeder dualistischen Auffassung von «Materie» und «Geist», von «Seele» und «Leib», vollständig ein Ende macht, und eben damit die prinzipielle Widerlegung der beiden bisher sich bekämpfenden Vorstellungsweisen, der materialistischen wie spiritualistischen, gleichmäßig in sich schließt. Möge dieser Gesichtspunkt besonders ins Auge gefaßt werden!

Anmerkungen

1 Man vergleiche dazu das fünfte Kapitel von Troxlers Berner *Philosophischen Vorlesungen* (1835), dessen Überschrift lautet: «Die Gestalt der bisherigen Philosophie ist historisch ausgelebt; ihre Formen in den sogenannten Erfahrungs- und Vernunftswissenschaften sind erschöpft. Wahrheit und Freiheit siegt und schreitet fort»; oder seinen Aphorismus: «Die Philosophie hat sich ausgelebt und ist im Übergang zu höherer Entwicklung begriffen.»

2 Die Schweiz ist erst 100 Jahre später dieser Verpflichtung mit einer 1100seitigen Biographie Troxlers nachgekommen (1967); es fehlt aber immer noch eine Gesamtausgabe seiner Werke.

3 Man siehe dazu meinen Artikel in den «Kommenden» Nr. 4, 1978, Freiburg i. Br.: *Moriz Carriere, Der Anti-Spengler des 19. Jahrhunderts.*

4 1869 reiste Cieszkowski extra nach Rom, um durch seinen großen Einfluß und seine weitreichenden Beziehungen die Verkündigung des Unfehlbarkeitsdogmas zu verhindern.

5 In den Akten der Universität Jena steht »Iman. Hartm. Fichte, Jena. h. c. 14. Nov. 1797.»

6 Dies ist ein Bild aus der Apokalypse des Johannes, Kap. 12.

7 *Psychologie*, Bd. I, S. 84.

8 *Erkennen als Selbsterkennen*, S. 32.

9 *Seelenfortdauer*, S. 327.

10 ebd. S. 330.

11 Fichte: «Das heutige Bewußtsein ist ein vikariierendes Surrogat des eigentlichen Bewußtseins, das den Menschen beschieden ist.»

12 «Atheismus ist die höchste Stufe der Bewußtlosigkeit und eines formellen Unverstandes», *Erkennen als Selbsterkennen*, S. 289.

13 *Spekulative Theologie*, 1846/47, S. 546/7.

14 Und in der *Psychologie*, 1864, S. 650.

15 *Über die Seelenfortdauer und Weltstellung des Menschen*, 1867, S. 237.

Siehe dazu den Brief I. H. Fichtes an den Pfarrer Christian Wilhelm Ludwig Thamm (Dresden) vom 22. Oktober 1847: «Man würde überhaupt über die Mängel und das Böse, welches die Welterscheinung darbietet, *gelassener urteilen*, es erklärlicher finden, wenn wir feststellen wollten, daß unser ganzer *gegenwärtiger Weltzustand ein sehr rudimentärer und vorläufiger ist*, in welchem das göttliche Prinzip kaum noch in seinen ersten Wirkungen hat hindurchbrechen können: oder mit Lessing zu reden: wir stehen noch ganz am Anfange „der Erziehung des Menschengeschlechts". Deshalb erscheint es mir auch so unendlich lächerlich, wenn die Leute meinen, das Christentum habe sich ausgelebt, oder gar sich einbilden, durch ihre hohlen Schreibereien es vertilgt zu haben. Die wahren Segnungen, die echte Gestalt desselben, die der versöhnenden humanisierenden „Liebe" (wie Sie in Ihrem Aufsatze sehr richtig sagen), haben wir noch zu erwarten, und dies neue Evangelium wird sicher kommen, – freilich nicht bei Ihren, nicht bei meinen Lebzeiten, nicht bei denen unserer Enkel und Urenkel; aber die Menschheit schreitet langsam und sicher ihm entgegen. Auch in den Fügungen der Geistergeschichte ist – und dies vergißt man in der Regel – nicht nach Jahrhunderten oder Jahrtausenden, sondern wie in der Entwicklung der *astronomischen* Weltepochen, die nach dem teleologischen Prinzip, welches das ganze All durchdringt, die äußerliche Grundlage (der Schauplatz) für jene sind, – auch nach Millionen solcher Jahrtausenden zu zählen. Daß nun die Menschheit so beurteilt ein höchst junges, noch im Kindesalter stehendes, die ersten Rudimente an sich durchversuchendes Geistergeschlecht sei, lehrt hiernach alle Analogie, und die besser und höher Gesinnten dürfen hiermit sich trösten über die tiefe Finsternis, welche noch im größten Teil des Menschengeschlechts das göttliche Prinzip verschlossen trägt.»

16 Über die Bedingungen eines spekulativen Theismus, 1835, S. 36.

17 *Erkennen als Selbsterkennen*, S. 289.

18 *Theistische Weltansicht*, 1873, S. 114.

19 Diesen *Schlüssel . . .* schrieb er für seinen Sohn EDUARD, den späteren Generalarzt, damit er eine Biographie seines Vaters schreibe, was dieser aber leider nicht getan hat. Viele der dort erwähnten Dokumente sind im Zweiten Weltkrieg vernichtet worden. «Dagegen wünsche ich, daß Du, etwa zu einem biographischen Abrisse, des reichlichen Nachlasses meiner Korrespondenz und meiner Tagebücher Dich bedienst. Beide reichen bis in meine früheste Jünglingszeit zurück. Die Briefe haben noch das besondere Interesse, daß sie ein lebendiges Bild einer literarischen Übergangszeit gewähren,

welcher die Zukunft eine große Bedeutung nicht absprechen wird. Und hier wird auch die Philosophie dieser Zeit und ihrer Repräsentanten die angemessene Rolle spielen. In den Briefen nun, die fast alle Männer umfassen, welche in Letzterer mitgewirkt, legt sich ein treues Bild dieser Entwicklung von selber dar, welches sich natürlich und zweckmäßig mit einer Biographie verbinden lassen würde.»

In sein Notizbuch schrieb I. H. FICHTE am 2. Oktober 1874: «Wenn dagegen mein Sohn jetzt oder in späteren Jahren Muße findet, aus meinen nachgelassenen Schriften, Briefen und Aufzeichnungen ein charakteristisches Lebensbild zu entwerfen oder ‹Lichtstrahlen› aus meinen gedruckten Werken zu sammeln, so wird ihm sein treuer Vater auch noch nach seinem Tode erkenntlich sein.»

In der Sylvesterrückschau des Jahres 1876, also in seinem 80. Lebensjahr, schreibt er:

«Sylvester abermals, wider Erwarten, erreicht und will mich nun anschicken, so gut ich kann, den neuen Jahreszyklus anzutreten. Daß das abgelaufene Jahr hochwichtig und günstig für mich war in jeder Beziehung, erkenne ich mit demütigem Danke an; denn nicht durch eigene Kraft und selbstbeliebige Bestrebungen ist es mir gelungen, jene Anerkennung zu erreichen, deren ich jetzt fest und sicher mich erfreuen kann, sondern durch die tiefen und kraftvoll ausgesprochenen Überzeugungen, welche ich der göttlichen Güte verdanke durch Seine weise Führung von Jugend auf, besonders durch Einwirkung meiner herrlichen Mutter, welcher ich innerlich mehr verdanke als meinem sonst so gewaltigen Vater. (Später ergänzte er diese Stelle noch mit folgender Bemerkung: ‹Ich habe das ewige Seelenbündnis mit meiner Mutter erneuert.›) Eben jenes innere Licht, was erst dämmernd und ungewiß, dann immer heller und zuversichtlicher in mir leuchtete, hat mich nie sinken lassen in Frivolität oder in ordinäre Philisterhaftigkeit. Ich bin mit meinem geheimen Leben still und meistenteils nicht gehörig, wenigstens nicht vollständig erkannt durch die Welt gegangen ...»

20 Zuerst begleitete die Mutter die Choräle auf dem Klavier, der Sohn erwies sich aber musikalisch als so begabt, daß er zu Zelter, dem Freunde Goethes, in den Musikunterricht kam; «Zelter wollte mich zum Kompositeur bestimmen». Von ihm hatte er seine ausgezeichneten Kenntnisse in der Musik, er sang gern (Tenor), war später Musikberichterstatter in den Städten, in die ihn sein Lebensweg führte (von Stuttgart sind solche Berichte erhalten). Er konnte gut auf dem Klavier improvisieren. 1831 half er in Düsseldorf, die

Liedertafel zu gründen, übersetzte Händel-Texte aus dem Englischen für Aufführungen und gewann dabei große Erfahrungen, wie man solche Dinge macht.

21 WILLI AEPPL hat in der *Gegenwart*, Heft 8/9 1967, sehr umsichtig und ausführlich diese interessanten Geschehnisse beschrieben.

21a Als Beitrag zum Album für die Säkularfeier Goethes des Frankfurter Goethemuseums schrieb I. H. Fichte am 12. Oktober 1849 unter anderem: «Denn was seine Dichterleistung noch weit übertrifft, das ist der ganze große Stil seines Lebens, des stets harmonischen Fortschreitens in Selbstbildung und Erkenntnis, deren Mannigfaltigstes dennoch auf den Mittelpunkt des höchsten und seiner Erforschung bezogen war, wo ihm das Kleinste, sonst Unbewußteste, sinnvolles Symbol des geheimnisvoll göttlichen Waltens wurde. (Man vergleiche z. B. Goethes Werke 1832 Bd. 35 S. 330, Bd. 45 S. 250 ff.). Diese letzte und eigentlich reifste Stufe seines Geistes, welche sich klar und bestimmt von dem ebenso vollendeten Bilde seines Jünglings- und Manneslebens ablösen läßt, mögen wir umso mehr einen Augenblick betrachten, als sich von ihr noch wenig allgemeines Verständnis, viel weniger noch eigentliche Aneignung im Kreise der Gebildeten gefunden hat. Auf dieser Höhe ist er weit mehr noch als *Dichter*; er ist *Forscher*, *Seher*, tiefster und vielseitigster Ergründer, und hier erst hat sein Wesen seine vollste Befriedigung erhalten, in dem, worauf es von Anfang abgesehen mit ihm war. Wenn er nämlich wiederholt bekannt hat, daß von Jugend auf ein Gefühl ahnungsvoller Ehrfurcht vor allem Wirklichen, der Andacht und Sehnsucht durch seine Brust gezogen sei, das aber die letztern im Laufe seiner Selbsterziehung über die Flüchtigkeit persönlicher Neigungen hinweg also, wie es sich geziemt, zur brennendsten Sehnsucht nach Erkenntnis und Darstellung des Wahrhaftigen in den Dingen sich gesteigert haben: so bezeichnet er damit den eigentlichen Grundriß seines Lebens, in dem auch das Verständnis seiner Dichtereigentümlichkeit liegt, welche demgemäß nur vorzugsweise lyrisch oder episch, nicht aber dramatisch sein konnte; – es ist seine innerlich seherische Natur, der Trieb des Durchfühlens aller Dinge in sich, um sie wesenhaft wieder hervozubringen. So ging sein Forschen und Dichten Hand in Hand, ja aufs Eigentlichste war beides nur der letzte Ertrag, in welchem er die innerste Aneignung des Gegenstandes niederlegte.»

21b Man vergleiche dazu besonders die Ausführungen in der *Psychologie*, Bd. 2.

22 *Zeitschrift für Philosophie*, Bd. I, 1837, S. 103.

23 *Zeitschrift für Philosophie*, Bd. II, 1838, S. 127.

24 *Erkennen als Selbsterkennen*, S. 308.

25 Moriz Carriere, in Deutschland wirkend, war als Hugenottenabkömmling in besonderer Weise mit Frankreich verbunden

26 *Charakteristik*, 2. Aufl., S. 902.

27 Siehe dort besonders S. 202.

28 *Vermischte Schriften*, Bd. 1, S. 257.

29 Vgl. die diesem Geschehnis fast gleichzeitigen Ausführungen Troxlers über: «Metaphysik des Schlafens und Wachens» in der *Naturlehre*, Kap. 10.

30 Aus J. W. Goethe, *Wilhelm Meisters Wanderjahre*.

31 Aus den Fragmenten des Novalis.

32 Es ist interessant, an die Stellung Goethes zur Seherin von Prevorst zu erinnern (aus Riemer: *Gespräche mit Goethe*): «Über Magnetismus und die Seherin von Prevorst. Ich habe mich immer von Jugend auf vor diesen Dingen gehütet, sie nur parallel an mir vorüberlaufen lassen. Zwar zweifle ich nicht, daß diese wundersamen Kräfte in der Natur des Menschen liegen, ja, sie müssen darin liegen, aber man ruft sie auf falsche, oft frevelhafte Weise hervor. Wo ich nicht klar sehen kann, nicht mit Bestimmtheit wirken kann, da ist ein Kreis, für den ich nicht berufen bin. Ich habe nie eine Somnabule sehen mögen.»

33 *Auferstehung*, 1867, in *Vermischte Schriften*, Bd. 2, S. 20.

34 Charlotte von Kalb, 1761–1843, ist nur als Freundin unserer großen Dichter bekannt; aber noch entscheidender für ihr Leben ist ihre Freundschaft mit den drei Fichtes, Johann Gottlieb, Johanna und Immanuel Hermann. Am 25. April 1799 hatte Caroline Herder an Knebel, dem Freund Goethes, geschrieben: «Hören Sie nicht auf, uns zu lieben. Frau von Kalb hat uns für Fichte dahingegeben. Wir müssen also nicht viel wert sein!» Der Briefwechsel mit dem Sohn dauerte von 1818 bis zu ihrem Tode. – Siehe dazu auch Hermann Ehret: *Im Ringen erhöhte Menschlichkeit. Über die Freundschaft Charlotte von Kalbs mit Johann Gottlieb, Johanna und Immanuel Hermann Fichte*. In: die Drei, 1/1986. S. 53–58.

35 Familie Leidhold, die eine hübsche, 10 Jahre jüngere Tochter hatte.

36 Es gibt heute noch direkte Nachkommen von ihm, die mich in verständnisvoller und liebenswürdiger Weise unterstützten.

37 Die eingeklammerten Stellen sind ergänzt, da ein Briefmarkensammler die entsprechenden Stellen herausgeschnitten hat.

38 Diese Strophe weist auf die Grabinschrift des Vaters hin, die auch die des Sohnes wurde. (Daniel, 12,3).

38a Ausdrücklich bezieht sich Fichte auf dieses Goethe-Wort schon in der *Charakteristik der neueren Philosophie* (1829), und führt dort aus: «Wir dürfen nur von Bacon oder Newton durch die Reihe der großen Astronomen und Physiker bis auf die neuere Zeit herab gehen, wie viele Ergüsse reiner Frömmigkeit, hervorgegangen aus der Begeisterung für die erkannte Herrlichkeit der Natur, mehr noch der stille Friede ihres Geistes und Forschens, der nicht selten ihre ganze Denkweise adelt und beseelt, verraten die tiefe und gesicherte Ausbildung, die auch ihrem Gemüte durch diese Studien zuteil geworden. Und selbst Goethe, den man als den Normalmenschen gegenwärtiger Zeit gar wohl zum Beispiele für alle übrigen nennen darf, – wir müssen erinnern, daß auch er nicht durch Kunst und sonstige Wissenschaft, am wenigsten durch Glaubensbetrachtungen Jacobischer Art, sondern vor allen Dingen durch Naturforschung dem Göttlichen zugewandt geblieben ist, und die Zuversicht zu der Treue Gottes aus der Natur geschöpft hat. Historisch demnach hat die Behauptung Jakobis, daß der Verstand, in der Natur unablässig forschend, nur auf den Gedanken eines blinden Schicksals geleitet werde, daß dies das letzte, konsequente Resultat solcher Forschungen sei, gar nichts für sich. Nur der Grübler in abstrakt leeren Begriffen und Unwirklichkeiten, gleich den Atomen, Materien und dergleichen, mag sich ein atheistisches System hypothetisch zusammenbauen, – diese Denkweise ist immer nur eine künstliche, ausgedachte, aus halber Bildung erzeugte, – der wahre Naturschauer läßt das System der Dinge, wie es sich ihm darbietet, und, unbekümmert um seine vorläufigen Begriffe von ihnen, eilt er zu ihrer Erkenntnis aus ihnen selbst, und hier findet er nicht Atome oder ein blindes Schicksal, sondern sinnvollen Zusammenhang. Eben dies daher ist der wahre Geist und die Lust der Naturbetrachtung, diese Konsequenz der Natur im größten wie im geringsten, wiederzufinden, und wie Goethe sagt, darin die «Handschrift eines Gottes zu sehen, nicht bloß sehnsüchtig von ihm zu träumen.»

39 Zeitschrift für Philosophie 2, 1838, S. 246.

40 *Zeitschrift für Philosophie* 3, S. 207.

41 *Anthropologie*, 3. Aufl. 1876, S. 341.

42 *Anthropologie*, 3. Aufl. 1876, S. 16/17.

43 *Gegensatz, Wendepunkt, Ziel heutiger Philosophie*, S. 173.

44 Die *Halleschen Jahrbücher*.

45 Die Frau von Justinus Kerner, Friederike, geb. Ehemann, 7. 1. 1786–16. 4. 1854, Rikele genannt.

46 Karl Friedrich Kerner, geb. in Ludwigsburg am 7. 3. 1775, gest. in Stuttgart am 12. 4. 1840, Geheimer Rat und Präsident des Bergrates.

47 Dr. Philipp Friedrich Sicherer, geb. 1803 in Heilbronn, gest. 1861 in Baden-Baden.

48 Die Gefängnisgeschichte, ein somnambuler Krankheitsfall, der gerichtlich untersucht und später von Kerner veröffentlicht wurde: *Eine Erscheinung aus dem Nachtgebiet der Natur, durch eine Reihe von Zeugen gerichtlich bestätigt und den Naturforschern zum Bedenken mitgeteilt von Dr. J. Kerner, Oberamtsarzt zu Weinsberg*, Cotta 1836.

49 David Friedrich Strauss, 1808–1874, Verfasser der großen, Aufsehen erregenden Schriften: *Das Leben Jesu, kritisch bearbeitet*, Tübingen 1835, *Die christliche Glaubenslehre im Kampf mit der modernen Naturwissenschaft*, zwei Bände, Tübingen 1840, *Der alte und der neue Glaube*, Leipzig 1872. Er war mit Kerner tief befreundet, erlebte die ganze Krankheit der Seherin von Prevorst mit, schrieb eine begeisterte Schrift darüber und – nahm dann alles zurück!

50 Wohin Fichte mit der Familie gleich wandern wollte; diese hatte Kerner auf ihrer Reise nach Tübingen in Weinsberg besucht.

51 *Erkennen als Selbsterkennen*, 1833; der zweite Teil ist die *Ontologie*, 1836, den dritten Teil bildet die *Spekulative Theologie* des philosophischen Hauptwerkes, 1846/47.

52 Der vollständige Titel heißt *Anthropologie. Die Lehre von der menschlichen Seele. Begründet auf naturwissenschaftlichem Wege für Naturforscher, Seelenärzte und wissenschaftlich Gebildete überhaupt.* Das Privatexemplar der *Anthropologie* Rudolf Steiners weißt ähnlich starke Durcharbeitung auf (Unterstreichungen, Randnotizen) wie *Erkennen als Selbsterkennen*. Die 2. Auflage der *Anthropologie* gab Fichte schon 1860 heraus, ein Jahr nach Darwins *Entstehung der Arten durch den Kampf ums Dasein*.

53 Rezension von Maximilian Pertys, *Anthropologie* Bd. II; In der *Zeitschrift f. Philosophie*, Bd. 66, 1875, S. 223.

54 *Seelenfortdauer*, 1867, S.

55 *Anthropologie*, S. 84/85, 3. Aufl.

56 *Seelenfortdauer*, S. 562.

57 *Vermischte Schriften*, Bd. I, S. 70/71.

58 *Theistische Weltansicht*, S. 49.

59 In den Briefen an den Leipziger Philosophen Chr. H. Weisse schreibt Fichte von der Entwicklung des Menschen in wiederholten Leben im Einklang mit der Entwicklung des Planeten; er wollte dies gern noch weiter ausführen, ist aber nie dazu gekommen, da er erst die anthropologischen, psychologischen und kosmologischen Grundlagen schaffen mußte.

60 S. 528 und 532 der 3. Auflage.

Literaturverzeichnis

Die Werke I. H. Fichtes

1. Über den Ursprung der neuplatonischen Philosophie. Dissertation. Berlin 1818.
2. Sätze zur Vorschule der Theologie, geschrieben 1823/24. Stuttgart 1826.
3. Vergleichende Charakteristik von Lessing, Herder, Goethe, Manuskript. 1826.
4. Vorlesung über griechische Philosophie, Manuskript.
5. Beiträge zur Charakteristik der neueren Philosophie zur Vermittlung ihrer Gegensätze; zweite, stark erweiterte Auflage 1841, Sulzbach 1829.
6. Johann Gottlieb Fichtes Leben und literarischer Briefwechsel (1. Band: das Leben, 2. Band: Dokumente) Sulzbach 1830, 2. Auflage Leipzig 1862.
7. Gegensatz, Wendepunkt und Ziel heutiger Philosophie. Heidelberg 1832.
8. Erkennen als Selbsterkennen. Heidelberg 1833.
9. Die Idee der Persönlichkeit und der individuellen Fortdauer. Elberfeld 1834, 2. Aufl. Leipzig 1855.
10. Religion und Philosophie in ihrem gegenwärtigen Verhältnis. Heidelberg 1834.
11. Johann Gottlieb Fichtes Nachgelassene Werke, 3 Bände, mit Einleitungen von I. H. Fichte. Bonn 1834.
12. Über die Bedingungen eines spekulativen Theismus. Elberfeld 1835.
13. Ontologie. Heidelberg 1836.
14. Über das Prinzip des Widerspruchs, der Identiät und des ausgeschlossenen Dritten. Habilitationsschrift. Bonn 1840.
15. Über religiöse und antireligiöse Spekulation. Ein Gutachten. Bonn 1842.
16. Über den gegenwärtigen Standpunkt der Philosophie. Antrittsrede in Tübingen. Tübingen 1843.
17. Johann Gottlieb Fichtes Sämtliche Werke, 8 Bände, mit Einleitungen von I. H. Fichte. Berlin 1845/46.
18. Spekulative Theologie oder Allgemeine Religonslehre. Heidelberg 1846/47.
19. Grundsätze für eine Philosophie der Zukunft. Eröffnungsvortrag zur ersten Philosophenversammlung in Gotha 1847. 1847.

20. Schillers und Fichtes Briefwechsel. Berlin 1847.
21. System der Ethik. 2 Bände. Leipzig 1850/53.
22. Anthropologie, die Lehre von der menschlichen Seele. Leipzig 1856, 1860, 1876.
23. Johann Gottlieb Fichtes Briefwechsel mit Schelling. Stuttgart 1856.
24. Über den Unterschied von ethischem und naturalistischem Theismus. Halle 1857.
25. Beiträge zur vergleichenden Geschichte der Hochschulen Jena und Tübingen. Tübingen 1858.
26. Zur Seelenfrage. Eine philosophische Konfession. Leipzig 1859.
27. Zur Erinnerung an Frau Wilhelmine Fichte. Tübingen 1862.
28. Psychologie. Die Lehre vom bewußten menschlichen Geiste. 1. Bd. Leipzig 1864. 2. Band Leipzig 1873.
29. Über die Seelenfortdauer und die Weltstellung des Menschen. Leipzig 1867.
30. Vermischte Schriften, 2 Bände. Leipzig 1869.
31. Die theistische Weltansicht und ihre Berechtigung. Leipzig 1873.
32. Fragen und Bedenken über die nächste Fortbildung der deutschen Spekulation. Leipzig 1876.
33. Der neuere Spiritualismus, sein Wert und seine Täuschungen. Leipzig 1878.
34. Spiritualistische Memorabilien. Leipzig 1879.

Die politischen Schriften

1. Einleitung zur Erstausgabe der drei Vorlesungen über den Begriff des wahrhaften Krieges von J. G. Fichte. Tübingen 1815.
2. Einleitung zur Staatslehre von J. G. Fichte. Berlin 1820.
3. Deutschland, was es ist und was es werden muß, mit besonderer Rücksicht auf Preußen und Bayern. Anonym. Zweibrücken 1831.
4. Über das Verhältnis der Wissenschaft zum Staate. Eine Rede. Düsseldorf 1833.
5. Zur Verständigung über die politischen Fragen der Gegenwart: I. Unser Standpunkt. Tübingen 1848. II. Zur Kritik der politischen Parteien. Tübingen 1848. III. Die Republik im Monarchismus. Tübingen, Halle, 1848. IV. Die Formen der Staatsverfassung und der Volksvertretung (nicht erschienen).

6. Einige Grundzüge zum Entwurf der künftigen deutschen Reichsverfassung. Tübingen 1848.

7. Die Brüderschaftsordnung von Eduard Sack, mit einem Vorwort von I. H. Fichte. Stuttgart 1866.

8. Die nächsten Aufgaben der Nationalerziehung der Gegenwart mit Bezug auf Fröbels Erziehungssystem. Stuttgart 1869, 2. Aufl. Berlin 1870.

9. Einleitung zu den Reden an die deutsche Nation anläßlich des österreichisch-italienischen Krieges 1859. Tübingen 1859.

10. Neue Einleitung zu den Reden an die deutsche Nation anläßlich der Kaiser-krönung am 18. 1. 1871. Leipzig 1871.

11. Politische Zeitungs- und Zeitschriftartikel. 1830–1870.

12. Siehe dazu auch: Die «Staatslehre» J. G. Fichtes, Sommersemester 1813, mit einer Einleitung von I. H. Fichte, Leipzig 1820, 2. Aufl. 1845/46.

Früher erschienene Artikel des Verfassers über den spekulativen Theismus

1. Von der Zukunft des Christentums. Worte I. H. Fichtes. Christengemein-schaft 8/1954 Stuttgart.

2. Rezension von Troxlers «Fragmenten» und «Naturlehre», neu herausgege-ben von Willi Aeppli 1936 bzw. 1944, Troxler-Verlag Bern. Gegenwart Bern 6/1957.

2. a) «Deutschland, was es ist und werden muß», Die Drei 4/1957.

3. I. H. Fichte und seine Gedanken zum Leben nach dem Tode. Die Drei 3/1958, Stuttgart.

4. Vom Lebenswerk von Fichte dem Vater und Fichte dem Sohn. Zum 200. Geburtstag von J. G. Fichte am 19. Mai 1962. Die Drei 2/1962.

5. Ein unbekannter Briefwechsel J. Kerners mit I. H. Fichte. Zum 100. Todes-tag von J. K. am 21. 2. 1962. Die Drei 3/1962.

6. Ludwig Uhland und I. H. Fichte. Zum 100. Todestag von L. U. am 13. 11. 1962. Die Drei 6/1962.

7. Ein unbekannter Brief I. H. Fichtes an Fr. W. J. Schelling. Ztschr. philos. Forsch. 2/1958.

8. Zum Nachlaß von I. H. Fichte. Einleitung zu Nr. 9, ungedruckt.

9. Ergebnisse der I. H. Fichte-Nachlaßbearbeitung. Ztschr. philos. Forsch. 1/1966.

10. Die Freundschaft I. P. V. Troxlers mit I. H. Fichte. Die Drei 5/1966.

11. Nachbericht zum vorigen Artikel. Die Drei 2/1967. Nr. 10 und 11 auch in «Gegenwart» Bern. 11 u. 12/1967.

12. Vom Lebenswerk von I. P. V. Troxler. Zur Troxler-Biographie von Emil Spieß, München-Bern 1967. Die Drei 6/1968. Nr. 12 auch in «Gegenwart» Bern 4. u. 5/1968.

13. Vorschlag zu einer I. H. Fichte-Gesamtausgabe, ungedruckt. 1968.

14. I. H. Fichte, der Erbe des Idealismus. Die Drei 6/1969.

15. Hegel und I. H. Fichte. Zu Hegels 200. Geburtstag am 27. 8. 1970. Die Drei 11/1970.

16. Hegel im Urteil I. H. Fichtes, ungedruckt. 1970.

17. I. H. Fichte und seine Eltern. Zum Buche von Ilse Kammerlander: «Johanna Fichte», Kohlhammer-Verlag Stuttgart 1969. Gegenwart 6/1970.

18. I. H. Fichte: die Rettung der Individualität. Goetheanum 29/1974.

19. Der große Mahner an der Schwelle der Neuzeit: Peter Cheltschitzki (1390–1460). Goetheanum 43/1973.

20. Augustin Smetana, ein vergessener tschechischer Philosoph, 1814–1851. Goetheanum 31/1973.

21. A. Smetana über die wahren Beziehungen der Slawen und der Deutschen über die Ethik. Goetheanum 23/1980. Nr. 21 auch in den «Kommenden» Freiburg. 15/1977.

22. Böhmens Beitrag zur Geistesgeschichte der Menschheit: Cheltschitzki und Smetana. Reisebericht 1973 für Reisegruppe H. Kayser.

23. Graf August Cieszkowski über die wiederholten Erdenleben. Goetheanum 11/1972.

24. Das «Vater-Unser» des Grafen August Cieszkowski, die Erweckung des christlichen Willens. 1. Die tiefere Bedeutung des spekulativen Theismus. Goetheanum 2/1973. 2. Schicksal der Handschrift. Goetheanum 7/1973. 3. Inhalt und Textproben des 1. Bandes. Goetheanum 7/1973.

25. a) Die philosophische Vorbereitung der Epoche des Heiligen Geistes durch Graf August Cieszkowski: das Anfangsgebet zum 3. Band des Vater-Unsers. Goetheanum 22/1981. b) Überarbeiteter Wiederabdruck im den «Kommenden» 20/1977.

26. Der polnische Dichter Z. Krasinski, 1812–1859 über A. Cieszkowski. Goetheanum 52/1980.

27. Cieszkowskis Bedenken zur Berufung Schellings nach Berlin 1840. Goetheanum 40/1980.

28. Auf den Spuren eines Stuttgarter Philosophen. Zur Erneuerung des Grabmals I. H. Fichtes auf dem Fangelsbachfriedhof. Stuttgarter Ztg. 20. 4. 1976.

29. Eine übersehene Geistesgröße im Kulturschaffen von Düsseldorf: I. H. Fichte. Düsseldorfer Heimatblätter «Das Tor» 10/1976.

30. I. H. Fichtes Voraussagen großer Geisteskrisen und des West-Ost-Konfliktes 1830. Die Kommenden 22/1977.

31. Die Schicksalsbegegnung I. H. Fichtes mit Hegel an der Berliner Universität 1818/22. Die Kommenden 7/1978.

32. Kritik des Atomismus durch I. H. Fichte. Die Kommenden 21/1978.

33. Die Gründung des ersten Stuttgarter Kindergartens durch I. H. Fichte 1869. Erziehungskunst Stuttgart 3/1978.

34. Joh. Gottl. Fichte, K. Chr. Fr. Krause, I. H. Fichte und die Freimaurerei. Mitteil. d. deutsch. Anthropos. Landesgesellsch. 3/1978.

35. Der Tod Hegels und Goethes, der Umschwungpunkt der Weltgeschichte. Die Kommenden 16/1979.

36. Zum 100. Todestag von I. H. Fichte am 8. August 1979. Goetheanum 31/1979.

37. dasselbe, aber völlig andere Fassung. Die Drei 9/1979.

38. Bettina von Arnim und I. H. Fichte. Die Christengemeinschaft 9/1979.

39. I. H. Fichte und Frankreich, zur Ehrenrettung von Graf Gobineau. Goetheanum 4/1980.

40. I. H. Fichte und seine Beziehungen zu Württemberg. Schwäbische Heimat Nr. 2/1980.

41. Moriz Carriere, der Anti-Spengler des 19. Jahrhunderts. Die Kommenden. 4/1978.

42. Die Briefe von K. J. Schroer, G. Spicker, J. Sengler an Moriz Carriere. Goetheanum 23/1979.

43. Ein Seher auf dem Lehrstuhl: zum 100. Todestag von Jakob Sengler am 5. 11. 1978. Die Kommenden 1/1979.

44. Vom Schusterschemel auf den philosoph. Lehrstuhl; zum 100. Todestag von Jakob Sengler am 5. 11. 1979. Badische Heimat, Freiburg. 1/1979.

45. I. P. V. Troxler. Zum 200. Geburtstag am 17. 8. 1980. Goetheanum 33, 1980.

46. A. Smetana über die deutsch-slawischen Beziehungen und über Ethik. Goetheanum 23/1980.

47. I. H. Fichte, Hegel und die linken Hegelianer, Goetheanum 38/1982.
48. Goethe, I. H. Fichte, R. Steiner. Die Drei 2/1983.
49. Der Philosoph Immanuel Hermann Fichte über Mozart: «Mozarts Reliquien in Salzburg». Acta Mozartiana 1/1986, Augsburg.
50. Eduard v. Fichte: Ein Krankenbesuch I. H. Fichtes bei Hrch. Heine in Paris 1851, Illustr. deutsche Monatshefte 1956.
51. Die Freundschaft Ch. v. Kalbs mit Johann Gottlieb, Johanna und Immanuel Hermann Fichte. Die Drei 1/1986.
52. Novalis, Goethe, I. H. Fichte, Rudolf Steiner, Beiträge zur Weltlage, Februar 1986, Dornach.
53. Zur Neuauflage von Troxlers «Naturlehre des menschlichen Erkennens», Goetheanum 5/1986.
54. Naturwissenschaftliche und zeitgeschichtliche Erkenntnisse des verschütteten Schrifttums. Zur Atomkatastrophe von Tschernobyl. Beiträge zur Weltlage, Dornach 1986.

Abbildungsverzeichnis

27. Brief I. H. Fichtes vom 29. Juli 1842 an Justinus Kerner. (Schiller-National-
    museum, Marbach a. N.)
28. Immanuel Hermann Fichte. Stahlstich von Correns 1847
29. Bettina von Arnim
30. Immanuel Hermann Fichte, um 1865
31. Bertha von Marenholtz-Bülow
32. Das Arbeitszimmer Eduard Fichtes in Stuttgart, Olgastraße. Im Hintergrund
    steht die Büste I. H. Fichtes, die der Bildhauer Bach 1868 in Stuttgart schuf.
33. Friedrich Fröbel

EKKEHARD MEFFERT
C. G. Carus
Sein Leben – seine Anschauung von der Erde
228 Seiten mit zahlreichen farbigen und schwarzweißen Abbildungen, gebunden

CARL GUSTAV CARUS
Zwölf Briefe über das Erdleben
Herausgegeben von Ekkehard Meffert · 264 Seiten, gebunden

Ekkehard Meffert schließt mit seiner Arbeit eine Lücke, die alle empfunden haben, denen die an Goethe orientierte Naturanschauung des 19. Jahrhunderts ein Anliegen ist. Zum einen zeichnet er in der biographischen Skizze – sie ist derzeit die einzige in der BRD verfügbare Studie zum Lebensgang Carus' – ein lebensnahes Bild des Gelehrten, der Leibarzt von Königen und Prinzen, Universitätslehrer und Landschaftsmaler war. Zum anderen zeigt Meffert die Bedeutung der von Carus angewendeten Erkenntnismethode im Verhältnis zu dem heute vorherrschenden quantitativ-analytischen Verfahren: Die genetische Methode liegt der Anschauung zugrunde, die Erde sei ein lebendiger Organismus. Was heute mehr oder weniger zaghaft von Ökologen angedeutet wird, entpuppt sich als differenziert ausgestaltete Idee schon in den «Briefen über das Erdleben» (1841) von C. G. Carus.

EKKEHARD MEFFERT
Nikolaus von Kues
Sein Lebensgang – Seine Lehre vom Geist

330 Seiten mit 57 Abbildungen und zwei Farbtafeln, Leinen

«Das vorliegende Werk ist von beeindruckendem Engagement getragen und zeigt sich mit den Grundproblemen der Philosophie und ihrer abendländischen Geschichte wie auch mit der Gedankenführung des Cusanus selbst überaus vertraut.»
Historische Zeitschrift

HELLA KRAUSE-ZIMMER
Bernward von Hildesheim
und der Impuls Mitteleuropas

274 Seiten mit 50 schwarzweißen und farbigen Abbildungen, Leinen

«Hella Krause-Zimmer beschreibt kurz und knapp wichtige Stationen seines Lebens. Ausführlich wird der Künstler Bernward dargestellt, seine Einmaligkeit, seine Großartigkeit, das Neuartige, aber auch das Geheimnisvolle seiner Schöpfungen, ‹jene Kraft, die wir als Ausdruck des jungen mitteleuropäischen Impulses bezeichnen können›, die zu einer ‹unrömischen› Auffassung des Christentums führen soll. Diese Sehweise ist angeregt durch die anthroposophischen Deutungen unseres historischen Seins und des gesellschaftlichen Lebens von Rudolf Steiner (1861–1925), der immer wieder zitiert wird (zum Teil aus noch unveröffentlichtem Material), um besondere interpretatorische Gesichtspunkte zu stützen oder zu verdeutlichen.»
Der Tagesspiegel

VERLAG FREIES GEISTESLEBEN